人力资本与社会资本对创新的多层次影响

——经验学习与社会认同视角

国家自然科学基金项目（71032003 70771064）

上海市085工程教委重点学科专项（JWXK-14012）

王莉红 著

上海财经大学出版社

图书在版编目(CIP)数据

人力资本与社会资本对创新的多层次影响:经验学习与社会认同视角/王莉红著. 一上海:上海财经大学出版社,2014.8
ISBN 978-7-5642-1958-1/F·1958

Ⅰ.①人… Ⅱ.①王… Ⅲ.①企业创新-创新管理-研究 Ⅳ.①F270

中国版本图书馆 CIP 数据核字(2014)第 155564 号

□ 责任编辑　何苏湘
□ 书籍设计　钱宇辰
□ 责任校对　胡　芸　林佳依

RENLI ZIBEN YU SHEHUI ZIBEN DUI CHUANGXIN DE DUOCENGCI YINGXIANG

人力资本与社会资本对创新的多层次影响

——经验学习与社会认同视角

王莉红　著

上海财经大学出版社出版发行
(上海市武东路 321 号乙　邮编 200434)
网　　址:http://www.sufep.com
电子邮箱:webmaster @ sufep.comJZ
全国新华书店经销
上海竟成印务有限公司印刷装订
2014 年 8 月第 1 版　2014 年 8 月第 1 次印刷

710mm×960mm　1/16　17.5 印张　249 千字
定价:38.00 元

前　言

　　在环境快速变化及竞争日益加剧的全球化商业环境中,创新是企业发展和提高竞争力的关键,而团队则是企业创新活动的基本单位,大量企业运用团队来从事技术创新活动,它能够超越个人能力,汇集专业技术人员的智慧和才能,更好地完成创新任务。个体创造力往往提供了团队创新的一个出发点,可以看作个体在工作上的一种方法,它产生新奇而适当的想法、过程和解决办法。在某种程度上,尽管团队创新并由此获得竞争优势是由多个因素决定的,但通常创新植根于有创造力的员工个体中。然而,现实中许多团队创新失败又给管理实践带来新的挑战。例如:北电(Nortel)、摩托罗拉不能快速准确地响应环境变化,大量团队创新项目失败,产品或服务失去竞争力,直接导致这些著名高科技企业被收购。因此,如何对团队及成员进行有效的管理,进而提高团队创新及个体创造力就变得十分重要和迫切。

　　团队创新工作是在团队成员社会互动过程中进行的,团队创新绩效取决于团队成员智力与社会资源的整合,人力资本体现团队成员受教育和学习所获得的知识存量,也反映创新所需的"专门知

识"与"创造性思维技能",而社会资本为知识分享和交换提供灵活的通道,由此,人力资本和社会资本构成团队的两大无形资本,对团队绩效产生举足轻重的影响。其次,团队创新过程是不断学习的探索性过程,始终存在不确定性与模糊性,错误、差错甚至失败将在所难免,团队错误中学习作为经验学习的一种特定形式,不仅有助于团队快速响应环境变化,而且有效协调团队成员的行为。再次,团队认同与个体差异表现不同的认知过程,团队期望成员有共同认同,在一定程度上赞赏个体差异,即:鼓励个体表达自己的同时增加团队凝聚力,有助团队创新和完成计划。

本书在文献回顾的基础上,采取实证研究的方法,综合运用多层次线性模型、结构方程等分析模型,在中国背景下,对如何提升团队创新绩效进行了探索,发现三个理论问题有待解决:(1)个体成员人力资本、社会连带如何通过知识共享影响成员创造力? 团队错误中学习的作用机制? (2)团队社会资本如何测量及维度结构如何? 团队人力资本、社会资本如何通过错误中学习影响团队创新绩效? (3)团队认同与个体差异对团队人力资本、社会资本与创新绩效关系的作用机制如何? 为避免同源方法问题,本书采用套问卷形式,对团队领导及下属进行配对调查,最终有效配对数据585个(151个团队)。围绕上述研究思路与研究问题,展开以下研究:

研究一:个体人力资本与社会连带对创造力影响:跨层次研究。成员知识共享与创造力受到个体与团队不同层次因素的交互影响。通过理论推导,提出团队错误中学习、个体人力资本、社会连带对知识共享及创造力的作用关系。借助多层次线性模型研究方法,研究发现:(1)通用人力资本、专门人力资本对知识共享及创造力均有显著的正向影响,工具连带、情感连带对知识共享及创造力也均有显

著的正向影响。(2)知识共享部分中介成员通用人力资本、专门人力资本、工具连带、情感连带与成员创造力之间的关系。(3)团队错误中学习对成员知识共享及创造力具有跨层次直接影响。团队错误中学习可强化个体人力资本、社会连带与创造力之间的正相关关系;团队错误中学习可强化专门人力资本与知识共享之间的正相关关系,团队错误中学习可强化工具连带与知识共享之间的正相关关系。但是,团队错误中学习对通用人力资本与知识共享之间关系的跨层次调节作用,对情感连带与知识共享之间关系的跨层次调节作用,均未得到实证结果的支持。

研究二:团队人力资本与社会资本对创新绩效的影响:互动及中介机理研究。通过理论推导,提出团队人力资本、社会资本及其交互对团队创新绩效的影响关系,及团队错误中学习的中介作用。借助结构方程建模技术,研究发现:(1)改编并验证了团队社会资本由结构资本、认知资本和关系资本三维度构成。(2)团队通用人力资本、专门人力资本、结构资本、认知资本与关系资本对团队创新及计划符合度均产生积极的显著影响。团队错误中学习对团队创新及计划符合度具有积极的显著影响。(3)团队错误中学习在团队人力资本、社会资本与团队创新绩效之间具有中介作用。其中,团队错误中学习部分中介团队通用人力资本、专门人力资本、结构资本、认知资本与团队创新及计划符合度之间的关系;团队错误中学习对关系资本与团队创新及计划符合度之间的关系起完全中介作用。(4)团队人力资本与社会资本的交互对团队创新绩效具有积极的显著影响。其中,团队人力资本与社会资本的交互对团队创新、计划符合度具有不同程度的影响,从显著性水平来看,对团队创新的影响较大。

研究三：团队认同与个体差异的调节效应研究。通过理论推导，提出团队认同与个体差异对团队人力资本、社会资本与创新绩效之间关系的调节作用。通过层次回归分析方法对团队层次数据进行分析。(1)团队认同的调节作用研究发现：团队认同正向调节团队专门人力资本、结构资本与团队创新之间的关系；团队认同正向调节团队通用人力资本、专门人力资本与计划符合度之间的关系；但是，团队认同对团队通用人力资本、认知资本、关系资本与团队创新之间关系的调节作用未得到支持，团队认同对结构资本、认知资本、关系资本与计划符合度之间关系的调节作用也均未得到支持。(2)个体差异的调节作用研究发现：个体差异可以正向调节团队通用人力资本、专门人力资本、结构资本与团队创新之间的关系。但是，个体差异对认知资本、关系资本与团队创新之间关系的调节作用未得到支持，个体差异对人力资本、社会资本与计划符合度均没有调节作用。(3)对团队认同与个体差异的共同效应的研究发现：团队认同与个体差异分别与专门人力资本、结构资本的三重交互(Three-way interaction)对团队创新均具有正向显著影响，与专门人力资本、结构资本、关系资本的三重交互对计划符合度也均具有正向显著影响。但是，与通用人力资本、认知资本、关系资本的三重交互对团队创新的正向显著影响均未得到支持；与通用人力资本、认知资本的三重交互对计划符合度的正向显著影响也均未得到支持。

通过研究与努力，本书在以下三方面具有创新性：

(1)从跨层次分析视角探索了团队错误中学习对成员创造力的作用机制

本书选择团队错误中学习作为促进知识共享与成员创造力的

团队情境因素。研究发现,团队错误中学习对知识共享与成员创造力均有显著影响。但是,团队错误中学习对成员人力资本、社会连带与知识共享及成员创造力之间关系有不同程度的跨层次调节作用,但是,对成员通用人力资本、情感连带与知识共享之间关系的跨层次调节作用不显著,说明团队错误中学习气氛的不同水平,人力资本与社会连带对知识共享及成员创造力存在不同的回归效应。这一结果不仅有助于理解团队错误中学习的跨层次效应,还有助于从多层次视角理解成员知识共享与创造力的形成或提升机制。从理论和方法上,本研究为有效管理团队促进成员创造力提供新的视角和有益的探索。

(2)从人力资本与社会资本视角拓展了影响团队创新绩效的互动及中介机制

团队人力资本与社会资本如何影响团队创新绩效?研究结果发现:团队错误中学习是人力资本、社会资本与创新绩效之间关系的一个重要的中介变量。团队错误中学习,作为经验学习更是学习的一种特定形式,对提升团队创新绩效至关重要。此外,根据 IPO 模型,团队错误中学习是一种团队过程,团队人力资本与社会资本作为输入因素,会通过错误中学习这一团队过程,影响团队创新绩效这个输出因素。本书将团队人力资本和社会资本相结合,研究两者互动融合对创新绩效的影响,研究揭示了团队人力资本与社会资本的互动对团队创新绩效有显著的正向影响。这一结果有助于理解人力资本与社会资本的交互作用机制,并提供了实证支持;也有助于推进团队或员工的研究从人力资本或社会资本单一视角向整合视角的转变,为团队与个体创新的研究提供新的思路。

(3)检验和拓展了团队认同与个体差异对团队创新绩效的共同

作用机制

本研究同时涉及两种不同的认知过程:团队认同与个体差异,强调了这两种不同认同的组合效应的重要性。研究发现,对于团队人力资本、社会资本与团队创新绩效之间的关系,团队认同与个体差异不仅具有不同程度的单独调节作用,而且具有不同程度的组合效应。这表明:在从事创新活动的团队中,存在"多样性的价值"现象,个性的表达和社会认同的形成是可调和的,个体差异和团队认同发挥互补作用。本书在不同水平的认同与创新关系的研究基础上进行了扩展,并提供理论及实证上的一致。

目　录

表目录

图目录

第1章 绪 论

1.1 研究背景

1.1.1 现实背景

在科技迅猛发展和全球竞争加剧的知识经济时代,创新成为组织获取竞争优势、经济结构调整、产业结构优化升级的重要战略。基于知识的现代企业的生存和发展更依赖于组织创新(Martins & Terblanche,2003),创新更是企业寻求生存和提升竞争力的关键。在现代组织中,研发是组织的核心活动和组织创新的起点,团队不仅是学习的基本单位,也逐步成为组织中产生创造性想法、并将其转换成有用的技术、产品或服务的基本创新单位(Chen et al.,2008)。它能够超越个人能力,汇集专业技术人员的智慧和才能,通过成员间的信息共享、智慧碰撞和知识重组,形成新思想、新产品、新技术,从而更好地完成创新任务(Kratzeret al.,2004)。复杂的外部环境,要求团队在预算之内与一个时间框架下,不断创新产品和流程,快速准确地推入市场(Lovelace et al.,2001)。

世界各国及企业为保持竞争优势和持续发展能力对研发尤为重视。

(1)在国家层面,美国巴特尔纪念研究所的统计数据显示,2011 年中国研发投入约达 1 537 亿美元,列于第一名美国之后,但仍远低于美国 4 053 亿美元。关于研发费用占 GDP 的比例,日本排第一为 3.3%,美国为 2.8%,中国为1.4%。(2)在企业层面,2011 年全球 IT 研发投入微软、三星、诺基亚分别以90.4 亿、79.9 亿、74.7 亿美元排名前三,研发投入比例分别是 12.9%、5.9% 与13.3%。前 30 名中美国和日本企业最多,显示两国创新活动最为活跃。中国仅华为上榜,以 24.5 亿美元的研发投入排名 21 位,研发投入比例 8.9%。(3)在专利方面,2010 年美国专利授权,IBM 排名第一,5 000 多项;三星排名第二,4 500 多项;微软第三位,3 000 多项。2010 年国际 PCT 专利,松下为2 154项,排名第一,中兴、高通、华为分别第二、三、四名。专利不仅体现企业的创新能力,专利为代表的知识产权更是企业在全球市场竞争中的谈判与交易手段。从上述数据统计可知,各国研发投入均逐年增加,国内外企业对研发也尤为重视,投入大量研发费用,虽仍与欧美及日本企业具有较大差距,但中国企业的创新能力也逐渐增强。

然而,现实中大量创新项目失败又给企业管理实践带来新的挑战。在 20世纪 90 年代对大型电信制造项目经理的一项调查发现,研发项目的失败率高达 50%～80%(Wysocki,2003)。近几年,一些著名高科技企业,例如诺基亚、北电(Nortel)、摩托罗拉,虽然研发投入巨大,但是不能快速准确地响应环境变化,大量团队创新项目失败,产品或服务失去竞争力,结果导致诺基亚在移动终端的市场份额急剧下降,而北电、摩托罗拉破产被收购。虽然,这些项目团队的失败并不完全是创新管理的问题,可能是经济危机等大环境的问题,但在知识经济时代"人"成为第一大生产要素,团队成为创新主体,企业管理者与学者们需要考虑如何提高知识员工个体创造力、如何有效地运行创新团队以提升团队竞争力与创新绩效是亟须解决的问题。

1.1.2 理论背景

如何提升个体与团队创新是研究者一直关注的研究主题。组织创新的多

层次交互模型研究认为：个体创新同时受到个体层次因素（前因条件、认知风格、个体特征和内部动机）与情境因素（社会和环境）的影响，团队创新会受到个体创新、团队因素（团队构成、团队特征和团队过程）与情境因素的影响，而组织创新则会受到团队创新与情境因素的影响（Gupta et al.，2007；Woodman et al.，1993）。本研究以跨层次分析方法，探讨个体层次与团队层次因素及其交互对创新的影响作用机制，为理解团队创新的形成提供一个全新视角，从而丰富现有的团队创新理论。

团队创新取决于团队成员智力与社会资源的整合，创新团队作为典型的知识型团队，其成员都具有较高的人力资本存量，这些成员拥有各自的知识、专长及技能，为了开发一个新产品或解决一个技术问题，他们需要社会网络来交流、共享与整合知识，以完成共同的任务或目标。这种关系网络嵌入一种价值资源，为成员提供集体共有的资本，即社会资本（Bourdieu，1986）。社会资本拉近了网络成员的情感距离，网络成员基于信任而产生了对未来的确定性预期和持续的心理承诺，进一步提高了资源获取质量与资源配置效率，使创新效益最大化。由此，人力资本和社会资本构成科研团队的两大无形资本，对团队创新绩效产生举足轻重的影响。近年来，人力资本与社会资本的协同作用引起一些学者的关注，研究认为人力资本的积累过程同时也是社会资本的积累过程，投资人力资本的人会同时投资于社会资本，人力资本与社会资本在提升过程中协同与互相增强（Subramaniam & Youndt，2005；Alexopoulos & Monks，2004；陈建安等，2011），所以人力资本与社会资本的协同或交互对个体及团队创新的影响不能忽视。

团队认同对个体创新（Janssen & Huang，2008）与团队绩效（Solansky，2011）具有积极的影响。最初的社会认同理论认为，社会和个人认同是彼此矛盾的，所以，团队认同与个体差异互相排斥（Hornsey & Jetten，2004）。然而，最近社会认同研究者认为，团队认同与个体差异表现为不同的认知过程，在不需要进行群体间比较时，个性表达和社会认同的形成在互动的群体中是可调和的。一方面，团队欣赏个性化和多样化的价值，个体差异的表达可能会加

强,有利于激发个体创造性思想,另一方面,高的团队认同,成员更愿意进行合作,成员工作更加投入,并促进情感的融合,朝着团队目标的方向努力,影响团队效能(Tanghe et al.,2010)。因此,团队认同与个体差异的组合效应研究,为团队创新绩效的提升提供了新的思路。

组织创新、人力资本、社会资本、经验学习与社会认同等理论新的发展,为本研究提供重要的坚实的理论依据,本书将在前人研究的基础上进一步深入地探索与扩展。以期在中国企业团队创新的理论研究上有所推进,对中国企业团队创新及个体创造力提升有些许实践性贡献。

1.1.3 研究动机:理论与实践的碰撞

一个好的理论在于为实践问题提供简单而有效的思考框架。针对企业中团队运用的普遍性与创新的困难性,人力资本、社会资本、经验学习与社会认同等理论的新发展,为理解个体与团队创新形成机制提供了新的视角。究其原因在于这几个前沿理论能很好地与团队知识与创新的特征相结合。这为本研究拓展个体与团队创新理论提供了重要机遇。诚然,这些相关理论仍然在发展与完善之中,这给本研究提出了严峻的挑战。正是这种理论与实践碰撞所创造出的机遇与挑战激发了笔者的研究动机。

本书从个体与团队层次,探讨人力资本与社会资本及其融合如何激发个体创造力与提升团队创新绩效,并围绕何种因素与何种机制在此作用过程中起到重要影响展开研究,对揭示我国背景下企业提升和阻碍个体与团队创新的关键要素和情境具有重要意义,为组织管理实践提供理论依据,也是本书的研究目标之一。

1.2 研究意义

本研究以人力资本与社会资本为视角,在经验学习与社会认知理论的基础上,构建多层次模型,全面剖析影响个体创造力与团队创新绩效的影响机

制,能够在一定程度上对以往研究进行补充和扩展,丰富现有理论的内涵,并将理论落实到实践。研究意义涉及理论与实践两个层面。

1.2.1 理论意义

（1）将推进多层次创新理论研究

团队创新及竞争力的可持续获得往往依靠个体创造力。个体层次上创造力的影响因素获得了较多学者的关注,但成员创造力往往在团队情境下产生。目前,以多层次分析方法,探讨个体与团队之间的动态交互对员工创造力影响机制极其缺乏,而团队情境因素如何跨层影响知识共享及创造力的研究几乎空白。本研究作了进一步拓展,将传统的单一层次分析研究扩展到个体与团队两个层次,并基于经验学习理论,构建多层次模型,研究团队错误中学习对成员人力资本、社会连带与创造力之间关系的跨层次效应。这一结果为理解团队错误中学习对团队创新绩效及成员创造力的影响,提供了多层次的视角。从理论和方法上,本研究为有效管理团队及促进成员创造力提供新的视角和有益的探索。

（2）将丰富经验学习理论

团队在复杂动态并高度竞争的环境中,创新目标的实现,要保证对内外部环境变化的弹性适应及快速响应。团队研发过程是不断学习的探索性过程,本身也存在不确定性与模糊性,错误中学习作为经验学习的一种特定形式,是团队实现系统思考的关键,如:3M、华为公司研发团队都有诸如于"问题回溯会议"这样基于失败或错误的团队学习形式。团队通过讨论,对以前错误的总结与反思,及时调整计划或流程,有助于团队快速响应环境变化（Tjosvold et al.,2004）,提出新的解决方案,进而提高团队创新绩效。另一方面,团队成员从错误中主动学习,审视自身优势与不足,客观地评价自我,获取信息改进工作、有利于员工产生创造性的解决方案,提升个体创造力。这研究有助于理解团队错误中学习的机制,并提供实证支持。

（3）将推进人力资本与社会资本理论

团队创新绩效取决于团队成员智力与社会资源的整合,人力资本体现团队成员受教育和学习所获得的知识存量,也反映创新所需的"专门知识"、与"创造性思维技能",而社会资本为知识分享和交换提供灵活的通道,由此,人力资本和社会资本构成团队的两大无形资本,对团队绩效产生举足轻重的影响。虽然人力资本与社会资本理论应用已经十分普遍,但是仍然有很多问题亟须解决,目前研究发现人力资本与社会资本在提升过程中能够发挥协同与相互增强的效应,但两者互动对创新的影响研究几乎空白。本研究揭示人力资本与社会资本不断融合、不断升华的互动过程对团队创新绩效的影响机理及影响效果。这一结果有助于理解人力资本与社会资本的交互作用机制,并提供实证支持;也有助于推进团队或员工的研究从人力资本或社会资本单一视角向整合视角的转变,为团队或员工的创新提供新的思路。

(4)将拓展与丰富社会认同理论

理论和研究表明团队认同和个体差异与团队成员的不同工作行为和成果是相关联的,研究者需要将团队认同和个体差异同时考虑 (Janssen & Huang,2008;Rink & Ellemers,2007),但是,由于社会认同理论最初关于社会和个人认同以一种对抗性的方式彼此相关的假定,很少文献关注团队认同与个人差异的共同效应。然而,最近研究社会认同理论的学者提出,在不需要进行群体间比较时,个性的表达和社会认同的形成在互动的群体中是不矛盾的(如 Rink & Ellemers,2007)。一方面,团队中欣赏个性化和多样化的价值,个体差异的表达可能会加强,有利于激发个体创造性思想;另一方面,高的团队认同,成员更愿意进行合作,成员工作更加投入,并促进情感的融合,朝着团队目标的方向努力,影响团队效能(Tanghe et al.,2010)。因此,团队中鼓励个体表达自己的同时增加了团队凝聚力,也就是将团队认同与个体差异相结合,将有助于团队创新和完成计划。

本书基于社会认同理论,探索了团队认同与个体差异对团队人力资本、社会资本与团队创新绩效之间关系的共同作用机理。强调了两种不同认同的组合效应的重要性,拓展了社会认同理论的研究,并提供了理论及实证上的一致。

1.2.2 实践意义

(1)为国家自主创新战略,在微观层面提供理论和实证支持。中共十七大报告提出"提高自主创新能力,建设创新型国家,这是国家发展战略的核心"。并强调提高自主创新能力对大力推进经济结构战略性调整的重要性。当前,我国正处于经济转型和产业结构优化升级的关键时期,创新更是企业寻求生存和提升竞争力的关键。创新是促使经济转型和产业结构优化升级的原动力,因此也是企业在经济转型时期发展的必经之路。基于知识的现代企业的生存和发展更依赖于组织创新(Martins & Terblanche,2003)。在此背景下,本研究将宏观的国家政策与中观的企业战略落实到微观之处,团队作为企业创新的基本单位,探求如何提高团队创新继而提升企业创新能力,无疑有着重要的现实意义。

(2)为企业管理者优化人力资源管理提供参考。通过人力资本与社会资本及其互动融合对个体及团队创新的影响作用的讨论,有利于企业人力资源管理者制定政策,更好地发挥人力资源管理的导向作用。例如,根据组织需求,同时结合员工职业定位和职业发展,通过人员甄选积极引进优秀人才,以确保组织拥有高存量的人力资本。其次,通过团队成员的招聘选拔、培训、工作设计、任务分配及其他人力资源管理活动,促进人力资本与社会资本的传递转化以达到互相增强。这些研究成果为企业人力资源管理实践提供可靠的实证支持和可操作性的政策建议。

(3)为企业营造学习氛围促进创新提供思路。在复杂多变的工作情境下,鼓励团队在错误中学习这一经验学习途径十分重要。错误的产生对于工作改进及获取重要信息具有重要作用,从错误中学习应培育一个心理安全环境,包容错误和失败,鼓励成员勇于找出错误、反思错误,分析错误的原因,不断纠正错误,进而确保避免同类错误的发生。团队错误中学习的强化同样应借助团队人力资本与社会资本的力量,特别是通过强化团队成员对团队目标的共享、对研发任务的专业知识和技能的掌握及成员的相互支持和信任来激发团队学

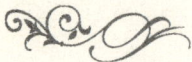

习行为,进而不断提高团队创新绩效。

(4)团队认同与个体差异的共存为促进团队创新提供新思路。在团队情境下,创新成功一定程度上依赖于个体成员独特的专业的知识、技能和能力而带来,团队认同与个体差异是不矛盾的,管理者期望团队成员有一个共同认同,在一定程度上赞赏他们的个体差异。团队认同与个体差异共存时,即:团队提升团队凝聚力的同时鼓励员工多样化的价值,对团队人力资本、社会资本与团队创新绩效之间的关系具有积极推进作用。研究成果为企业管理者制定政策提高创新提供了新思路和一定的理论依据。

1.3　关键问题与研究内容

1.3.1　关键研究问题

本研究将试图探索并解答以下关键研究问题:

(1)个体人力资本、社会连带对成员知识共享及创造力直接影响作用如何? 个体人力资本、社会连带如何通过知识共享影响成员创造力? 知识共享是起到完全中介效应还是部分中介效应? 此外,错误中学习作为团队情境因素,如何影响成员知识共享及创造力? 这需要运用多层次分析的思路,分析团队错误中学习的跨层次效应。

(2)团队社会资本如何测量及维度结构如何? 团队社会资本的测量是实证研究的基础。基于团队社会资本概念内涵与结构维度的以往研究,本书将进一步探索中国背景下更为合理的团队社会资本的测量以及结构如何?

(3)一些学者已经对团队层次上人力资本、社会资本与团队创新绩效的关系做了一些理论探讨,但对其作用机制仍然缺乏深入认识。本书将挖掘团队人力资本与社会资本及其互动融合如何影响团队创新绩效? 以及团队错误中学习对团队人力资本、社会资本与团队创新绩效之间关系是否具有中介效应? 进一步了解影响团队创新绩效的关键因素,考察理论的解释力。

(4)群体中团队认同与个体差异能否共存,学者们具有不同观点。在研究
(3)的基础上,进一步探索团队情景变量团队认同与个体差异对团队创新绩效
的作用机制。首先,团队认同、个体差异是否单独对团队人力资本、社会资本
与创新绩效之间的关系起到调节作用? 然后进一步探索当团队认同与个体差
异共存时,即:团队认同与个体差异如何影响团队人力资本、社会资本与创新
绩效之间的关系?

1.3.2 研究内容与理论模型

图 1—1 所示的理论模型是本研究内容的简单概括。该模型反映了本研
究的三个内容:(1)个体人力资本、社会连带对知识共享及创造力的影响;错误
中学习作为团队情境变量,跨层次研究团队错误中学习对成员知识共享及创
造力的作用机理;(2)探索并检验中国背景下团队社会资本的结构;以团队人
力资本与社会资本为视角,研究两大资本对团队创新绩效的直接及交互作用,
及团队错误中学习的中介作用机理;(3)研究团队认同与个体差异对团队创新
绩效的影响,揭示团队认同与个体差异的共同作用机理。在具体的研究中,将
结合研究结果逐步验证并修正理论模型的结构。

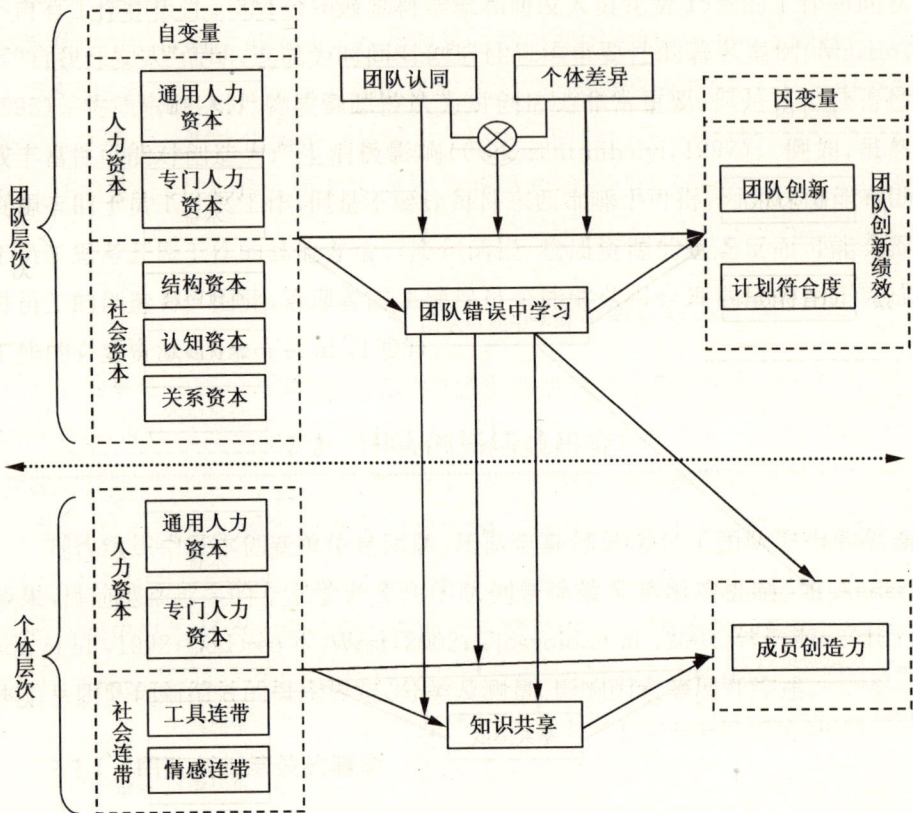

图 1—1 本书的理论研究模型

1.4 研究技术路线与结构

1.4.1 技术路线

本研究的技术路线如图 1—2 所示。

```
┌─────────────────┐          ┌─────────────────┐
│      绪论        │ ┄┄┄┄┄┄> │    研究背景       │
└─────────────────┘          └─────────────────┘
         │
         ▼
┌─────────────────────────────┐
│     文献回顾与评述            │
│  ✦ 创造力、团队创新绩效       │          ┌─────────────────┐
│  ✦ 人力资本、社会资本         │ ┄┄┄┄┄┄> │    研究方向       │
│  ✦ 团队错误中学习            │          └─────────────────┘
│  ✦ 团队认同                 │
│  ✦ 知识共享                 │
│  ✦ 研究述评与本书努力方向     │
└─────────────────────────────┘
         │
         ▼
┌──────────────────┐   ┌─────────────────────────────┐
│ ➤ 探索性因素分析  │   │   研究设计与研究方法          │          ┌─────────────────┐
│ ➤ 验证性因素分析  │┄┄>│  ✦ 基本概念界定              │ ┄┄┄┄┄┄> │  后续实证研究的   │
└──────────────────┘   │  ✦ 问卷设计                 │          │    准备          │
                       │  ✦ 预测试                   │          └─────────────────┘
                       │  ✦ 正式问卷调查与信度效度分析  │
                       └─────────────────────────────┘
                                │
                                ▼
┌──────────────┐   ┌─────────────────────────────────┐   ┌─────────────────┐
│ 多层次模型分析法 │┄>│  个体人力资本与社会连带对创造力影响：  │   │ 验证个体人力资    │
└──────────────┘   │        跨层次研究                │┄>│ 本与社会连带对     │
                   │  ✦ 成员人力资本、社会连带与知识共享  │   │ 创造力影响的跨    │
                   │  ✦ 成员人力资本、社会连带与创造力    │   │ 层次模型         │
                   │  ✦ 成员知识共享的中介效应          │   └─────────────────┘
                   │  ✦ 团队错误中学习的跨层直接及调节效应 │
                   └─────────────────────────────────┘
```

┌─────────────────────────────────┐   ┌─────────────────────────────────┐
│ 团队人力资本与社会资本对创新绩效影响：│   │ 团队认同和个体差异的调节效应研究   │
│   互动及中介机理研究   │   │ ✦ 团队认同调节效应   │
│ ✦ 团队人力资本、社会资本与团队创新绩效│   │ ✦ 个体差异调节效应   │
│ ✦ 团队错误中学习与团队创新绩效   │   │ ✦ 团队认同与个体差异组合效应   │
│ ✦ 团队错误中学习的中介作用   │   └─────────────────────────────────┘
│ ✦ 团队人力资本、社会资本的交互作用   │
└─────────────────────────────────┘

┌──────────────┐   ┌──────────────┐
│ 结构模型分析法 │   │ 层次回归分析法 │
└──────────────┘   └──────────────┘

┌─────────────────┐   ┌─────────────────────────────┐
│ 研究结论与研究展望 │┄>│ 对全文主要结论、创新点、管   │
└─────────────────┘   │ 理启示、研究局限等进行总结   │
                      └─────────────────────────────┘

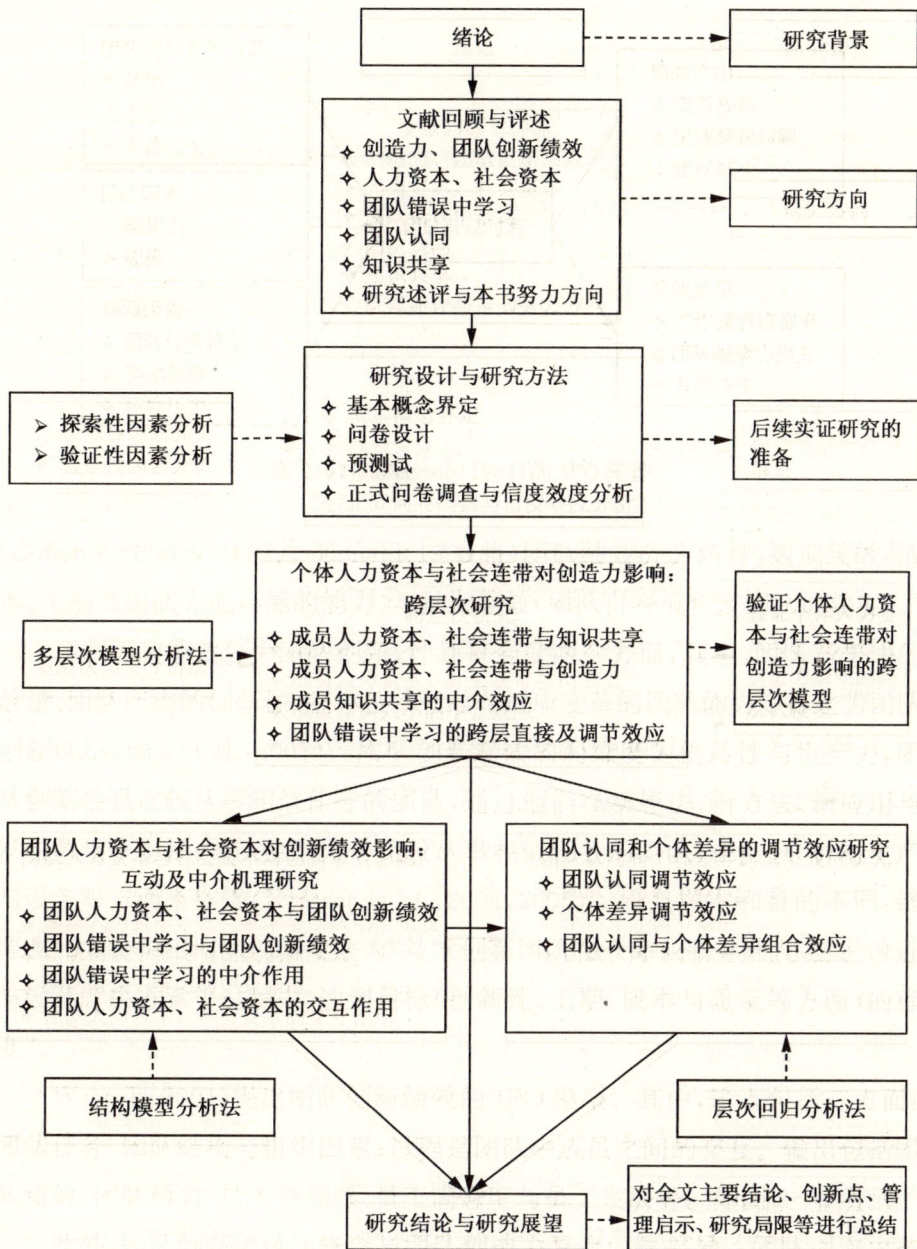

图 1—2　本书的技术路线图

1.4.2 内容结构

全书共分七章,各章主要内容如下:

第1章:绪论。首先介绍本书的研究背景与动机、说明研究意义,随后阐述本书的关键研究问题与研究内容、研究的技术路线与内容结构。

第2章:文献回顾与评述。先对本研究涉及的创造力、团队创新绩效、人力资本、社会资本、团队错误中学习、团队认同与知识共享理论作较为全面的梳理与归纳。然后对以往研究现状与不足之处以及本研究的努力方向进行探讨。

第3章:研究设计与研究方法。先对本研究相关概念的进行界定,并进行问卷设计。然后介绍预测试的调查过程与样本信息,以及对初始问卷进行评估和修订。最后介绍正式问卷的调查过程与样本信息,对研究中涉及的变量进行信度与效度分析,并对团队层次变量进行聚合检验。

第4章:个体人力资本与社会连带对创造力影响:跨层次研究。基于经验学习理论,本研究构建个体与团队多层次模型,研究个体人力资本、社会连带对知识共享及创造力的影响,并进而研究团队错误中学习对于个体人力资本、社会连带与知识共享及创造力之间关系的跨层调节作用,以揭示团队错误中学习对知识共享和提升个体创造力的作用机理,并运用多层次线性模型方法验证此理论模型。

第5章:团队人力资本与社会资本对创新绩效影响:互动及中介机理研究。研究验证了团队社会资本三维度结构;选取团队成立时间与团队规模为控制变量,分析并验证团队人力资本、社会资本对团队创新绩效的影响作用机理,进一步验证人力资本、社会资本之间的互动对团队创新绩效的影响;团队错误中学习对团队人力资本、社会资本与团队创新绩效之间的关系的中介效应。最后运用结构方程模型方法来验证此概念模型。

第6章:团队认同与个体差异的调节效应研究。选取团队成立时间与团队规模为控制变量,本章研究涉及两个不同水平的认同,探讨团队认同与个体

差异的重要作用,将分析团队认同、个体差异对团队人力资本、社会资本与团队创新绩效之间关系的作用机制。其次,进一步研究团队认同与个体差异对团队人力资本、社会资本与创新绩效之间关系的共同作用机制。

第 7 章:研究结论与研究展望。本章总结全文研究,包含主要研究结论、关键创新点与研究贡献、管理启示、研究局限与研究展望。

第 2 章　文献回顾与述评

2.1　个体创造力研究

2.1.1　个体创造力的概念

科学研究创造力是源于美国学者 Guilford(1950)的创造力演讲。1980年后,创造力研究取得很多新进展并进入新领域。

早期,创造力的研究只强调创造力的某一个侧面,即被当作一种个性特质或一种能力,Amabile(1988)认为个体创造力是与新产品、新服务、新制造方法、管理过程相关的具有潜在价值的新想法,有助于促进组织革新、生存与增长,即是由多阶段组成的个体认知过程;个体创造力是潜在的个性特征的结果(Kirton 1996)和/或临时的心理状态(Isen et al.,1987)。个体创造力为个体对创造行动的参与(Ford,1996)。认为个体创造力是一种知识的联结与再排列,在那些允许自己柔性思考的人们的头脑中产生新的、令人惊奇的、有用的新想法(Plsek,1997)。

对个体创造力影响因素的研究由个体因素影响研究,如人格特征、创造力相关技能、知识背景、认知方式、内在动机和风险意识等对个体创造力的影响

研究(eg:Amabile,1988;Tesluk et al.,1997;Zhou & George,2001;Shalley & Gilson,2004),逐渐转向并注重社会情境因素(如领导风格、奖励、建设性反馈、人际互动、气氛等)对个体创造力影响研究及个体因素与社会情境因素对个体创造力的交互影响研究(如 Gardner,1993;Perkins,1986;Feldhusen & Goh,1995;Weisberg,1999;Mcfadyen,2004;Scott & Bruce,1994;顾琴轩 & 王莉红,2009)。

　　创造力理论发展过程中,研究者们发现个体创造力很难依靠某种单一概念框架获得解释,而应将创造力看作多因素的整合。Amabile(1983)提出个体创造力成分理论,将创造力划分为专门知识、创造性思维技能以及内部任务动机三部分:专门知识是创造性工作的基础,是解决某个问题或任务的认知模式;创造性思维技能包括采用新角度观察问题的认知风格、探索新型认知模式的技能以及有助于持久地、精力充沛地工作的行事风格;内部任务动机即个体受到兴趣、好奇心、挑战欲的驱使而从事某项工作,专门知识与创造性思维技能决定个体从事某领域工作的能力,任务动机决定个体的实际行为,社会情景因素能够对任务动机产生最显著、最直接的影响。个体创造力应该包含这些成分以及它们之间的相互作用。"创造力三侧面模型"包括智力、智力风格与人格,其中,不仅关注每一侧面中多要素的相互作用,还关注三个侧面之间的互动(Sternberg,1988)。"知识基础、元认知技能和人格因素"组成创造力三方面:较广的知识基础与专门领域的专业技能、加工新知识和利用原知识的元认知技能、一系列的个性、态度、动机等要素(Feldhusen,1995)。

　　此外,清楚地区分创造力与创新(Innovation)也非常重要。虽然创造力与创新的构成紧密相关,但是它们仍然有所区别。创造力具体指产生新颖有效的产品、流程或服务(如 Shalley,1995;Woodman et al.,1993)。创造力与创新的区别在于创新还涉及观点在个体、团队或组织层面的实施,创造力本身非常重要,并且可以概念化为创新必需的首要阶段或前提(Amabile,1996;Anderson & King,1993;Mumford & Gustafson,1988)。

2.1.2　个体创造力的维度与测量

学者们对创造力的研究主要有两种方法，在实验室中进行的实验研究（如 Amabile，1996；Shalley 1991，1995；Zhou 1998；Shalley & Perry-Smith，2001），或者是在组织中进行的实地（Survey）研究。实验室研究有其固有的方法论上的优势，但也存在不足，如缺乏外部效度，毕竟参与者不是真正的员工，实验室不是真正的工作场景。因此，学者们强烈建议组织创造力的研究应使用多种创造力研究方法（Zhou & Shalley，2007）。

实地研究使用调查得来的数据衡量员工对工作情境的感知，并收集个性与人口统计学变量。实地研究中测量创造力有两种方式：一是主观评价，常见的是由主管来评估下属的创造力或员工自我评价；二是客观测量，如计算专利、技术报告、研究论文、提交给组织建议系统的想法的数量，有些客观测量只适于某些行业或某些工作类型。与实验研究相比较，实地研究结果有更好的普适性和外部效度。

本书根据两种不同的研究方法，对个体创造力测量进行梳理，如表 2—1 所示。

表 2—1　　　　　　　　　　个体创造力的测量总结

研究方法	量表或指标	测量方式	条　目	来　源
实验	参与者从公司人力资源主管的角度对一系列问题提出解决方案，专家对所有方案的创新性进行评分，所有方案得分的平均值即该个体创造力得分	主观评价	解决方案	Shalley，1991，1995
	3 名专家采用一个 11 点量表独立评估每个参与者的解决方案的创造性程度。实验中，直接操纵了不同类型的反馈对参与者之后的创造力的影响		解决方案	Zhou 1998；Zhou & Oldham，2001
	81 个学生参与实验，创造力采用 5 个问题来测量。实际操纵预期评估中的信息和控制成分		5 项	Shalley & Perry-Smith，2001

续表

研究方法	量表或指标	测量方式	条　目	来　源
实地（Survey）	通过一系列产生有关技术、流程、工艺等的想法的创新行为衡量员工的创造力	主观评价	6 项	Scott & Bruce,1994
	上级评价员工工作的新颖性以及有用性的程度		3 项	Oldman & Cummings,1996
	从创造力的专门知识、创造性思维技能及内部动机三方面衡量个体创造力		13 项	Zhou & George,2001
	采用员工 6 个月内获得的创造力奖励金额衡量其创造力	客观测量	创造力奖励	Liao et al.,2010
	上级对员工的创造力评价、员工提供的专利披露书和研究报告的数目	主管评价＋客观测量	专利披露、研究报告＋9 项	Tierney et al.,1999
	员工的专利披露书数目、员工对组织建议系统的贡献、上级对员工的创造力绩效评估		专利披露数目、建议＋3 项	Oldham et al.,2002
	上级对员工创造力评价,员工向行业组织展示的研究论文的自我陈述报告、员工获得的技术组织/协会的奖励、专利披露书、专利申请以及专利奖励等数目		研究论文、技术奖励、专利相关＋6 项	Dewet,2007

资料来源:本研究补充整理,部分参考蒋琬(2011)workpaper.

(1)实验研究

Shalley(1991)使用了一个备忘录任务,要求参与者被要求扮演一个大型钢铁制造企业的人力资源主管,阅读一些简要陈述的人力资源和管理问题,对每个备忘录以完整有见解的方式做出回答,不需要考虑回应的备忘录的数量,原始任务有 22 个问题。之后,Shalley(1995)以 48 名大学生为样本进行实验室研究,大学生从公司人力资源主管的角度对一系列问题提出解决方案,外部专家对所有方案的创新性进行评分,所有方案得分的平均值即该个体的创造力得分。Zhou 及同事(Zhou 1998;Zhou & Oldham,2001)研究了不同类型的反馈(信息的和控制的)对创造性行为的影响。Zhou(1998)的实验中,3 名专

家采用一个 11 点量表独立评估每个参与者的解决方案的创造性程度,她在实验中直接操纵了不同类型的反馈对参与者之后的创造力的影响。

Shalley 和 Perry-Smith(2001)提出的预期评估是否有可能有利于个体创造力而不是带来负面影响? 文中假设,当预期评估中的信息成分变得显著时,它对创造力会产生积极影响;相反,若控制成分显著,则会产生消极影响。他们实际操纵了预期评估中的信息和控制成分,证明了以上假设,其中,81 个学生参与实验,创造力采用 5 个问题来测量。

(2)实地(Survey)研究

Scott 和 Bruce(1994)6 条目的量表,基于 Kanter 等的研究成果,通过实地访谈开发员工创新行为量表测量员工创造力,例如"寻找新技术、流程、工艺和产品创意"等。Oldham 和 Cummings(1996)的 3 项条目的量表,根据 Am-abie 的创造力定义,从结果导向的角度,考核个体产生想法的新颖性和有效性,以此测量员工创造力。例如:"该员工的工作的原创性和实用性如何?"Tierney 等(1999)的 9 项条目的量表。Zhou 和 George(2001)13 条目的员工创造力量表,从 Scott 和 Bruce 的创新行为量表中选取 3 个条目,然后设计其余 10 个条目。该量表体现了创造力的专门知识、创造性思维技能以及内部任务动机三个方面。

Liao 等(2010)等调研一家中国钢铁企业发现,工程师向人力资源部提交有关新产品开发和生产流程创新方面的书面建议书可以获得奖励,他们认为有关产品和生产实践的新想法的质量和数量体现个体创造力水平,因此采用工程师获得的创造力奖励金额作为衡量创造力的指标。Tierrey 等(1999)发现主管评估与专利披露和研究报告之间高度相关。Scott 和 Bruce(1994)发现主观评价与专利披露的数据显著相关。另外,Oldham 和 Cummings(1996)也发现关于主管评价与专利披露的类似结果。Tierney 等(1999)采用三个指标衡量研发人员创造力:上级对员工的创造力评价、员工提供的发明披露表以及研究报告的数量和新颖性、有用性程度。Tierney 认为上述指标与创造性观点的产生直接相关,因此可以有效区分创造力与创新。

Oldham 和 Cummings（1996）从上级对员工的创造性绩效评估、员工的专利披露书以及对建议系统的贡献度三个方面衡量员工的创造性绩效。此外，Dewet（2007）在研究研发人员的内部动机与创造力的关系时，从主观和客观角度分别测量创造力。其中，主观评价即采用创造力量表描述员工的创造性行为，例如"新颖的、有用的且与工作相关的创意"等共 6 项条目。来自 George 和 Zhou（2002）与 Scott 和 Bruce（1994）的研究量表，提供给行业组织的研究论文的个人报告、来自技术组织/协会的奖励、发明披露书、专利申请以及专利奖励等指标的数量均值作为员工创造力的客观评价指标。

此外，除了前面提到的单维度结构，创造力的研究也涉及多维度结构。例如 Unsworth（2001）提出的二维度结构（why & what），即：参与创新活动的原因是"Why"，是内部还是外部驱动；激发创造力的原始状态是"What"，即开放型或是封闭型。《创造力的性质》指出创造力三维度"智力、智力方式、创造力人格"是相互独立又紧密联系的（Sternberg，1988）。然而，实践中缺乏创造力多维结构的实证研究，较多为理论分析。

2.1.3　个体创造力的影响因素

大量的研究表明，个体创造力的影响因素分布于个体、团队和组织三个不同层次上，相关总结如表 2—2 所示。

表 2—2　　　　　　　　　　　个体创造力的影响因素

层次	影响因素	主要研究者
个体层次	个体特征	Barron & Harrington，1981；Gough，1979；Gong，Huang，Farh（2009）
	相关技能和知识背景	创造力相关技能（Amabile et al.，1996；Mumford et al.，1997；Vincent et al.，2002）；知识背景（Gardner，1993；Perkins，1986；Feldhusen & Goh，1995；Weisberg，1999）
	认知	George & Zhou ，2002；Isen et al.，1987；Shalley & Gilson，2004
	动机	Amabile，1987，1988；Shalley，1991；Amabile & Gryskiewicz，1987；Amabile et al.，1996；Amabile & Gryskiewicz，1989

层次	影响因素	主要研究者
	工作因素	工作特征（Hackman & Oldham, 1975; Amabile, 1988; Ford & Kleiner, 1987; Bailyn, 1988）；目标与角色期望（Kanfer & Ackerman, 1989; Carson & Carson 1993; Shalley et al., 2000）
团队层次	团队情境	上级支持（Oldham & Cummings, 1996; Tierney et al., 1999）；角色榜样（Meichenbaum, 1975; Bandura, 1986; Shalley & Perry-Smith, 2001）；上级评估及反馈（Shalley, 1995; Shalley & Perry-Smith, 2001）
	团队构成	Ancona & Caldwell, 1992; Hoffman, 1959, McLeod & Lobel, 1992; Pelled et al., 1999; Gilson 2001; Hoffman, 1959; Hoffman et al., 1962
	团队过程	社会互动（Mumford & Gustafson, 1988, Scott & Bruce, 1994; Mcfadyen & Cannella, 2004;）团队学习（Wong, 2004; Hirst et al., 2009）
组织层次	组织文化	组织支持（Amabile et al., 1996; Ford, 1996）；组织气氛（Blake & Mouton, 1985; Edmondson, 1999）；领导力（Drazin et al., 1999; Mumford, 2000; Mumford et al., 2002; Oldham & Cummings, 1996; Shalley et al., 2000; Gumusluoglu & Ilsev, 2009）
	组织制度	组织战略（Amabile, 1998; Kanfer & Ackerman, 1989; Locke & Latham, 1990; Amabile & Gryskiewicz, 1987）；组织结构（Shalley & Gilson, 2004; Ancona & Caldwell, 1992; Dougherty & Hardy, 1996; Damanpour, 1991; Brand, 1998; Staw, 1990）；人力资源管理（Shalley & Gilson, 2004; Basadur et al, 1982; Shalley & Oldham, 1985; Harackiewicz & Elliott, 1993; Jussim et al., 1992; Eisenberger & Armeli, 1997）
	资源	人才（Cook, 1998; Brand, 1998）；时间（Amabile, 1998; Martin, 1995）；物质资源（Csikszentmihalyi, 1997; Drazin et al., 1999）

资料来源：本研究整理总结。

（1）个体层次的影响因素

以往的研究表明，个体创造力的个体层次影响因素包括个体因素（个体特征、创造力相关技能与知识背景、认知、动机）与工作因素（工作特征和目标与角色期望）。

①个体特征。学者们发现，一系列稳定地交叉影响的核心人格特质能够导致个体更具有创造性（Barron & Harrington, 1981; Gough, 1979），这些特

质包括广泛的兴趣、判断独立性、自主权、坚定的创新使命感。Gong 等(2009)研究表明创造性自我效能、员工学习导向高更有利于创造力产生。

②相关技能和知识背景。创造力相关技能:探讨创造力相关特定技能的研究指出,包括创造性思考、生成多种选择、进行分散思维或暂停判断的能力(Amabile et al.,1996)以及发现问题、解释问题、联系结合和评估想法的能力都对创造力非常重要(Mumford et al.,1997;Vincent et al.,2002)。知识背景:创造性成就的必要组成部分之一是知识背景(Gardner,1993;Perkins,1986;Feldhusen & Goh,1995;Weisberg,1999)。拥有知识的深度和广度也与创造力相关。特殊领域的知识反映了个体的教育水平、培训、经验以及在特定情境下的知识(Gardner,1993)。教育为个体提供了掌握各种经验、观点和知识基础的机会,增强了个体创造性解决问题的能力(Perkins,1986)。培训也能够引导员工,使他们将如何产生新颖想法作为本职工作之一。例如,研究发现培训策略能够提高个体创造性思维能力和问题解决能力(Feldhusen & Goh,1995)。

③认知。George 和 Zhou(2002)研究认为:对创新绩效的可察觉的认知和奖励及感觉的清晰可调节工作中消极情绪与创新绩效之间的关系,即当对创新绩效的可察觉的认知和奖励与感觉的清晰高时,消极的情绪与创新绩效正相关。对创新绩效的可察觉的认知和奖励及感觉的清晰可调节工作中积极情绪与创新绩效之间的关系,即当对创新绩效的可察觉的认知和奖励与感觉的清晰高时,积极的情绪与创新绩效负相关。Isen 等(1987)报告了积极的影响,通过看几分钟喜剧电影或接受一小袋糖果进行临时性诱导,可改进个体创造性任务绩效,并根据对认知结构的积极影响讨论了他们的研究成果。还有研究指出创造力本质上需要承担风险的意识,创造力是在承担风险、不断试错的过程中产生的(Shalley & Gilson,2004)。

④动机。大量研究关注了内在动机(即对胜任力的自我感知和对既定任务的自我决定)对创造力的重要作用(Amabile,1988;Shalley,1991)。这些研究本质上都基于内在动机的视角,它们认为特定的情景因素通过影响个体的

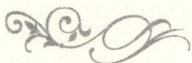

内在动机进而影响个体创造力。例如,研究发现内在动机对研发人员的创造力非常关键(如 Amabile & Gryskiewicz,1987)。然而,Amabile 等(1996)和 Amabile & Gryskiewicz(1987,1989)承认外在动机,如:奖励、对创造性思想的认知与永久建设性反馈结合,将支持创造性成果。

⑤工作因素。工作特征:学者很久之前就发现,工作特征在影响个体的工作动机和态度方面非常重要(Hackman & Oldham,1975)。基于 Amabile (1988)的创造力模型,工作特征是领导者管理创造力时需要考虑的非常重要的成分。具体而言,当工作复杂且要求苛刻时(例如,高挑战性、自主性和复杂性),个体会在工作中投入更多的专注和努力,使他们更坚持,并更有可能思考不同的方案,这些都可以促使个体产生创造性成果。自主权可能获得了最广泛的关注(Ford & Kleiner,1987),研究表明,为了有利于观点探索和创造力,管理者应该让员工感觉到自己在决定时间分配和工作方式等方面具有一定的自主权。适度赋予员工自主权非常必要(Bailyn,1988)。目标和角色期望:领导者影响创造性活动发生的方式之一是目标设定。目标通过作用于自我调节机制影响动机(Kanfer & Ackerman,1989)。领导者促进创造力产生的方式之一就是使创造力成为一项工作要求,研究发现,当个体认识到创造力的重要性时会更有可能具有创造性(Manske & Davis,1968)。Carson 和 Carson (1993)发现被设定创造力目标的个体比没有被设定创造力目标的个体表现得更有创造力。研究表明,员工能够准确识别工作何时需要创造力(Shalley et al.,2000)。总之,大量研究表明领导者需要设定恰当的目标和要求,从而使个体更渴望具有创造性。

(2)团队层次的影响因素

个体创造力的团队层次影响因素包括团队情境、团队构成与团队过程。

①团队情境。上级支持:Redmond 等(1993)发现有利于问题建构以及高自我效能感知的领导行为会导致下属产生更高的创造力。支持的、不控制的上级会营造一种有利于创造力的环境(Oldham & Cummings,1996)。主管与下级间的开放性交互、对下级的支持与鼓励将会提升个体创造力(Tierney

et al.，1999)。角色榜样：Meichenbaum（1975)发现认知榜样能够提高发散思维的灵活性和原创性。这是有道理的，因为榜样有助于明确绩效期望并强化获取技能的能力。如果个体能够做出某种行为但并没有去做，在他们看到示范行为或具有合适的规则与思维流程的例子后，他们更可能做出这种行为（Bandura，1986)。Shalley 和 Perry-Smith（2001)发现，与没有看到创造性榜样的个体相比，看到创造性榜样的个体会在随后的工作中具有更高的创造性绩效。上级评估及反馈：Shalley（1995)的研究表明预期评估不会损害创造力，实际上在某些情况下会对创造力有利。个体期望得到一项外在评估以向他们提供关于如何提升绩效的建设性信息时（即支持性的且负责任的)，他们的内在动机和创造力都会得到提升（Shalley & Perry-Smith，2001)。

②团队构成。学者们认为团队多样性会导致不同观点的产生并有利于创造性地解决问题，他们一般称之为"多样性价值"假说（如 Ancona & Caldwell，1992；Hoffman，1959，Hoffman et al.，1962)。团队多样性会导致不同观点的产生并有利于创造性地解决问题，即提高多样性能够拓展团队内部有效的知识、技能和观点的范围，从而对创造力产生积极的影响作用（McLeod & Lobel，1992；Pelled et al.，1999)。Gilson（2001)在近期的研究中发现，相比在以单一性别为主的团队中工作的个体，在多样性团队中工作的个体表现出更高的创造力。多样化团队会面临更多的冲突，从而激励成员寻找不同的答案和替代方案（Hoffman，1959；Hoffman et al.，1962)。

③团队过程。社会互动：创造力能够但是不会总是孤立产生。创造力经常通过同事和团队成员之间的交互过程产生（Mumford & Gustafson，1988)，Scott 和 Bruce（1994)发现上级与他或她的下级之间的交换或关系 LMX 影响员工的创新性。员工具有的关系数量越多，关系强度越高，越有利于知识创造（Mcfadyen & Cannella，2004)。团队学习：West（1996)团队反思活动帮助成员发现目前的工作方法是否能够适应环境变化，更可能开发新工作方法。团队学习是一种持续反思和行动，有助于成员创造力的提高（Wong，2004；Hirst et al.，2009)。

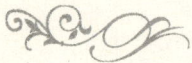

（3）组织层次的影响因素

只有在适当的组织文化环境中，创造力和创新才会活跃发展，相较于作为软实力的组织文化的影响作用，制度因素作为一种理性的管理工具往往起着刚性的影响作用。事实上，适当的组织文化与管理制度因素对创造力和创新产生互补性作用（Martins & Terblanche,2003）。此外，资源（人才、时间、金钱及物质资源等）也是产生组织创造力的必要条件。

①组织文化。组织文化的界定在理论界也有多种方式，但更多的往往将组织文化界定为组织中成员共享的意义系统（Trice & Beyer,1984；Schein,1985）。研究表明组织支持、组织气氛、领导力等都是影响创造力的重要文化因素。组织支持：包括工作群体支持和管理者支持两方面：工作群体支持主要通过促进沟通、创新模范的作用和群体异质性来促进创造力（Amabile et al.,1996；Ford,1996）；管理者支持则包括团队目标清晰、管理者对团队工作和想法的支持和一个支持开放式互动的环境（Amabile et al.,1996）。组织气氛：与组织文化交融的组织气氛是影响创造力的重要组织情境因素。较之组织文化，组织气氛更易于观察，因而有利于开展实证检验。研究发现，心理安全、承担风险和挑战、建设性冲突和公平都是营造促进员工创造力的组织气氛的关键因素（Blake & Mouton,1985；Edmondson,1999）。领导力：领导力是确保组织文化和气氛对创造力的作用有利于产生创造性结果的关键（Drazinet al.,1999；Mumford,2000；Mumford et al.,2002；Oldham & Cummings,1996；Shalley et al.,2000）。领导力研究逐渐证实变革型领导力对创造力的正向推动作用（Gumusluoglu & Ilsev,2009）。因此，领导对培育和鼓励员工创造力的产生起着重要作用。

②组织制度。组织制度因素是影响组织创造力的另一个重要情境因素（Gupta et al.,2007）。相比较作为软实力的组织文化的影响作用，制度因素作为一种理性的管理工具往往起着刚性的影响作用。组织战略：界定清晰的组织战略目标通常会增强创造力（Amabile,1998）。目标通过影响自我调节机制（Kanfer & Ackerman,1989）影响创造力相关的内部动机，研究证实目标

设定是非常有效的激励技巧(Locke & Latham,1990)。例如,Amabile 和 Gryskiewicz(1987)发现管理者设定清晰的组织目标是取得高创造力的重要因素。组织结构:组织结构在促进或抑制创造力方面起到关键的作用(Shalley & Gilson,2004)。考虑到结构和创造力之间的联系,管理者需要努力确保组织、部门或基本工作单元支持创造力。研究发现,有利于开放地、持续地与外部个体沟通或者多渠道地获取信息的组织结构与创造力相关(如 Ancona & Caldwell,1992;Dougherty & Hardy,1996)。例如:较为僵化的组织结构设计方式如专业化、正式化等限制创造力(Damanpour,1991)。Brand(1998)指出创新组织应采用扁平结构,在各个层次上允许重要决策的制定。而较为灵活的设计方式(如矩阵式组织)则促进创造力(Staw,1990)。人力资源管理:Shalley 和 Gilson(2004)研究指出:甄选、培训、评估和奖励等都与创造力息息相关。研究表明:甄选机制可以用来挑选更可能具有创造性或者具有较高的先天创造性能力的员工,而对创造性思维过程的培训能积极改善对分散思维的态度(Basadur et al.,1982);一些研究认为评估会致使内部动机和创造力有机能失调的危险(Shalley & Oldham,1985),但也有一些研究发现评估对内部动机和创造力有积极影响(Harackiewicz & Elliott,1993;Jussim et al.,1992)。而关于奖励,学者们认为奖励本身对创造力并无坏处,但要考虑两个重要因素:何种行为应当被奖励和如何分配奖励(Eisenberger & Armeli,1997)。

③资源。Amabile 和 Gryskiewicz(1989)指出促进创造力的资源包括一组元素:为开发新工作提供足够的时间、具有必要专业知识的人、足够的资金、物质资源。人才:Cook(1998)表明创新组织必须努力吸引、开发和保留创造性人才,以保持组织竞争力,Brand(1998)提出组织需要吸引和开发他们的智力资本,组织应雇佣知识渊博的、智慧的与具有创造力的员工,并愿意坚持工作以实现他们的目标。总之,组织雇佣的员工应具有广泛的兴趣、渴望学习并愿意承担一定的风险。时间:管理者的权衡工作非常复杂,他们要为员工提供充足的时间以激发其创造力,但是时间又不能过多,因为这会使员工厌倦并且

不再有工作积极性。3M公司鼓励科学家和研发人员花费15％的工作时间从事"自我开发式"活动，这成为时间对创造性思维重要性的著名案例(Martin，1995)。物质资源:虽然物质资源被认为对创造力非常重要，但是其可获得性或丰富性可能对创造力产生消极影响(Csikszentmihalyi，1997)。例如，虽然资源有助于员工开展工作，但是不要让每件东西都唾手可得，因为这可能有助于员工思考开展工作的其他方法。换句话说，物质资源的匮乏反而可能会促进员工的创造力。因此，管理者需要确保员工能够获得合理数量的用于完成工作的必要资源(Drazin et al.，1999)。

2.2　团队创新绩效研究

现代组织中基本创新单位是团队，团队创新绩效考量了团队取得的创新成果，目前越来越多的专家学者关注团队创新绩效及其影响机制(如Anderson et al.，1992;De Dreu & West，2002;Tjosvold et al.，2004;钱源源，2010)，本节从团队创新绩效的概念界定、分类及测量、影响因素等展开综述。

2.2.1　团队创新绩效的概念

团队研究中经常被学者们引用的IPO模型由Mcgrath(1964)提出，此模型有简单而清晰的框架:投入→过程→产出，有助于团队创新绩效形成机制的理解和解释。个体、团队、环境三种因素是团队输入部分，团队交互是过程部分，绩效及其他成果是产出部分。

后续学者们对团队绩效、团队创新、团队创新绩效的研究很大程度上借鉴了Mcgrath(1964)的IPO模型的思想和框架，如图2-1所示。

团队应用提升工作绩效，客观与主观指标来考量团队绩效。团队达成组织预制目标的程度、成员间持续合作能力与成员满意程度构成团队绩效三方面(Nadler，1996)。团队绩效是一种过程和成果，即为完成集体目标团队成员的共同努力，包括决策、服务质量与生产力等，以其产出(产品与服务)来考量

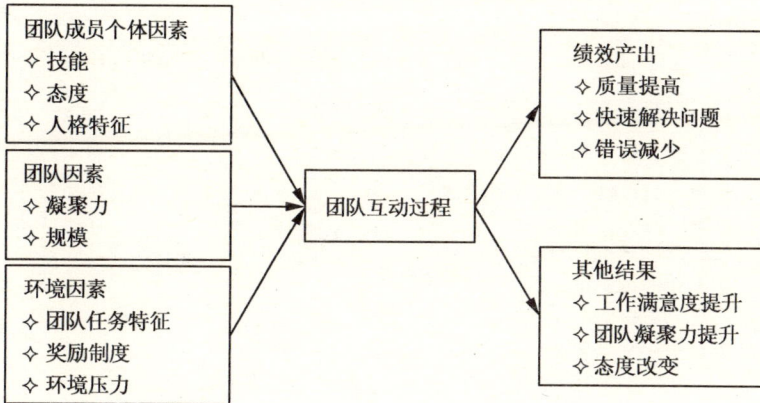

图 2－1　Mcgrath(1964)的 IPO 模型

(Cohen & Bailey,1997)。Donald(1998 将)团队绩效分为两种:短期绩效(成本、工期及团队完成目标的能力)与长期绩效(团队自身成长及团队成熟度)。

团队创新绩效分为团队创新、计划符合度两个方面,其中,团队新想法的数量、团队产出的创新性、整体技术绩效与适应变革的团队能力等称之为团队创新(Lovelace et al.,2001)。团队创新绩效的两维度为创新性与生产力,团队创新性是比较从事相似任务的团队,通过他们在新想法、新方法、新应用与发明数量来衡量;团队生产力是比较从事相似任务的团队,在信息、材料生产与设备等方面来体现(Kratzer et al.,2004,2005)。研究样本和目的不同,钱源源(2010)指出团队创新绩效为"技术创新团队在产品或服务开发、工艺改进与设计解决方案等过程中,达到目标(创新性、工期、成本与质量等方面)的程度"。

West 等(2004)提出团队创新绩效的 IPO 模型。其中,输入包括三方面:团队任务、团队结构与组织因素;过程是团队中成员之间的交互。输出包括团队绩效、团队活力、员工幸福感、员工满意度与员工发展等。如图 2－2 所示。

此外,团队创新绩效的概念与团队创造力具有明显差异。团队创造力被认为是产生新构想的过程与反映出的创造性能力和品质,包括一系列团队交

```
┌─────────────┐
│ 团队任务      │
│ ✧ 内在驱动    │──┐
│ ✧ 外在需求    │  │
└─────────────┘  │     ┌─────────────┐      ┌─────────┐
                 │     │ 团队互动过程   │      │ 团队     │
┌─────────────┐  │     │ ✧ 创新规则    │      │         │
│ 团队结构      │  │     │ ✧ 反思性     │      │ 创新     │
│ ■ 人员选择    │──┼───▶│ ✧ 领导支持    │─────▶│         │
│ ■ 多样化     │  │     │ ✧ 冲突      │      │ 绩效     │
└─────────────┘  │     │ ✧ 团队间联系   │      │         │
                 │     └─────────────┘      └─────────┘
┌─────────────┐  │
│ 组织结构      │  │
│ ✧ 创新报酬    │──┘
│ ✧ 组织学习氛围 │
│ ✧ 组织创新氛围 │
└─────────────┘
```

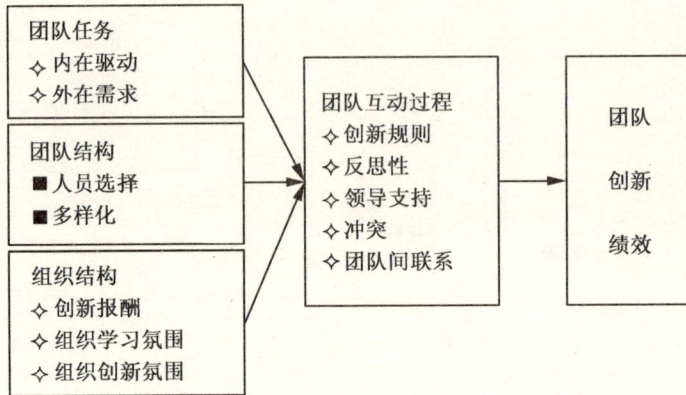

图 2—2　West 等人(2004)的团队创新绩效 IPO 模型

互活动(如准备、开放性思考、聚焦、孵化等)(Leonard & Swap,1999)。两者的概念定义反映出团队创新绩效与团队创造力不同的研究视角,前者是以结果为视角,后者是以过程及能力为视角。

2.2.2　团队创新绩效的维度与测量

以团队创新目标或创新效果为导向,以往文献对团队创新绩效结构划分与测量进行研究。

(1)依据组织预制的团队各种目标,对团队项目任务的达成情况进行考核。外部环境等一些不确定因素,对研发新产品/新服务的项目表现出的市场绩效影响非常大,进而团队的研发项目整体创新绩效具有很大的波动性,所以,建立针对多项目的综合评价指标以考核团队创新绩效是更合理的。Valle和 Avella(2003)创新目标的差异,以往文献从内部与外部绩效两方面来确定独立新产品研发项目的团队创新绩效,包括创新项目的运作与市场成绩。(2)一些研究以效度为导向研究团队创新绩效的维度,团队创新的衡量包括创新的有效性和效能/效率两方面。例如:利用有效性和效率两维度来考量评价研发项目团队的整体绩效(Hoegl & Gemuenden,2001)。Alegre 等(2006)指

出创新效能和创新效率两方面构成产品创新绩效,其中创新自身的成功度体现了创新效能,为完成创新任务付出的努力体现了创新效率。(3)团队创新绩效这一测量得到进一步推进,把创新绩效分为三个方面:创新项目效率、产品创新效能与流程创新效能(Chiva & Alegre,2009)。West 和 Anderson(1996)将团队创新以创新数量与创新质量两维度来测量,以颠覆性、重要性与创造性来测量团队创新质量,颠覆性反映对现有产品或服务的变革程度,重要性反应变革产出带来的影响,创造性反应此变革的创意如何是否新颖。此外,团队创新绩效包括创新有效性和创新效率两方面(钱源源,2010),也可以团队生产力与团队创新性两维度来衡量(Kratzer et al.,2004,2005)。

　　上述研究显示,以目标为导向团队创新绩效测量(内部与外部绩效)与以效度为导向的团队创新绩效测量(效率与效能)比较类似,比如,内部绩效和效率更多反映团队创新项目自身运作状况和达成任务状况,外部绩效和效能却是更多反映创新产品/服务的市场效果。本书对团队的研究主要聚焦于内部视角,那么对团队创新绩效的评价,注重内部绩效和执行创新任务的完成情况。由此,本书测量团队创新绩效以 Lovelace 等(2001)研究量表为基础。如表 2—3 所示。

表 2—3　　　　　　　　　　团队创新绩效的维度及测量

维度	维　度	含　义	学　者
两个	内部绩效	运作成功(新产品的质量、创新性、项目开发成本、时间等)	Valle & Avella,2003
	外部绩效	市场成功(新产品的销售额、利润、收益率、市场份额、投资回报率、顾客满意度等)	
两个	有效性	结果满足预期的程度(实际产出与理想产出的比较)	Hoegl & Gemuenden(2001);钱源源(2010)
	效率	符合预算和时间进度的程度(实际投入与理想投入的比较)	
两个	创新效能	创新本身成功的程度	Alegre et al.(2006)
	创新效率	为实现创新所付出的努力	

维度	维 度	含 义	学 者
三个	产品创新效能	产品创新本身成功的程度	Chiva & Alegre (2009)
	流程创新效能	流程创新本身成功的程度	
	创新项目效率	为实现创新所付出的努力	
两个	创新数量		West & Anderson (1996)
	创新质量	突破性(Radicalness)、重要性(Magnitude)和新颖性(Novelty)	

资料来源:本研究整理总结。

2.2.3 团队创新绩效的影响因素

基于 Mcgrath(1964)的 IPO 模型的框架,本书将团队创新绩效的影响因素,梳理归类为团队输入因素与团队过程因素。

1. 团队输入因素

(1)团队特征。①团队结构。首先,团队结构包括多元化与团队相似性,相关内容包含:性别、年龄、教育层次、工作经验、种族、婚姻状况、部门背景、参加团队时间等。研究团队结构的学者存在一些分歧,聚焦于:以相似相吸理论为基础,消极观点认为员工更为愿意与兴趣或背景相似的同事沟通交流,即多元化对团队绩效提升有负面影响(Guzzo & Dickson,1996),而积极观点坚持团队多样性对团队绩效具有正向影响,因为多样性的团队成员具有更多元的专门知识(Oldham & Cummings,1998)。其次,多元化的不同类型,如:任务导向多元性使团队技能、信息和新构想的数量得到提高,有利于团队整体决策方案与更具创意构想的提出和执行(West,2002)。通过团队反思(Someeh,2006)和外部沟通(Ancona & Ealdwell,1992),职能多样性可使新产品/服务的研发时间减短、上市速度加速、研发成本降低与产品性能/服务质量改善(Valle & Avella,2003)。性别和功能异质性高的团队有更高的团队支持(情感支持、信息支持、工具支持与评价支持)与效能,而在学校任职年限异质性高

的团队则情况与之相反(Drach-Zahavy & Somech,2002)。最后,从多样性的程度来看,Reagans & Zuckerman(2001)研究发现,网络异质性(指成员与其任职年限相差较远的同事交往的程度)和网络密度及其交互项均对团队生产力有显著正向影响。团队多样性与团队整合过程之间存在二次关系,职能多样性在中等程度时,新产品创新绩效将达到最高(Lee & Chen,2007)。②团队规模。团队规模与团队创新绩效之间关系的研究存在不一致性,存在三种观点:第一,团队规模与团队创新绩效呈正相关(West & Anderson,1996;Mullen et al.,1989),例如:团队规模越大,团队成员多元化程度越高,资源也更为丰富,更有利于实现团队创新。第二,团队规模与团队创新绩效呈负相关(如 Clart & Fujimoto,1991;Curral et al.,2001;钱源源,2010)。这些学者认为,团队创新需要合适的情境,团队规模越大,团队运作过程可能显现混乱现象,如:超负荷工作、沟通不畅、工作倦怠、难以决策以及团队过程的其他障碍,员工在认同、价值观、动机等存在的问题将不利于团队凝聚力与团队目标的完成。第三,团队规模与团队创新绩效呈倒 U 形关系(Jackson,1996;Kratzer et al.,2005,罗宾斯,2002)。罗宾斯(2002,p.116)指出,缺乏多样化想法是小规模团队创新的阻碍,而难以控制产出是大规模团队的问题。③团队成立时间。团队成立时间对团队创新绩效的影响较为负面,可能由于团队成立时间长,成员一起工作时间多,与团队外的沟通少,在关键信息资源或知识的异质性较差(Katz,1982)。当创新团队中的成员流动性小时,团队创新性将会随着时间增长而减弱 (如 West & Anderson,1996;Kratzer et al.,2004)。

(2)任务特征。团队任务对团队组成、运作过程、团队目标与功能都有显著作用(West et al.,2004),要提升团队创新绩效,确保团队任务有一定的内源激励是关键因素。具有内源激励的任务特征为:自主性、整体性、多元性、开发可能性、社会交互机会与学习机会(West,2002)。Cohen 等(1996)研究发现群体任务设计(任务多样性、任务同一性、任务重要性、任务自主性与任务反馈)、鼓励监督行为、群体特征和员工参与,都对团队效能有显著影响。Janz 等(2006)以在信息系统部门工作的 27 个知识型团队为对象,研究发现:自治

（产品、计划、人员与流程）和依赖性（任务依赖性与结果依赖性）对团队工作动机有交互效应的假设得到部分支持，并且计划自治和依赖性存在直接效应；丁岳枫等（2004）以 36 个虚拟团队为样本，研究发现，任务依存性程度越高与任务网络性程度越高，团队绩效将会降低；团队在低信任程度下，任务依存性与团队绩效之间的负面关系更强；任务依存性与目标导向的组合对团队绩效的显现复杂作用。

（3）团队领导风格。研究表明团队领导是团队成功的关键因素。近来学者更加关注变革型领导与参与性领导。Pirola-Merlo& Mann（2004）以 54 个 R&D 团队为样本，研究发现团队领导（推动者与变革型领导）通过团队气氛（追求卓越的气氛、参与性安全、创新支持与愿景）中介，对团队绩效［团队效能（意指团队目标达成程度）满意度、生存力］有显著影响。Özaralli（2003）调查了 152 个团队，结果发现变革型领导让下属感知到更多的授权，进而导致更好的团队效能，包括：团队沟通、团队创新性与绩效。变革型领导具有鼓舞性、理想化激励、正向影响、智力激发与人性化关怀，显著正向影响团队创新绩效（Keller，1992）。研究发现团队反思过程中介参与型领导与团队创新绩效之间的关系，在团队职能多元性程度高时，正向关系更为显著（Someeh，2006）。团队主管拥有的技术专业领域知识和技能是团队创新的主要因素。团队主管的专门技术知识将促进团队成员的认知资源，进一步提高解决问题的能力和团队创新绩效（Kim et al.，1999）。

2. 团队过程因素

（1）团队氛围。①创新氛围。团队创新氛围是团队成员对工作环境中影响团队创新因素的认知模式和共享感知。团队创新的四因子理论（West，1990）是团队创新氛围研究的主要基础，四因子包括：愿景目标、任务导向/追求卓越、参与安全与创新支持。之后的研究也验证支持了其对团队创新的积极作用（Burningham & West，1995；Curralet al.，2001；West & Anderson，1996）。②创新支持。创新支持对团队创新绩效和创新的新颖性均具有显著积极影响（West & Anderson，1996）。③团队心理安全。团队心理安全使成员知道团队中成员可安全的承担人际风险,是团队成员内共有的团队信念(Edmondson,1999),产生正面的学习行为与创新行为,只有确保成员感知安全的氛围下才有可能。研究群体创新的学者认为,连续开发群内安全(Intra-group Safety)的团队,才能更加促进创造力和创新性(West,2002)。④团队公平。Sinclair(2003)调查了 132 个以建塔为任务的学生参与团队,发现强调公平的团队更富有合作性,将会减少建塔的差错和提高质量。另外也发现拥有更高程序公正水平的团队更具合作性,将会建塔质量和团队生存能力,并且无论是否实施了公正或公平的薪酬方案,这种情况都如此。

(2)团队合作。Olson 等(2001)认为,团队项目的不同阶段,项目的不同创新性,职能间与有不同程度的合作。在项目的第一阶段,研发和市场营销、研发和生产制造的合作,将产生较高的团队绩效。在项目的最后阶段,对创新性较高的产品,研发和生产制造、生产制造和市场营销的合作,产生较高的团队绩效;但是,在项目的第一阶段,生产制造与市场营销的合作,将会降低创新性高的团队项目绩效,促进创新性低的团队绩效。跨职能协作关系程度越高,将有助于新想法实施的知识网络的构建,继而创新绩效得到提高(Frishammar & Akehorte,2005)。

(3)知识管理。Fedor 等(2003)在 IPO 模型中考虑知识管理,研究样本是产品与过程开发团队,模型中,组织支持和团队领导(输入因素)、随着知识的创造和转移(过程),是绩效的关键驱动因素。结果发现,组织支持与外部知识创造对项目成功具有正向显著交互作用,团队领导和隐性知识转移、组织支持和显性知识转移,均对预期影响有显著交互作用。

(4)团队反思。团队反思包括反省、计划、行动/调适三个核心要素,主要指成员对团队目标、战略、过程,与团队面临的内外部环境,团队进行集体反省学习,并调整或修正团队目标和计划,快速响应内外部环境(West,1996,2002),比较于团队创新气氛和团队构成,团队反思性学习更有效地影响团队有效性,而团队气氛不能更好地影响有效性,但对团队成员心理健康的影响显著(Carter & West,1998)。Tjosvold 等(2004)以 100 个中国团队为例,研究

发现,如果团队经常反思团队程序和改进项目方案,团队创新绩效会进一步提高。Schippers 等(2003)认为,团队反思性学习可显著正向影响承诺、满意度与团队绩效,团队结果依赖性和成立时间对这个关系具有调节效应,团队反思性学习中介团队多元化与团队产出之间的关系。与 West(1996)的理论观点相一致,Hoegl 和 Parboteeah(2006)研究结果也发现团队反思性学习对团队有效性具有正向影响。最近研究发现,相较于具有简单决策的团队,在复杂决策的团队环境下,任务反思性学习对团队绩效的提高更加显著,社会反思与团队绩效之间具有正向关系,并且这种关系不被任务类型调节(Facchin & Tschan,2007)。

2.3　人力资本研究

2.3.1　人力资本的概念与理论

1. 人力资本理论发展概况

(1)人力资本理论的思想溯源

18 世纪 70 年代,亚当·斯密(Adam Smith)在《国富论》中最早提出"人力资本"概念。他指出,对于任何一个从事需要特殊技能的职业的人来说,他必定花费许多时间和努力来获得相应的教育,因此他所从事工作的收入必须高于普通人的工资水平,以补偿他的全部教育成本,至少应该等于与其同等价值资本的利润。他建议由国家"推动、鼓励,甚至强制全体国民接受基础教育"。这是对人力资本特征最早有完整体系的分析。

19 世纪 40 年代,弗利德里希·李斯特(Friedrich List)在《政治经济学的国民体系》一书中,分析了教育对于经济发展的作用,并提出"精神资本"概念,这个定义比较接近于当代的西方经济学采用的人力资本定义。19 世纪末,英国著名经济学家阿尔弗雷德·马歇尔(Alfred Marshall)提出资本的重要组成部分:知识与组织,应该把知识和组织作为独立的生产要素,其是最有力生产

力。指出教育可以开发人的智力，对人的教育投资是最有效的投资。Marshall 强调了人力资本投资的长期性质，要求家庭和政府在人力资本投资中发挥作用。

在此期间，经济学家认同对人力资本的投资非常重要，不认同对这种方法的使用，也不认同为特定目的使用。但从另一方面讲，这个时期的经济学家为人力资本理论的产生和发展奠定了坚实的经济学基础，开创了人力资本学派。

（2）现代人力资本理论

20 世纪 50 年代开始，舒尔茨（Theodore W. Schultz）、爱德华·丹尼森（Edward F. Denison）等在经济增长领域的研究，以及加里·贝克尔（Gary S. Becker）等在收入分配等领域的研究，逐步形成了现代人力资本理论。

美国经济学家"人力资本之父"西奥多·舒尔茨（Theodore W. Schultz）在 1960 年出任美国经济学会会长的年会上发表《人力资本投资》的演讲，提出和明确地阐述了人力资本的概念与性质、人力资本投资的内容与途径、人力资本在经济增长中的关键作用等方面的思想与观点。Schultz 认为人力资本是对人的投资而形成的并体现在人身上的知识、技能、经历、经验和熟练程度等，在货币形态上表现为提高人口质量、提高劳动者时间价值的各项开支。Schultz 对人力资本理论的贡献主要有两个方面：一是他首次明确阐述了人力资本理论，使人力资本理论冲破重重障碍与阻挠，成为经济学的一门新理论，二是系统研究了人力资本形成的方式与途径，并对教育投资的收益率和教育对经济增长的贡献做了定量研究。Schultz 荣获 1979 年诺贝尔经济学奖。美国的爱德华·丹尼森（Edward Denison）的贡献是运用实证计量的方法证明了人力资本在经济增长中的作用。他最著名的研究成果是美国 1929～1957 年间的经济增长有 23% 归功于教育的发展，即对人力资本投资的积累。

加里·贝克尔（Gary S. Becker）在《人力资本》（1964）一书中分析了正规教育的成本和收益问题、在职培训的经济意义、人力资本投资与个人收入分配的关系。Becker 提出了人力资本投资—收益均衡模型，指出人力资本是通过投资而形成的资本，这些投资主要包括教育支出、劳动力国内外迁移支出、保

健支出等。人们预期当人的素质的提高而获得的收入大于投资时，人们就会选择投资人力资本。Becker 在人力资本方面的贡献在于给出了人力资本理论的基本框架，弥补了 Schultz 研究，Schultz 只重宏观，而 Becker 则注重微观分析，并将人力资本的一次形成与二次形成（在职培训）以及与个人收入分配的结合。

在一段时期，人力资本理论的优点在于全面分析了人力资本的含义、人力资本的形成途径及人力资本的"知识效应"。不足之处是对人力资本积累对经济增长的积极作用做出了阐释，但是对其内在机理的研究仍不够。

（3）当代人力资本理论

相比较于 Schultz 和 Becker 把人力资本作为经济增长的外生变量，Rome 和 Lucas 的模型则把人力资本视为最重要的内生变量，以 Solow、Rome、Lucas 等为代表将人力资本投入因素加入新古典的生产函数，形成内生经济增长理论，即新经济增长理论。

组织情境下的人力资本理论。新制度经济学通过引入人力资本概念来解释组织性质、组织边界和组织内部治理结构等问题。Coase(1937)开创的以交易费用为分析工具来研究企业基本问题的传统，认为企业中关于人力资本的契约具有不同于市场交易的非人力资本契约的特殊性，对契约的设置直接关系到交易成本的节约。Williamson(1975)认为，企业中的人力资本具有高度的资产专用性，拥有某种专门技术、工作技巧或拥有某些特定信息，这些具有专用性资产的人若要退出企业，则会给退出者本人或企业带来损失。为了避免在事后发生"要挟"问题，需要在最初的契约安排中对此有合理的权利设置。Jensen 和 Meckling(1976)以信息不对称和代理人的机会主义行为假定前提，提出了企业契约存在的委托代理问题，并从企业的所有权结构和法人治理结构安排上，对作为企业中重要人力资本的代理人进行激励和约束的有效的契约设置股权激励模型。

组织人力资本理论将人力资本纳入管理学研究范畴是一个重要研究视角，强调对人力资本的微观研究，有些学者将人力资本作为组织智力资本的构成部分。在国外，对人力资本的微观研究，主要是从人力资本的智力理念和体系中展开的。英国学者布鲁金（Annie Brooking）著的《智力资本》、美国学者斯图尔特著的《智力资本：组织的新财富》、美国学者利夫（Lefi Edvinsosn）等著的《智力资本：如何衡量资讯时代无形资产的价值》、美国学者约翰（John Berry）所著的《无形资产的具体策略》是目前对智力资本作系统阐述的代表性著作。

综上所述，代表性的人力资本理论学家都研究人力资本的两个方面：接受教育程度和工作经验，以此来衡量个体人力资本的存量。这些理论观点也将人力资本理论研究拓展到管理学研究领域，管理学领域人力资本理论的研究成果为学者研究当今知识经济与动态复杂竞争环境下，人力资本对组织竞争优势及可持续发展能力的影响机理提供了扎实的理论研究基础。

2. 人力资本主要内涵

本文聚焦于组织管理学领域的研究，从组织的不同层次对人力资本内涵进行梳理，如表1—5所示。

（1）个体层次

在Schultz（1961）的研究基础上，Becker（1964）发展了人力资本理论，对人力资本的研究从微观经济学扩大到人的行为的广泛范畴的研究。他研究指出：教育和经验是人力资本概念的关键特征，教育增加个体的信息、知识、技能的存量，经验包括工作经验，也包括在职的实践性学习及培训等非正式教育，拥有更多或高质量的人力资本则会获得更多想要的收益。基于Becker（1964）人力资本研究，一些学者结合当时的研究情境，对人力资本的内涵进行进一步的扩展研究，例如：Marvel和Lumpkin（2007）认为创业者人力资本包括两个方面：通用人力资本与专门人力资本，其中，经验和教育反映通用人力资本，服务市场的方式、顾客问题、市场和技术反映专门人力资本。Patzelt（2010）将新技术公司CEO人力资本定义为四个方面：管理教育、基于创始人的企业专门经验、国际化经验和行业专门经验。Lin和Huang（2005）的研究通过度量员工的年龄、教育程度、任期和管理层次来反映员工的人力资本。

（2）团队层次

Zarutskie（2010）研究风险投资市场中高管团队人力资本的作用，认为通用人力资本，即高管团队接受教育的历史来衡量其通用人力资本，任务及行业专门人力资本，即高管团队工作的历史来衡量任务及行业专门人力资本。

（3）组织层次

在组织环境下组织人力资本有其独特性，一是人力资本为特定组织所拥有；二是组织对人力资本进行一定的投资。组织人力资本的内涵主要有：第一，组织人力资本的自然属性：组织人力资本是知识、技能和良好的身心素质的价值存量；第二，组织人力资本的社会属性：组织人力资本是进入生产领域的与物质资本相结合的知识、技能和人的素质；第三，组织人力资本的投资性：组织人力资本不是与生俱来的，而是主要通过后天的人力资本投资获得的，企业对员工进行投资，进行人力资源开发是获得企业人力资本的基本途径；第四，组织人力资本的收益性：对员工进行投资可使其具备技能与知识，最终为企业带来贡献；第五，组织人力资本的可流动性：组织人力资本对其他公司也是有价值的，所以组织人力资本在企业间具有可流动性。

已有一些学者对组织人力资本内涵及其影响作用进行了探讨。Lynn（2000）对组织人力资本的定义：人力资本是指在一个组织中工作的人员的所有技能和能力的总和。Subramaniam 和 Youndt（2005）在 Schultz（1961）与 Snell 和 Dean（1992）理论研究的基础上，将组织人力资本定义为"一个组织中员工所拥有的可利用的知识、技术和能力"。Pantzalis 和 Park（2009）研究人力资本与企业股票市值之间的关系时，提出人力资本包括身体、智力技能和通过教育和培训获得的能使个人有效完成任务且高效率工作的能力，并得出结论即人力资本水平和股票市值正相关。Dzinkowshi（2000）也给出了组织层次人力资本的定义。如表 2—4 所示。

表 2—4　　　　　　　　　　　　不同层次人力资本概念的整理

层次	研究者	内　涵
个体层次	Becker(1964)	体现于劳动者身上的以其数量和质量形式表示的资本,如知识、技能、体力(健康状况)等
	Marvel & Lumpkin(2007)	个体的经验和教育反应通用人力资本,服务市场的方式、顾客问题、市场和技术反应专门人力资本
	Patzelt(2010)	管理教育、基于创始人的企业专门经验、国际化经验和行业专门经验
	Lin & Huang(2005)	员工的年龄、教育程度、任期和管理层次
团队层次	Zarutskie(2010)	团队成员接受教育的历史及工作的历史的总和
组织层次	Lynn(2000)	在一个组织中工作的人员的所有技能和能力的总和
	Dzinkowshi(2000)	组织员工的专门技术、能力、技巧和专长
	Subramaniam & Youndt(2005)	一个组织中员工所拥有的可利用的知识、技术和能力
	Pantzalis & Park(2009)	包括身体、智力技能和通过教育和培训获得的能使个人有效完成任务且高效率工作的能力

资料来源:本研究文献整理。

2.3.2　人力资本的结构测量与影响

Alfred Marshall 在 1890 年出版的《经济学原理》中对人的能力作为一类资本的经济意义提出了新的认识,他将人的能力分为"专用能力"(Specialized Ability,指在特定的知识领域有更深层的本地化的嵌入式的知识与智力)和"通用能力"(General Ability,指决策能力、责任力等多个情境下都可使用的多技能的可通用的知识与智力)两种。Gary S. Becker(1964)进一步分析了专用知识与通用知识的区别。所谓企业专用知识,是指知识仅在其任职的企业中有用,而通用知识在其他企业中也有用。Dakhli 和 Clercq(2004)在国家层面上研究人力资本对社会资本对创新的影响。其中,国家人力资本的测量包括三个指标:公民整体的知识、经济资源及身体健康的情况,更具体地说,是将一个国家人力资本通过公民的教育程度、平均收入和长寿(即寿命)来表现。

研究结果显著支持人力资本作为创新的催化剂的作用,人力资本对国家的经济增长、生产率及创新都有积极影响,换句话说,国家整体的人力资本水平积极影响国家整体的创新活动。

目前,在管理学研究领域,人力资本的维度及测量在组织、团队及个体层次上,目前还没有公认的经典量表或测量方法,学者均是在 Schultz 及 Becker 已有研究基础上,结合自己的组织研究情境,针对研究对象开发量表或测量方式。目前,在组织的不同层次上,学者在人力资本的相关研究中,对人力资本的测量有不同的方式,本研究总结如表 2—5 所示。

(1)个体层次

Gratton 和 Ghoshal(2003)认为员工和用人单位之间的关系正在发生根本性的变化,雇员很少是公司可塑性资源,更多的是他或她自己的人力资本的流动的投资者。将人力资本分为三个维度:智力资本、社会资本、情绪资本。其中:智力资本是指知识、技能和专门知识;社会资本是指关系网络的结构和质量;情绪资本是指采取行动的勇气和弹性。

Lin 和 Huang(2005)以台湾 3 个金融机构中 112 个员工为样本,研究结果表明,员工的人力资本对其职业发展潜力的影响,完全被员工的社会资本所中介,此外,具有公司专门的人力资本、管理职位及较长任期的员工,上司会对其员工有更高的潜力评价。其中,员工人力资本通过员工对其年龄、教育程度、任期和管理层次 4 个方面的自我报告进行测量。

Marvel 和 Lumpkin(2007)将科技创业者人力资本定义为通用人力资本(General human capital)与专门人力资本(Specific human capital)两个维度。通用人力资本包括:经验的宽度(Experience breadth:创业者服务过雇主的数目)、经验的深度(Experience depth,专业工作经验的年数)及教育程度(Formal education)。专家人力资本是指以往的知识(prior Knowledge),包括:①服务市场的方式(Ways to serve markets),代表性项目为:创业者以往产品/服务的知识与将来的业务的相似度;②顾客问题(Customer problems),代表性项目为:创业者应对不同客户的知识对将来的业务的帮助;③市场(Markets),

表 2—5　人力资本的测量及影响

层次	研究对象	维度	代表性项目/含义	影响结果	学者
个体层次	科技创业者	两个	通用人力资本：经验的宽度、经验的深度、教育程度	组织创新	Marvel & Lumpkin(2007)
			专门人力资本：指以往服务市场的方式、顾客问题、市场、技术		
	一般个体	三个	智力资本：指知识、技能、专门知识		Gratton & Ghoshal(2003)
			社会资本：指关系网络的结构、质量		
			情绪资本：指采取行动的勇气、弹性		
	金融机构员工	四个	员工人力资本：年龄、教育程度、任期、管理层次	职业发展潜力	Lin & Huang (2005)
	新技术公司 CEO	四个	CEO人力资本：管理教育、基于创始人的企业专门经验、国际化经验、行业专门经验	风险投资获取	Patzelt(2010)
团队层次	高管团队 TMT	两个	通用人力资本："高管团队中拥有常青藤大学MBA学位的比例"	组织绩效	Zarutskie(2010)
			任务及行业专门人力资本："高管团队中曾就职于其他风险投资公司的高管比例"		

层次	研究对象	维度	代表性项目/含义	影响结果	学者
组织层次	荷兰会计公司	两个	行业专门人力资本	硕士及以上学历所占比例,行业工作经验平均年数	公司解体	Pennings et al. (1998)
			公司专门人力资本	公司的任职时间		
	专业服务公司(法律公司)	两个	合伙人所读法学院质量 合伙人的总体经验	代表可明确表达的知识和威信	组织绩效	Hitt et al. (2001)
			合伙人的公司专门经验	代表公司专门隐性知识		
	服务公司	一个(5个项目)	组织人力资本	"花更多钱培训每个员工" "招聘高教育水平的员工"	组织绩效	Skaggs & Youndt(2004)
	一般公司	一个(5个项目)	组织人力资本	"员工在特定的工作领域和职能中是专家"	组织创新能力	Subramaniam & Youndt(2005)

资料来源:本研究整理总结。

代表性项目为:创业者所具有的将来业务的主要市场中供应商的知识;④技术(Technology),代表性项目为:创业者所具有的对将来业务非常重要的专业技术知识。以 145 个科技创业者的研究样本,探讨科技创业者的人力资本对突破性创新(Radicalness innovation)的影响,并将科技创业者人力资本定义为通用人力资本与专家人力资本两个维度,研究结果显示,通用人力资本与专家人力资本都对创新成果有至关重要的作用,其中,创业者的教育水平、以往与技术相关的知识对突破性创新具有正向显著影响,而服务市场的方式的相关知识对突破性创新具有负向影响,并根据研究结论提出如何配置人力资本以提高突破性创新,进而获得核心的竞争优势。

Patzelt(2010)对新技术公司 CEO 人力资本、高管团队与风险投资获取之间的关系进行了实证分析。CEO 人力资本分四个方面测量:①管理教育(management education),是指 CEO 是否有管理学学位;②基于创始人的企业专门经验(founder-based firm-specific experience),是指 CEO 是否是公司的创始人之一;③国际化经验(international experience),是指 CEO 是否有国外学习或工作经验;④行业专门经验(industry-specific experience),是指CEO 在生物技术和/或医药行业企业融资中的工作经验。研究结果发现CEO 是公司创始人、国际化经验对风险投资的获取有正向影响。管理教育与风险投资获取之间的关系被高管团队的规模正向调解,行业专门经验与风险投资获取之间的关系被高管团队规模负向调解。

(2)团队层次

Zarutskie(2010)研究风险投资市场中高管团队(TMT)人力资本的作用,实证检验风险投资基金高管团队的人力资本是否可以预测基金的绩效。高管团队人力资本包括两个方面:①通用人力资本(general human capital),即高管团队接受教育的历史,代表性的项目有:"高管团队中拥有科学或工程博士学位的比例","高管团队中拥有法学学位的比例","高管团队中拥有常春藤大学 MBA 学位的比例";②任务及行业专门人力资本(task-and industry-specific human capital),即高管团队工作的历史,代表性的项目有:"高管团队中曾

就职于其他风险投资公司的高管比例"，"高管团队中曾做过战略或管理顾问工作的高管比例"，"高管团队中曾在商业或投资银行做过财务工作的高管比例"。Zarutskie 的研究结果发现风险投资基金高管团队的人力资本可以预测基金的绩效，并且比较于高管团队所具有的通用人力资本，任务及行业专门人力资本对基金公司绩效的影响更强。

(3) 组织层次

Pennings et al.(1998) 以荷兰会计师事务所为对象，研究人力资本及社会资本与公司解体之间的关系，将人力资本分为：行业专门人力资本(industry-specific human capital)及公司专门人力资本(firm-specific human capital)。行业专门人力资本包括两个方面：硕士及以上学历所占的比例，行业工作经验的平均年数。公司专门人力资本：公司的任职时间。其中，正规教育在一般情况下被认为是发展通用(general)人力资本，但是，会计的硕士教育是发展行业专门人力资本，因为大多数注册会计师有会计和财务学学位。

Hitt 等(2001) 对人力资本的测量有两个维度，一个是合伙人所读法学院的质量(代表能被明确表达的知识和威信)和合伙人的总体经验(代表公司专门隐性知识)。二是合伙人的公司专门经验。研究以专业服务公司为对象，研究人力资本的直接及调节作用，结果发现人力资本对企业绩效有倒 U 形的影响，人力资本正向显著地调节公司战略与公司绩效之间的关系。

Skaggs 和 Youndt(2004)研究发现，公司的战略定位与人力资本相关，并且两者的交互影响公司绩效。作者认为提高组织人力资本的水平，一是通过在外部市场招聘高学历或经验丰富的员工，二是通过对已有员工的内部培训开发活动。虽然人力资本理论认为，选拔和培训是可以相互替代的，一起使用是冗余的，但研究发现，他们其实是相辅相成的(Youndt et al.,1996)，组织可利用招聘来增加通过人力资本，利用培训来开发公司专门人力资本。Skaggs 和 Youndt 开发了单维度的组织人力资本量表，共 5 个项目，代表性的项目有："花更多的钱培训每个员工"，"招聘高教育水平的员工"。

Subramaniam 和 Youndt(2005)在 Schultz(1961)与 Snell 和 Dean(1992)

理论研究的基础上,开发了组织人力资本量表(人力资本是作为智力资本的一个维度),将组织人力资本定义为"一个组织中员工所拥有的可利用的知识、技术和能力"。量表共包括 5 个项目,反映了一个组织员工综合的技术、专业和知识水平,一个代表性项目为:"我们员工在他们特定的工作领域和职能中是专家"。通过两阶段的数据收集,共收集 93 份匹配数据,研究结果发现,组织人力资本与社会资本交互可以提高现有知识的转化,从而影响组织的突破性创新能力。而社会资本对组织的突破性创新能力与增量创新能力均具有正向影响。

2.4　社会资本研究

2.4.1　社会资本的概念与理论

1. 社会资本理论发展概况

"社会资本"最初是由经济学中的"资本"概念发展而来的,在经济学里是非常关键的概念,资本是"润滑剂",使经济体系得以良好地运转。最早资本的概念仅限于物质资本,20 世纪 60 年代,Schultz(1961)和 Becker(1964)提出人力资本概念,率先突破了物质资本的局限。响应对人力资本概念的研究,一部分社会学家尝试与经济学对话,将现实中人们的社会互动和联系也归入了资本的研究范围,提出了社会学中的"社会资本"概念。

Jacobs(1965)较早在社区研究中,提出社会资本是用以强调社群中的人际关系网络,是一种有助于个人在社群中发展的关系性资源。伴随社会和经济的进一步发展,资本的概念外延,20 世纪 70 年代,Bourdiue 和 Colemna 等西方社会学家提出了社会资本概念,将其他学者惯于忽略的社会结构和社会关系归入资本的研究范畴。法国学者 Bourdieu(1977)的社会资本定义较注重社会系统的整体层面,认为社会资本乃是个人或团体所拥有的社会连带的加总,而社会资本的取得则是需要靠连带的建立与维持,例如从事社交活动,

寻找、维持共同的嗜好等。Bourdieu(1980)在《社会资本随笔》中对资本的形式进行了区分,提出经济资本、文化资本和社会资本这三种资本基本形态。并提出三者之间的差异之处,经济资本能够马上并直接转换为金钱,这是财产权形式的制度化;文化资本在某些情景下能转换成经济资本,是教育资格形式的制度化;社会资本则是由社会联系构成的,是某种高贵头衔形式的制度化。Coleman(1988)在《美国社会学杂志》上发表了题为"社会资本在人力资本创建过程中的作用"的文章,初步提出社会资本的概念。随后在其著作《社会理论的基础》中,从社会结构的意义对社会资本理论作了较为系统的阐述。Coleman(1988)认为社会资本不是某种单独的实体而是具有各种形式的不同实体。与其他资本一样,社会资本是生产性的,是否拥有社会资本决定了人们是否可能实现某些既定的目标;而与其他资本不同的是,社会资本存在于人际关系的结构之中,它既不依附于独立的个人,也不存在于物质生产过程中。

自 Bourdieu 和 Coleman 以后,真正使社会资本的概念引起广泛关注的是哈佛大学社会学教授 Putnam,他认为社会资本是指社会组织的特征,这些特征诸如信任、规范及网络等,通过协调行动,这些特征能提高社会有效性。他认为社会资本一般来说都是公共用品,是一种团体的甚至是国家的财产,而不是个人的财产,集体社会资本不能只是简单地归结为个人社会资本的总和(Putnam,1993)。

2. 社会资本主要内涵

社会资本层次是从社会资本的主体角度进行区分研究。Brown(1997)提出从微观、中观和宏观三个层次分析社会资本。微观社会资本是指个体所拥有的社会关系网络及嵌入其中的情感、信任、规则等;中观社会资本是指企业、社团、社区等所拥有的社会关系网络中嵌入的社会资源;宏观社会资本是指一个国家、区域的特征,包括和谐、开放的社会关系网络、有效的制度规范、普遍信任、权威关系以及合作性的社会组织等。Adler 和 Kwon(2002)将社会资本分为个体与群体两层次。个体社会资本是一种外部社会资本,因为它产生于某一行动者的外在社会关系。其功能是帮助行动者获得外部资源与集体社会

资本。群体社会资本是一种内部社会资本,因为它形成于行动者(群体)内部的关系,其功能在于提升群体的集体行动水平。罗家德和赵延东(2005)结合前两种分类方法,将组织的社会资本分为个体、群体和组织三个层次。个体社会资本是指组织内个人的人际连带及占有的网络位置,个体由于这些结构性特征可能取得资源。群体社会资本是指组织内的非正式关系网络形态以及组织内成员的相互信任和善意,这种社会资本能促成合作、分享行为,使整个组织得益。组织社会资本是指一个组织作为一个组织网络或社会网络中的一员所占有的网络结构位置、组织与其他组织的关系,组织的结构位置和关系能为其带来资源。

　　自 20 世纪 90 年代以来,社会资本成为组织行为研究中的重要概念,其应用范围广解释力强。相应地,社会资本的概念也较多元化。本文根据个体、群体、组织三个层次(罗家德,2005)对社会资本定义进行总结,如表 2—6 所示。

表 2—6　　　　　　　　　　　不同层次社会资本概念的整理

层　次	学　者	内　涵
个体层次	Baker(1990)	行为主体从特定的社会结构中获得的资源,并利用这些资源来追求他们各自的利益
	Belliveau et al. (1996)	是个体的私人网络以及制度性的依附
	Burt(1992)	是指朋友、同事或更为广泛的这类联系,通过这类联系可以获得使用金融和人力资本
	Portes(1998)	是指主体利用其在社会网络或其他社会结构中的成员身份获取利益的能力
	Rose (1998)	把社会资本看作正式或非正式社会网络的资产,个人可以借此来生产或分配物品与劳务
	Lin(1990)	个体通过而摄取嵌入性资源的实现工具性或情感性目标的有效途径
	陈健民和丘海雄(1999)	社团成员可以凭借其成员身份获得更多的社会资本,从而获取更多的资源
团队层面	Labianca(2004)	存在于团队自身社会结构中的成员社会关系,以及更广泛的组织结构,团队可利用的必要的资源集合

续表

层　次	学　者	内　涵
团队或组织层次*	Bourdieu(1986)	提出社会资本基本的两个核心概念:一是社会资本是个体或群体社会连带的总和,二是社会资本源于连带的建立、维持与资源互换
	Coleman(1990)	可以由其功能来定义,尽管表现形式不同,但具有两个共同特征:一是由社会结构的某些方面组成,二是有利于结构中的个人的特定行动。当人们之间关系发生有利于行动的变化时,社会资本就产生了
	Nahapiet ＆ Ghoshal (1998)	个人或者社会单位所拥有的关系网络中嵌入的、可通过其获取的和派生的实际和潜在资源的总和。这样社会资本包括网络以及可以通过网络动用的资产
	Knoke(1999)	是指在组织内或组织间创造或动用网络联系来获得其他社会主体资源的过程
	Fukuyama(1995)	人们在群体或组织中为实现共同目标一起工作的能力
	Portes ＆ Sensenbrenner(1993)	集体组织中的一种行动预期,它影响成员的经济目标以及目标寻找的行为,即使这些预期并不主要是为了经济方面
	Putnam(1995)	有利于进行协调与合作以实现共同利益的一些社会组织特征:如网络、规范和社会信任
组织层次	Leenders ＆ Gabby (1999)	组织社会资本是组织通过社会关系网络所获得的能够促进其目标实现的有形或无形资源
	边燕杰,丘海雄(2000)	组织社会资本是行动主体与社会的联系以及通过这种联系摄取稀缺资源的能力。企业是经济活动的主体,是经济行为者;同时,企业也是在各种各样的联系中运行的

注:＊代表灰色区域为群体层面定义,适于团队和组织。

资料来源:在 Adler 和 Kwon(2002)的研究基础上,本文修改与整理。

个体层次上,主要以两种方式展开研究,一是社会联系是个人作为社会团体或组织的成员所建立的稳定的联系,个人可通过此身份获取稀缺资源,例如:Baker(1990)、Portes(1998)、陈健民和丘海雄(1999)的社会资本概念。二是社会联系是人际社会网络,以 Belliveau 等(1996)、Burt(1992)、Rose(1998)、Lin(1990)等为例。团队层次上,Labianca(2004)在团队社会资本与

绩效的关系研究中,提出了团队社会资本的概念。组织层次上,Leenders 和 Gabby(1999)、边燕杰和丘海雄(2000)对组织社会资本进行了界定。然而,团队层次和组织层次同属于群体层次(Adler & Kwon,2002),因此,一些学者关于群体社会资本的定义同时适用于团队层次和组织层次的社会资本定义,例如:Bourdieu(1986)、Coleman(1990)、Nahapiet 和 Ghoshal(1998)、Knoke(1999)、Fukuyama(1995)、Portes 和 Sensenbrenner(1993)、Putnam(1995)关于群体社会资本的概念界定。

本书中团队或个体社会资本的选择上,借鉴社会资本内部观点,内部观点主要强调社会资本是群体内部成员达成合作的能力,强调规范、信任等形式的社会资本。团队社会资本参考 Nahapiet 和 Ghoshal(1998)的研究。

2.4.2　社会资本的结构测量与影响

一些学者用单一维度来测量社会资本,而多维度的社会资本研究认为社会资本不是由单一维度构成,是一个复合概念,不能仅仅用一两个指标来测量(Nahapiet & Ghoshal,1998;Uphoff,1999)。

Nahapiet 和 Ghoshal(1998)提出社会资本三因子结构:结构资本、关系资本和认知资本。结构资本是指行动者之间联系的总体范式,也就是行动者联系到他人以及如何联系到这些人。结构资本的主要方面包括行动者之间的网络连带、网络构型(描述联系范式的密度、可连接性及等级)、可专用的组织(为一定目的而设立的网络实体)。关系资本是指人们通过交流、互动、合作而形成的一种特定的关系资产。关系维度关键包含规范与义务、信任和值得信任、责任与期望、认同等。认知资本是指那些提供共享象征、方法、演绎的意义系统。认知维度的关键包括共享文化、愿景、目标、共享的语言和编码等。

Uphoff(1999)研究群体层面的社会资本结构,结构资本和认识资本构成群体社会资本。结构资本通过规则、程序和先例建立起来的角色和社会网络来促进共同受益的集体行动,相对客观,表现为一种可见形式,并可以通过群体的有意识行动来设计和改进。认知资本是指在共同的规范、价值观、态度和

信仰的基础上引导人们走向共同受益的集体行动,反映人们的想法和感觉,更为主观。

社会资本有多个维度,不同层次的社会资本维度的侧重点也可能不同。另外,同一维度内的主要内容之间可能存在因果关系,如关系资本所包括的规范、义务、认同与信任等方面,规范、义务、认同与信任之间可能存在因与果的关系。

如前所述,社会资本不同于其他有形资本,直接定量测评不容易。所以,制约社会资本理论研究的一个关键问题是如何有效测量和对比社会资本的数量。一些社会资本测量研究开始从不同主体对象和不同组织层次开始。个体社会资本测量中,较多采用的是社会网络研究法,测量针对隐含在个体网络中的资源。群体社会资本测量中,研究者通常是以结构、关系、认知三因子结构为基础。对结构维度的测量包括集体网络密度、网络连带、群体中心性、结构洞、集体成员社会互动、结构位置,对关系维度的测量强调相互信任,对认知维度的测量强调共享的愿景或目标、共享的编码、意义系统等。

本章主要从个体、团队、组织三个层次及不同层次的维度结构来梳理社会资本的结构及测量,同时讨论社会资本的成因及影响作用。个体层次上,已有研究探讨个体所拥有的社会资本对绩效、创新、知识转移与分享、公平感知、员工行为等的影响作用。在团队层次上,团队的社会资本与团队绩效、创新、创造力、生产力、知识交换等的关系,高管团队社会资本与公司绩效的关系,均受到了研究者的关注。在组织层次,一些研究分析了组织社会资本对绩效、创新、学习、知识获得与转移等的影响作用。社会资本的测量及影响总结如表2—7所示。

表 2—7   社会资本的测量及影响

层次	维度			前因或结果	学 者
个体层次	一个		弱联系	突破性创新工作绩效	Granovetter(1992)
			友谊	绩效	Ingram & Robets(2000)
			网络中心性	公民行为	Settoon & Mossholder (2002)
	两个		网络紧密性网络范围	知识转移	McEvily(2003)
			结构嵌入关系嵌入	销售绩效管理绩效	Moran(2005)
	三个		结构维度关系维度认知维度	绩效	Kang et al.（2003）Batjargal(2003) Lee et al.（2005）
			情感连带、咨询连带、信息连带	绩效	Krackhardt(1992)
			网络规模、网络顶端、网络位差		边燕杰和李煜(2000)
社会连带（中国情境的个体关系）	一个		情感连带	国籍、文化距离、外派状态	Manev & Stevenson(2001)
	两个		工具连带情感连带		Chen & Peng(2008)
				帮助	Lin(2006)
				知识分享	Lin(2007)
				公平感	Umphress et al.(2003)
				团队活力、绩效	Balkundi & Harrison(2006)
	三个		情感、规范、工具		Hwang(1987)

层次	维度		前因或结果	学者
团队层次	两个	弱联系、强联系	知识共享	Hansen(1999)
		团队与外界的垂直、水平沟通	创新绩效	Ancona & Caldwell(1992)
		网络密度、网络中心性	绩效	Sparrowe et al.(2001)
		高管团队内部及外部网络	人力资源实践公司绩效	Collins & Clark(2003)
		网络密度网络异质性	生产力	Reagans & Zuckerman(2001)
	三个	结构维度关系维度认知维度	创新计划符合度	林亿明(2001)
			绩效	Aquino & Serva(2005)
	四个	社会性互动、外部网络位置、关系品质、认知网络	知识交换	何芳蓉(2003)
		社会互动、网络连带、相互信任、共同愿景	团队创造力	Chen et al.(2008)
组织层次	一个	网络位置	创新、绩效	Tsai(2001)
		组织间信任	绩效	Zaheer et al.(1998)
	两个	可联想性信任	收益成本	Leana & Van Buren(1999)
		保持距离型关系嵌入性关系	知识转移学习	Uzzi & Lancaster(2003)
	三个	结构维度关系维度认知维度	价值创造	Tsai & Ghoshal(1998)
			知识转移	Inkpen & Tsang(2005) Jiang(2005)
		社会互动客户网络连带关系质量	新产品开发、技术独特性、销售成本知识获取	Yli-Renko(1999)
	四个	构性、管理性、制度性、资源性连接	创新	Goes & Park(1997)

注:为数不少的学者以 Nahapiet 和 Ghoshal(1998)的社会资本经典三维度结构为基础,根据研究情境及研究对象的不同,具体测量条目有较大差异。

资料来源:本研究整理总结。

（1）个体层次

单一维度。Granovetter（1992）研究指出，有限时间与精力下个体员工所构建的不重复的弱联系对个体突破性创新与工作绩效等方面均具有积极影响。Ingram 和 Robets（2000）对悉尼宾馆业的实证发现，经理之间的友谊会转移客户非公开的偏好数据，促进了信息的更好交换，增强合作和缓减竞争，竞争者之间的友谊对组织绩效有显著影响。在复杂不确定的情境中，管理者将学习模仿与其有网络连带关系的其他企业行为，研究结果证实，两个公司管理者熟悉程度越高，两个企业越具有相似的捐赠行为（Galaskiewicz & Wasserman，1989）。Settoon 和 Mossholder（2002）研究以社会网络中心性作为个体社会资本的测量指标，分析社会网络中心性对员工组织公民行为的影响作用。

两维结构。Reagans 和 McEvily（2003）将社会资本分为社会网络紧密性（Network Cohesion）与网络范围（Network Range），这两个维度均对知识转移有正向影响。社会紧密性将会影响个体与同事分享信息而投入的精力、时间和努力程度的意愿，网络范围则会影响个体向不同接受者传递复杂信息的能力。Moran（2005）将管理者社会资本分为结构嵌入（如结构）和关系嵌入（如质量）两个维度，研究结果发现两个维度对管理绩效的影响不同，其中，结构嵌入资本对一些日常性的、执行为主的任务具有更大影响，而关系嵌入资本则对创新为主的任务具有更大影响。

三维结构。Kang 等（2003）在以社会资本框架分析核心员工与其他类型员工的学习关系时，将结构维度分为强与弱联系、松散型与紧密型网络；将关系维度分为一般信任与二元信任，将认知维度分为共同组件性知识与共同结构性知识。Krackhardt（1992）将网络成分分为情感连带、咨询连带以及信息连带，认为强连带（强互动网络所构建的连带）对成员间彼此信任、沟通、认同有促进作用，继而提升群体绩效。Batjargal（2003）将俄罗斯企业家的社会资本分为结构性嵌入、关系性嵌入、资源性嵌入维度。结果发现，关系性嵌入与资源性嵌入维度对公司绩效有直接的正向影响，结构性嵌入对公司绩效没有

直接的影响。Lee 等(2005)在分析个人社会资本对其研发绩效影响中,在社会资本结构维度中包含了高层支持、与外部群体的协调活动、劝说他人来支持决策、让他人知晓活动等方面,而在关系维度与认知维度中分别使用了非正式性与共同期望两个衡量要素。边燕杰和李煜(2000)以中国城市家庭为例,研究社会资本,认为一个人所拥有的关系网络的特性是影响其社会资本存量的决定因素。社会关系网络的特性包括三方面:首先是社会关系网络规模的大小,指社会关系网络涉及的人数的多少;第二是关系网络顶端(简称网顶)的高低,指在社会关系网络中地位、身份和资源最多的那个人的状况;第三是关系网络位差(简称网差)的大小,指关系网络顶端与底部落差的大小。相应地,对个体社会资本的测量往往包括网络规模和密度、强连带和弱连带、位置中心性(或嵌入中心性)等。

在此,本研究特别指出:中国人讲究关系,包括工具连带、情感连带两个维度的社会连带是中国文化情境下特色的社会"关系"。中西方学者越来越注重对中国文化背景下社会连带的相关研究。例如:

Chen 和 Peng(2008)将社会连带分为两个维度:工具连带和情感连带,工具连带的代表性项目如:"我们在工作中相互支持"。情感连带的代表性项目如:"我们相互信任"。Hwang(1987)提出三种连带:情感、规范和工具,情感维度是指和另一个人的亲密关系的发展只是因为两人之间存在情感联系。通常这些情感连带是有性别指向的。规范维度通常是因为两个个体通过一种约定俗成的关系,比如朋友或者亲戚而发展的关系。最后,工具维度是情感维度的对立面。当一个人试图与另一个人发展情感连带的时候,这个连带就是目标。然而,当一个人试图发展工具连带时,"关系只是一种手段或者一种工具,服务于其他目的的"。因此,这种关系根本上是不稳定的、暂时的。

Lin(2006)还发现对权力的需要、成果的相互依赖性、人和组织的匹配都通过社会连带的中介作用(工具连带和情感连带)间接影响着帮助意愿。低帮助意愿可以归因为缺少情感连带或者工具连带。拥有强工具连带的员工更可能有强烈的帮助别人或者友善待人的意愿。类似的,情感连带方面,友谊也是

帮助别人的一种基础。Lin(2007)研究发现隐性知识的分享经过同事间的信任的调节后，受到分配公平、工具连带和情感连带的影响，并且指出同事间良好的社会网络关系能帮助培养信任感，从而分享隐性知识。

　　Umphress 等(2003)对一家世界 500 强公司的员工做了调查，检验工作环境中的不同社会连带如何影响着三种公平感知的，发现不同社会连带在不同程度上影响了人们的公平感知。情感连带更多的是与同事之间的相似性有关；而工具连带则与结果诱导的公平感知以及互动公平的感知。他们的发现说明一个雇员的观点会影响其他同事的公平感知，不同的公平感知通过不同的社会连带传播。Manev 和 Stevenson(2001)研究了国际化经理的 3 个特征：国籍、文化距离、外派状态与工作连带的关系。对于一家跨国公司 457 个经理跨子公司的交流的网络分析发现，经理们往往与较小文化差距的同事以及处于同一地位的同事产生强的情感连带；外派经理可能与外派经理有很强的情感连带，而本地经理与本地经理有很强的情感连带。

　　(2)团队层次

　　团队社会资本的研究相对个体层次较少，主要包含团队社会资本对团队创新、创造力、绩效、生产力、知识交换等的影响研究。

　　两维结构。Hansen(1999)对项目团队的研究表明，在搜寻阶段，弱联系传播给项目团队利用知识的机会以及非重叠知识；在转移阶段，强联系促进隐性知识的转移。团队与外界的垂直与水平沟通对团队创新绩效也具有显著的正向影响(Ancona & Caldwell,1992)。Sparrowe 等(2001)研究发现群体中心性与群体绩效表现之间存在负相关。群体中心性高，代表着群体内的人主要跟少数几个核心人物互动，跟其他人员的平均互动反而少，这样的结构会造成资源传递与交换的不顺畅。Collins 和 Clark(2003)通过对 73 家高科技类公司做了实证研究，试图揭示人力资源实践与公司绩效之间的关系，他们引入了高管团队的内外部网络作为中介变量。结果显示，外部网络规模与强度对一年期的销售额增长与股票回报均有显著正向影响，而内部网络规模与范围则分别对一年期的销售额增长与股票回报有积极影响。Oh 等(2006)从社会

资源理论的角度认为，团队的社会资本渠道的结构决定了团队的社会资源，而团队的社会资源越丰富，则团队越有效率。社会资本的渠道决定了能获取的社会资源，社会资源分成具有情感性好处的社会资源（expressive benefits）和工具性好处的资源（instrumental benefits）（Lin，2001），工具性好处在于及时获取相关的多样的信息，从而更有机会作出迅速的、创新的决策、即时获得政治资源等；Reagans 和 Zuckerman（2001）的研究对象是 224 个公司 R&D 团队，网络密度指团队成员的平均沟通水平，而网络异质性指成员与和其任职年限相差较远的同事交往的程度，实证研究发现，网络密度和网络异质性及其交互项均对团队生产力有显著正向影响，而人口特征多元性对团队生产力没有产生显著影响。

三维结构。台湾学者林亿明（2001）研究了团队社会资本对知识分享以及创新的影响。在测量结构维度时使用了沟通频率、非正式互动程度、书面沟通频率三个要素，在测量关系维度时使用了整体信任感，而测量认知维度时使用了共享价值观；实证结果发现沟通频率、整体信任感、共享价值观均对知识分享、非正式化互动程度对创新程度、共享价值观均对计划符合度等有显著正向影响。Aquino 和 Serva（2005）在一项模拟商业环境下团队社会资本形成的试验中，用信任和义务代表关系性社会资本，用共同知识代表认知性社会资本。认为管理团队和开发团队之间的定期沟通、非正式互动均有助于社会资本的形成。具有高密度社会资本的开发团队主动完成超出了他们职责的任务，管理团队可感知开发团队具有高绩效。

四维结构。Chen 等（2008）探索研发团队的社会资本与创造力的关系，并通过对 54 个台湾高科技企业研发团队的调研得出，研发团队的社会资本包括社会互动、网络连带、相互信任和共同愿景四方面，其中社会互动和网络连带对应结构社会资本，相互信任对应关系社会资本，而共同愿景对应认知社会资本，分析结果表明社会互动和网络连带对团队创造力产生显著积极影响。何芳蓉（2003）则用社会性互动、外部网络位置、关系品质、认知网络来衡量团队社会资本，结果发现社会性互动对成员知识交换意愿有显著正向影响，而网络

位置、关系品质、认知系统等均对成员知识交换意愿、知识流通等有显著正向影响。

（3）组织层次

单一维度。Zaheer 等（1998）等人在一个电子设备制造行业里以 107 家购买商和供应商之间的关系为样本，结果发现，组织间的信任减少了冲突，降低了交易的谈判成本。跨组织的信任有利于谈判过程的顺利进行，因此也就减少了公司间交换的交易成本。组织间信任是社会资本中的关键因素。更多公司间的信任，就会有更多的社会资本。实证研究发现组织间信任和绩效有一个明显的关联。Tsai（2001）以一家石化公司的 24 个事业部和另一家食品制造公司的 36 个事业部为研究对象，认为在一家多事业部的公司中，每个事业部都是通过与其他事业部的联系网络获得接触新知识的机会。并认为占据了中心网络位置的事业部拥有更多机会接触其他事业部所创造的新知识，因而有更多的创新活动和更好的业绩，但这种效应的大小取决于事业部的吸收能力。

两维结构。Leana 和 Van Buren（1999）认为组织社会资本是反映组织内社会关系性质的资源。他们认为内生于组织社会资本的信任或许使员工在为组织利益承担风险时感到安全、让个体为了长期的和组织的目标而延缓短期的个人利益，因此成员也就有更多的承诺。社会资本还可以使工作组织和执行的方式变得更富弹性。此外，他们还从稳定的关系、强的规范、具体的角色等雇佣实践角度分析了组织社会资本的形成原因。Uzzi 和 Lancaster（2003）研究发现，不同类型的关系对不同类型的知识转移和学习有不同效果。当公司之间是保持距离型关系时，他们主要是转移公共知识和进行拓展式学习；相反，当公司是通过嵌入性关系联结时，他们倾向于转移私有知识和进行探索性学习。这说明了学习的类型不仅和当事人的认知和历史经验有关，而且还受制于当事人之间的关系。这种把学习作为社会过程的观点有助于解决市场中的知识转移和学习问题。

三维结构。Yli—Renko（1999）以 180 个公司的为研究对象，实证检验了

体现关键客户关系的社会资本对知识获取与知识拓展的影响。基于社会资本与知识理论,作者提出体现关键客户关系的社会资本有利用外部知识获取,知识获取中介社会资本与为提高竞争优势的知识拓展之间的关系,结果显示,社会互动与客户网络连带维度与更大的知识获取正相关,而关系质量与知识获取呈负相关关系,此外,知识获取对新产品开发、技术独特性有显著正向影响,知识获取中介社会资本与知识拓展之间的关系得到验证。Tsai 和 Ghoshal (1998)以一家大型跨国电子公司为调查对象,实证了事业部间社会资本与价值创造的关系。文中以社会互动联系、信任与可靠以及共同愿景来指代社会资本的结构、关系及认知维度,研究结果表明,公司内部社会资本有助于价值创造。Tsai(2001)以一家石化公司的 24 个事业部和另一家食品制造公司的 36 个事业部为研究对象,认为在一家多事业部的公司中,每个事业部都是通过与其他事业部的联系网络获得接触新知识的机会。并认为占据了中心网络位置的事业部拥有更多机会接触其他事业部所创造的新知识,因而有更多的创新活动和更好的业绩,但这种效应的大小取决于事业部的吸收能力。Inkpen 和 Tsang(2005)在研究公司间网络、战略联盟、工业区内成员间的知识转移时,用网络的联结、形态与稳定性衡量社会资本的结构维度,用信任衡量关系维度,用共同目标、共同文化衡量认知维度。Jiang(2005)用社会互动关系、可靠性、共同愿景分别指代社会资本的结构、关系与认知维度,并探讨了其对中国高新技术企业知识转移成功性的影响。

四维结构。Goes 和 Park(1997)研究组织间联系对组织创新能力的提高和对创新的吸纳的影响。从在追求创新过程中提供了学习和资源共享机会的角度,研究了组织间关系的各种类型。以美国的加利福尼亚州的精心护理医院行业为对象,并将组织间关系分为四种不同类型:结构性、管理性、制度性和资源性连接。结果显示,结构性,制度性和资源连接都对服务创新有显著影响。这个研究是在服务性组织进行的,相比生产组织,创新更难衡量。结果发现社会资本也有助于服务性组织的创新。

2.5　团队错误中学习研究

2.5.1　错误中学习的概念

经验学习是组织学习的一个重要形式,经验学习被确认是至关重要,对于组织在技术和市场的快速变化的情境下作出响应(Levitt & March,1988;Luo & Peng,1999)。较早的经验学习研究主要聚集于成功经验的学习,而基于错误或失败的经验学习较少。此后学者们研究发现,经验式学习是组织从错误或失败中学习的特别有用和有效的方式(Carter & West,1998;West,1996)。与成功的经验相比,基于错误或失败的经验学习更有利于激励组织或团队质疑或摒弃旧观念,探寻新的问题解决方法,敦促管理者优化复杂的管理决策或生产设计流程,促使员工根据他们的绩效及其后果,发现因果关系,在自身努力下确定自己的优势和弱点,审视自身的行为,制定和实施改变,并为未来的挑战做好准备(Weich & Roberts,1993;Morris & Moore,2000)。

怎样从错误中学习？ Wilkinson 和 Mellahi(2005)宣称"尽管大多数经理知道他们处在失败的风险中,他们却尽力回避这一主题,而不是积极寻找防御措施,或者当错误发生时,他们应该面对它,准备从错误中学习"。错误中学习是一种有效的经验学习方式,对于企业内部知识外显化、知识传递与技术诀窍转移、知识库的构建乃至组织战略的调整都起到重要作用。只要组织企图做出改变,错误和失误都将可能发生。当一个人获取之前不具备的知识时学习就会发生,学习的一个重要来源是从失误和错误中。错误和失误,虽然几乎在所难免,经常是高成本的,但可以从中学习宝贵的经验 (Nonaka & Takeuchi,1995)。从错误中学习包括认识不可预期的不希望的影响发生并且学习这些经验,以减少他们将来发生的概率(Cannon & Edmondson,2001)。对错误的反思可以揭示对情况的误解和对缺点的认同,它们可能妨碍有效的行动(Edmondson,1996,1999;West,1996)。

　　错误的发生可能引起任务、项目甚至组织的失败,小失败更有助于组织学习,而大失败研究者主要是从知识管理和问责的视角来考察大失败或严重的失败与经验学习之间的关系,以及对组织的影响(Madsen & Desai,2010)。失败经验来源分为组织内部的失败经验和组织外部的失败经验。进入 20 世纪以来,组织管理领域的学者们(如 Cannon & Edmondson,2001;Tucker & Edmondson,2003;Cannon & Edmondson,2005)开始从组织行为视角来研究失败学习的过程机制和影响因素(如共享信念、心理安全、社会资本和领导等),而关注组织失败中学习的影响效果的学者(如 Carmeli & Sheaffer,2008;Baum & Dahlin,2007;Cannon & Edmondson 2005;Schippers et al.,2003;Tjosvold et al.,2003)明确提出错误及失败中学习对组织多层次(组织、团队与个体)绩效、创新及能力提升均具有显著的促进作用。关于错误或失败中学习的相关实证研究仅有少数,这些实证研究主要聚集于失败事件容易被公众识别和捕捉的行业或组织,如航天航空业、医疗机构、铁路业与跨国合资企业等。

　　目前,随着团队形式在组织中的广泛应用,团队层次的学习行为成为近年来研究的热点。"团队,而非个体,是现代组织中最基本的学习单位"(Senge,1990),团队学习行为是一种持续的反思和行动,包括提出问题、寻求反馈、开展实验、反思改进、讨论失误或非预期的结果(Edmondson,1999)。又因组织越来越多地依赖于团队作出重要决定,研究需要了解组织团队如何能从错误中学习,避免代价高昂的误判(Adler & Kwon,2002)。然而,从错误中学习是具有挑战性的,并不能很好地理解,尤其是在团队的背景下(Edmondson,1999)。相当多的研究表明,个人和团队都禁不住保卫和继续其目前的行动过程,尽管明确的证据表明这一行动是误入歧途的(Bazerman,1997)。

　　关于团队错误中学习的概念,领域研究者们并没有一个明确的界定。West(1996)将团队反思定义为"团队成员对团队目标、策略与程序进行公开反思以使它们适应当前或预期环境变化的程度"。反思对从事复杂工作的团队最为重要,因为在工作任务非常规、团队环境不确定的情况下,对完成工作

的方法进行评价和反思尤其重要（West，2000）。Cannon 和 Edmondson（2005）提出了失败学习由发现失败、分析失败和开展试验三种基本活动组成的观点。因此，本书在这些概念（West，1996，2000；Edmondson，1999；Cannon & Edmondson，2005）的基础上，将团队错误中学习定义为"是一种持续的反思和行动，包括发现错误、获取信息、分析错误、寻求反馈、开展实验与反思改进"。

2.5.2　错误中学习的前因与结果变量

（1）错误中学习的前因变量

①心理安全氛围。Edmondson（1996）发现心理安全有助于护理组成员公开讨论用药错误，能够识别错误的原因，并开发可行的创新以减少其错误的重现。领导提供有技巧的指导和方向，提升有质量的关系，帮助员工开发过程并识别错误（Edmondson，1999）。Edmondson（2004）进一步对一些医院中的差错和事故情况进行研究，发现在护士是否愿意报告差错和事故这一点上，不同护理部门之间存在很大差别。究其原因，差异来自中层管理人员不同的行为方式——他们对待失败的态度，他们是否鼓励开诚布公地讨论差错和事故，是否欢迎他人提出疑问，是否表现出谦逊和求知欲，并认为各类组织都存在这一问题。Edmondson（2011）认为如果希望员工能帮助组织发现目前和即将出现的失败行动，并从中汲取经验教训，领导者就必须营造一个鼓励员工敢于直言的环境。Edmondson 研究发现，在 1999～2009 年，在担任明尼苏达儿童医院首席运营官期间，尤丽叶·莫拉特（Julie Morath）就通过营造这样的组织环境，大幅度减少了医院出的差错。她采取了 5 项举措为员工营造一个心理安全环境：准确设计工作框架、欢迎"信使"、承认局限性、邀请参与、设定界限并实行问责制。

②领导。Carmeli（2012）在研究中考察一个复杂的路径，关系型 CEO 能够提高高层管理团队战略决策的质量，通过在团队中建立信任的心理状况以促进从失败中学习，从 77 个高层管理团队 TMT 的数据分析表明：高层管理

团队成员之间的信任中介关系型 CEO 与失败中学习之间的关系；失败中学习中介高层管理团队之间的信任与战略决策质量之间的关系。辅之来自两个高层管理团队定性的数据，这些研究结果表明，CEO 们可以改善高层管理团队做出的战略决策的质量，通过塑造一种信任的关系情境，促进从失败中学习。Barling 等（2002）认为变革型领导可以帮助开发安全气氛和意识以减少危险的错误。

③社会资本。Carmeli（2007）认为管理者需要理解两个关键问题，第一个关键问题是管理者要明白组织出错或失败的过程和原因，以便设计有效的战略避免或者处理将来的失败。第二个关键问题是理解从失败中学习的障碍，识别克服这些障碍的战略。这篇文章主要涉及第二个问题，检验了社会资本、心理安全对组织中提高从失败中学习的行为和过程的重要性。尽管 Edmondson 的研究涉及非正式的动态、信任、人际关系质量、本人最佳知识，但是没有清晰地检验社会资本的作用与角色，社会资本作为一种资源（知识、思想和机会等）通过内部外部关系网络流动，人们分享和交换资源，在表达他们自己观点的时候，他们感到是舒适自由的，因此增加了他们的学习能力，这在团队学习中是很明显的，在团队学习的研究中暗含当成员能够共享高质量的人际关系时，有效地学习是可能发生的。Carmeli（2007）研究的调查数据来源于以色列各种行业 33 个组织中 137 名成员，结果表明，在组织中有强大的社会资本，心理安全和基于失败的学习行为的开发是可行的。社会资本通过心理安全直接或间接的影响基于失败的学习行为。

④成员关系或共享信念。Carmeli 和 Gittell（2009）认为学习作为一个过程，涉及组织成员之间人际交往活动，也是成员之间互动和交流的一个动态的行为过程。而成员之间的关系显著地塑造成员的思维、感知和行为。所以研究借鉴了高质量关系的概念，探讨组织中从失败中学习的关系基础。聚焦于关系协调，并作为一个高品质关系的具体体现，研究关系协调的关系维度（共同的目标、共享的知识与相互尊重）促进心理安全，从而使组织成员从失败中学习。研究结果支持中介模型，心理安全中介高质量关系与失败中学习之间

的关系。Cannon 和 Edmondson(2001)提出了在工作群体中关于失败的共同信念的前因和后果的理论模型。研究认为组织从失败中学习的理念可能被强大的心理和组织障碍所阻碍,研究认为员工之间有共享的信念,对错误、问题与冲突保持适当的应对,共享信念在对失败的学习方法,特别是识别、讨论与分析错误、问题和冲突的程度上有所差异。研究也认为有效的指导、明确方向和支持性的工作情境均影响从失败中学习的相关信念。该模型从学习认知的视角解释了失败学习行为形成及强化的内在动力机制。

⑤团队解决问题导向。Tjosvold 等(2004)认为虽然错误是学习相当大的潜在原因,以往的研究强调当指出他们的错误时,组织成员往往呈现防守性,甚至会继续他们目前的行动,尽管成本不断增加。最近的研究表明,团队层次的变量,如心理安全和共享心智模式,可帮助克服障碍从错误中学习。作者以中国上海的组织为样本,结果表明团队在一定程度上采取解决问题导向团队能够从自己的错误中学习。反过来这个导向是基于开发团队内部的合作,而非竞争导向。虽然竞争和独立目标诱导指责,指责本身与学习不存在显著相关。合作的目标和解决问题促进从错误中学习,成员为实现目标而相互合作,能更大程度地从错误中学习。

(2)错误中学习的结果变量

①组织适应能力或创新。Carmeli 和 Sheaffer(2008)认为组织从失败中学习是一个关键的组织过程,可导致更好的成果。在这项研究中作者讨论了之前文献中很少注意的两个关键问题:学习型领导如何能够使组织从失败中学习? 这些组织学习行为如何提高组织能力以适应动荡的环境? 采用 121 个组织样本数据,构建中介模型,结果显示组织从失败中学习中介学习型领导与可感知的组织适应环境的波动的能力。

②组织绩效与创新。Baum 和 Dahlin(2007)研究组织失败学习从内部延伸到组织外部,并探讨失败与成功经验对于学习的重要性。March(1991)根据学习曲线模型中的内、外部经验学习以及"期望—绩效"模型的利用式和探索式学习机制,探讨了内部经验的利用式学习与外部经验的探索性学习这两

种不同路径。研究采用 1975～2001 年间美国货车的事故数据,通过数学建模检验了不同经验学习方式与"期望—绩效"水平对降低事故成本的交互效应。结果发现,在组织绩效低于或者高于预期的情况下,外部经验学习更加有利于组织降低事故成本;而在绩效符合预期的情况下,内部经验学习更能降低事故成本。Cannon 和 Edmondson(2005)研究认为组织从失败中学习有助于提升组织创新。

③团队创新或绩效。Schippers 等人(2003)的研究表明,基于错误与失败的团队反思对团队产出(满意度、承诺与绩效)具有直接影响,团队成立时间与结果依赖性在其中起到调节作用;并且团队反思在团队多元化与团队产出之间起到一种中介作用。Cannon 和 Edmondson(2001)的研究发现,从失败中学习是群体绩效的一个重要前提。作者以一家制造企业的 51 个不同类型的工作群体进行访谈与问卷调查,研究表明,有效的指导、明确方向和支持性的工作情境能显著促进共享信念的形成以及失败学习的实施,并探讨了失败学习共同信念形成的认知条件、关键学习行为与群体绩效之间的关系。

④员工行为。West(1996)认为,基于错误的反思性学习氛围高的团队,成员倾向于制定详细的计划、关注长期结果,并且对环境因素做出积极反应;而非自省性的团队较少关注团队目标、团队战略以及它们所处的外部环境,团队成员倾向于被动适应而不是积极主动,只能根据环境变化做出防御性反应。Hoegl 和 Parboteeah(2006)认为经常对以往的错误或失败进行反思性学习的团队,更关注团队行动的影响,更可能持续地审视团队的内外环境,团队成员的行动也更加积极主动。持续的反思性学习可能会修正团队计划,成员在错误中学习使其更具适应性和创造力。Tjosvold 等(2003)研究发现团队反思除了对角色内绩效具有显著正向作用外,对角色外绩效即组织公民行为中的组织认同也具有显著正向作用,对组织公民行为中的利他主义与责任心同样具有正向作用,但其作用不显著。

2.6　团队认同研究

团队认同在组织行为研究中被广泛应用,团队认同是以社会认同及组织认同理论为基础提出并发展起来的,社会认同理论是社会心理学的一个重要课题。

2.6.1　团队认同的概念与理论

1. 认同理论发展概况

(1)社会认同

认同一词,源于拉丁语"idem",意为"相同的事物",认同的英文概念本意就是"身份"。在社会心理学中,认同指的是一种特定的情感联系。社会认同理论认为个体通过实现或维持积极的社会认同以提高自尊,积极的自尊来源于内群体与相关的外群体的有利比较。当社会认同受到威胁时个体会采用各种策略来提高自尊。个体过分热衷于自己的群体,认为自己的群体比其他群体好,并在寻求积极的社会认同和自尊中体会团体间差异。

Tajfel(1978)将社会认同定义为:个体认识到自己属于特定的社会群体,同时也认识到作为群体成员带给自己的情感和价值意义。Tajfel 和 Turner (1986)区分了个体认同与社会认同,认为个体认同是指对个人的认同作用,或通常说明个体具体特点的自我描述,是个人特有的自我参照;而社会认同是指社会的认同作用,或是由一个社会类别全体成员得出的自我描述。个人认同包括各种特征,比如能力和兴趣,而社会认同可分为几类,比如基于人口统计学(如性别、种族)或组织身份(如宗教、教育、社会协会)的分类。

社会认同的形成包括社会分类(Social-Categorization)、社会比较(Social Comparison)与积极区分(Positive Distinctiveness)(Tajfel,1982)。①Turner (1985)提出的自我归类理论对 Tajfel 的社会认同理论进一步的补充,认为人们会自动地将事物进行归类,在进行归类时人们会将自我也归为某一类别之

中,将符合内群体的特征赋予自我,这个过程是自我定型。在对其他人进行分类时会自动地区分为内群体(我们)和外群体(他们),个体通过分类后,经常将有利的资源分配给群体内部成员。自我分类理论在自尊增强动机的基础上,提出了分类过程的认知性动机,认为不确定性减少的动机形成群体知觉、态度、情感和行为的原型,并构成了群体的本质属性,从而使群体内形成稳固的知觉、统一的态度、共同的行为规范、价值观和达到目标的动机,并具有统一的群体界限意识。②社会比较是指人们为了评估自己而把自己与类似的其他人进行比较。人们总是有自尊的需要,这就会将自己与其他人进行比较从而获得良好的自我概念。在进行群体间比较时,人们总是用一种积极的方式来看待自己所属的群体,倾向于在特定的维度上夸大群体间的差异,而对群体内成员给予更积极的评价,产生群体的优越感,从而更加热爱自己的群体,激励自己更好地为群体服务。这样就产生了不对称的群体评价和行为。③社会认同理论认为,个体为了满足自尊的需要而突出某方面的特长。因此,在群体中个体自我激励的动机会使个体在群体比较的相关维度上表现得比其他成员更出色,这就是积极区分原则。社会认同理论认为,个体过分热衷自己的群体,认为它比其他群体好,并且从寻求积极的社会认同和自尊中体会群体间的差异,这样就容易引起群体间偏见、群体间冲突和敌意。

(2)组织认同

组织认同模型最早由 March 和 Simon 于 1958 年提出之后,组织认同的研究经过不断地发展,不少学者将组织认同与组织承诺视为同义词,Mowday 等(1979)将组织认同归为组织承诺的一个要素。直到 20 世纪 80 年代末,根据一些组织行为学和社会心理学领域学者的研究发现组织认同是一个独立的概念。此后,更多研究表明,组织认同与动机、合作行为、组织忠诚、组织公民行为、工作满意度和绩效具有显著相关关系,组织认同通过对个体的认知及情感的影响继而影响个体行为,最终在很大程度上提高组织绩效。此外,组织认同的路径依赖性较强,竞争对手将难以模仿,使之成为组织竞争优势的关键要素。

目前,关于组织认同的定义理论界尚未形成共识,学者往往结合自身研究情境与主题,从不同的视角对组织认同进行定义(宝贡敏,徐碧祥,2006)。从认知特性视角,Ashforth 和 Mael(1989)认为组织认同是"对与组织一致性或从属于组织的感知",并将组织认同看作是社会认同的一种特殊形式。社会认同理论为组织认同提供了这样一个基本的理论观点:企业组织作为一个社会群体,对塑造个人的自我是非常重要的,对员工确定"我是谁"以及"我们是谁"提供重要的信息,对员工的态度以及行为会产生重要影响。从情感特性视角,O'Reilly 和 Chatman(1986)将组织认同定义为"基于与认同目标保持情感满意的自我定义关系的吸引和期望"。从认知特性与情感特性视角,Patchen(1970)将组织认同定义为"与组织团结的感觉;组织的态度与行为;与组织其他成员共享特征的感知"。

此外,Cheney(1983)提出对组织或是任何其他元素的认同,都是个人将自己与社会上的元素相联结。Albert 和 Whetten(1985)将组织认同定义为对特定组合的一系列要求权和可以忍受的经历。Gioia 等(1994)认为组织认同是一个共同的理解,将注意力转向明确地表达组织成员共享的认知结构。Wan 等(1998)将组织认同视为个人与组织的联结。考虑,认同一个组织主要是为了加强个体自尊;可使得组织认同概念与其他概念有所区分,特别是组织认同与内化的概念;个体将会评估组织对他的意义,个人对组织的不同评价,意味着个体对组织认同度有所不同。Pratt(1998)将组织认同定义为:当个体对组织的信仰达到自我参考和自我定义的时候,便是明显的组织认同。Dutton 等(1994)认为感知的组织认同指的是一个组织成员持有的独特的、集中的和持久的组织属性。

2. 团队认同主要内涵

在社会认同与组织认同的研究基础上,部分学者将团队认同看作组织认同的一种特殊形式,研究聚焦于团队层次成员对于团队的认同(如 Mael & Ashforth,1992;Knippenberg & Schie,2000;Fink et al.,2002;Riketta & Dick,2005;Van Der Vegt & Bunderson,2005;Janssen & Huang,2008)。

关于团队认同与组织认同的关系,学者 Knippenberg 和 Schie(2000)认为工作团队认同对于组织态度和行为将会更强有力和更有预见性。实际上,在组织中工作团队的认同比组织认同更强,因为工作团队更有可能是认同形成的焦点;个体通常与他们的工作团队而不是组织有更多的共同性,人们更有可能认同与他们具有更大相似性的群体;大多数成员更多与其团队内成员接触,使他们对自己的工作团队更熟悉并被其吸引,导致高的团队认同。同样,Riketta 和 Dick(2005)提出过去研究表明工作团队和组织是员工依附(认同和承诺)的中心,他们通过元分析发现:平均来看,工作团队依附比组织依附要强,每种形式的依附与同一中心的潜在结果变量有很强的相关性。

Hinkle 等(1989)从组织行为学视角来研究团队认同,他认为团队认同是团队成员对由认知、情感和行为构成的团队的态度。Fink 等(2002)将团队认同定义为:当个体对于团队的信仰达到自我参考和自我定义的时候,便是明显的团队认同,若一个人认同一个团队,他或她说"属于团队一员",会以他或她是隶属的团队的一个成员来定义自己,并且与 Mael 和 Ashforth(1992)保持一致,认为团队是组织的一种特殊形式,并且认同的特性包括认知与情感两个方面。Van Der Vegt 和 Bunderson 在 2005 年提出集体团队认同感是指团队成员依附在该团队中的成员资格在情感上的重要性程度,他强调的是一种情感上的认同。Janssen 和 Huang(2008)认为团队认同与员工对其所在团队的成员关系的感知、对团队价值观等认可密切相关。

2.6.2　团队认同的维度与测量

组织认同的测量,例如:Mael 和 Ashforth(1992)将组织认同看作一维结构,量表共 6 个条目,代表性条目:"对组织的批评,组织成员感觉如同对个人的侮辱","我关心他人如何看待我们的组织"。Cheney(1983)等开发的组织认同量表,包括三个维度:相似性、成员关系和忠诚度,但是一些学者指出此量表在一定程度上混淆了组织认同与组织承诺。

团队认同的测量大多数是基于组织认同的测量量表,学者结合自身研究

情境和对象,并在组织认同量表研究的基础上,修改并开发了多套团队认同的量表,其中以单维结构、三维结构广泛使用。例如:Doosje 等(1995)学者开发的群体认同量表,共 3 个条目。Henry 等(1999)的群体认同量表,分为三个维度:认知、情感与行为,共 12 个条目。Ellemers 等(1999)的群体认同量表也分为三个维度:自我分类(Self-categorization)、团队自尊(Team Self-esteem)与团队承诺(Team Commitment),共 10 个条目。

上述团队认同的结构在近十多年的研究中被广泛地接受和使用,例如:学者们(Millward et al.,2007;Tanghe et al.,2010;Swann et al.,2003)在团队认同相关研究中采用了基于 Mael 和 Ashforth(1992)的单维组织认同量表,进行改编以适于团队情境。Solansky(2011)与 Somech 等(2009)在探讨团队认同与团队绩效关系的研究中,团队认同的测量都是在 Henry 等(1999)的三维群体认同量表基础上修改形成。此外,Janssen 和 Huang(2008)研究团队认同、个体差异对成员公民行为与创新行为的作用研究中,采用了 Ellemers 等(1999)的群体认同量表。Van Der Vegt 和 Bunderson(2005)探讨在不同集体团队认同水平下,专业多样性与团队学习及团队绩效之间的关系,集体团队认同测量采用 Meyer 等(1993)组织承诺量表中的情感承诺。

2.6.3 团队认同的前因与结果变量

(1)团队认同的前因变量

程序公正性和成员自身价值感知影响团队认同。Okimoto(2009)认为团队成员通过团队领导对关键事件处理质量的判断,感知成员自身价值,进而影响团队认同。因此,程序公平与成员价值感知都构成了团队认同的前因变量。不仅验证了团队认同在其模型中的中介效应,还以动态的视角检视了团队认同的缓冲效应。

团队形成过程中的有关因素(成员互动交流、相似性、爱好、共享目标、共同历史等)会影响成员对团队的认同程度。虽然这些因素可以促使一个团队的形成,但是他们也能够直接影响个体心理上团队的产生,即对团队的认同,

这些因素常被用作分类中的基础构成因素，而认同就是基于个体的社会分类而产生的（Hogg & Turner，1985）。

在工作场所使用办公桌轮用制（Hot Desking）是否影响团队认同。Millward 等（2007）对金融行业员工的研究测试了两个假设：①当为每位员工分配办公桌，团队认同比组织认同更为突出，否则，组织认同更为突出。②部分原因是物理位置的安排对员工与组织建立关系的"方式"和员工更可能与"谁"建立关系有显著的关联。本研究利用 142 个匹配员工样本（分配办公桌、不分配办公桌、办公桌轮用制）来测量团队层次和组织层次的认同，结果支持假设。电子交流的感知价值也解释了所有员工组织认同的差异。

自检验（Self-Verification）可预测团队认同。Swann et al.（2003）纵向研究检验了认知过程和由 MBA 学生组成的小团队的多样性的相互作用。当感知者对其他群体成员形成比较积极的印象，较高的多样性预测更多个性化的目标。然而，当感知者对其他群体成员形成比较中性的印象，较高的多样性预测较少的个性化的目标。在学期开始时的个性化预测几个星期后自检验的效果，进而自检验预测团队认同和创造性任务绩效。作者的结论与自我分类理论相反，培育个性和多样化群体自检验可提高群体认同和团队创造性绩效。

不确定性降低需求、模糊承受能力、个人主义—集体主义倾向等都会影响团队认同。不过，模糊承受能力强的个体，不确定性降低需求与团队认同的相关性可能相对弱（Fiol & O'Cornnor，2005）。另外，个体主义倾向明显的个体其团队认同水平可能较低，从而解释了个体主义倾向与团队绩效间的负相关性（Gundlach et al.，2006）。然而这些假设只是理论研究，缺乏实证数据的支持。

（2）团队认同的结果变量

团队认同对成员公民行为与创新行为的影响。Janssen 和 Huang（2008）认为团队认同与个体差异是团队成员公民行为与创新行为的互补驱动因素。他们以 157 名团队成员为样本，研究发现，团队认同与成员公民行为正相关，而个体差异对创新行为有显著正向影响。此外，公民行为中介团队认同与成

员个体效能之间的关系,创新行为中介个体差异与成员个体效能之间的关系。但是,团队认同与个体差异的交互对公民行为及创新行为的作用,结果并不支持。Van Der Vegt 等(2003)认同团队的个体更积极地感知其成员身份、并对团队有一种情感上的喜爱,因此更倾向于向团队其他成员实施公民行为,甚至从时间纵轴动态来看,在任何阶段,认同程度高的个体都比低的个体显著表现出更高的公民行为。

团队认同对个体层次的压力、工作满意度、自豪感等有显著的预测作用。Haslam 等(2009)纵向研究结果表明,在不同时段,团队认同水平高的个体总是表现出更高的工作满意度与自豪感;除某些时段认同度高低不表现出压力的显著差异外,在多数阶段,高认同度的个体表现出的心理压力也显著低于低认同度个体。

团队认同对合作行为的影响。Carmeli 等(2011)研究关注知识密集型工作团队中合作行为的差异,探讨团队形象与集体团队认同如何有利于合作行为。其中,数据涉及多国家软件业的 19 个高科技工作团队,包括多媒体通信与信息处理技术。团队的外部威信、集体团队认同与团队合作行为之间的关系被检验。分析结果揭示可感知的团队外部威信增强了集体团队认同(测量时间 1),进而团队产生高度的合作与交互(测量时间 2),在控制过去的绩效情况下,支持假设模型。Stoel 和 Sternquist(2004)也提出,团队认同水平会影响团队成员和其他团队的成员是合作还是竞争的感知,因而进一步影响团队成员对其他成员的态度和团队成员对合作或竞争的重要性的理解。

团队认同对团队福利与目标的影响。如果共享的团队认同很显著,团队成员往往倾向于更忠诚、更信赖,并更关注提高团队的福利(Brewer,1996)。当个人越认同其所在的团队,个人越会朝着团队目标的方向努力(Haslam et al.,2009)。

团队认同对团队绩效与效能的影响。Tanghe 等(2010)基于社会认同视角,假设团队认同将促进情感的融合,团队情感氛围对团队效能的影响将使较高的团队认同变得更强。以 71 个团队为样本,分析结果支持研究假设。此

外,情景实验发现认同的确促进群体成员与群体内伙伴的情感融合。研究证实了团队管理者要注意和管理群体内的情感,因为,在高认同团队,团队成员间情感可能延伸,并影响团队效能。Solansky(2011)进行两项研究,一是以学生团队为对象的实验研究,二是以实际工作团队为对象,结果都发现团队认同是团队绩效的决定因素。

2.7 知识共享研究

2.7.1 知识共享的概念

知识共享作为组织知识管理的核心,知识共享既是组织拓展和利用基础知识资源的必要前提和有效途径,也是组织产生知识创新的催化剂(Cabrera & Cabrera,2005;Damodaran & Olphert,2000),对于构建组织知识优势至关重要。

团队成员间的知识共享是团队是否成功的关键,尤其对于高度运用理论与分析的知识创新团队,知识共享与学习是提高团队创新能力的重要方式。因为在全球竞争加剧、技术日益复杂的环境下,个体成员不可能独自拥有完整全面的知识。此外,知识又具有粘性且难以传播(Von Hippel,1994),所以知识共享是提升团队创新绩效的关键。

由于研究视角和目的的差异,学者对知识共享的概念尚无统一的界定和阐述,汪金城(2000)将知识分享归纳为四种观点:

(1)市场观将知识共享视为一种市场交易过程。Davenport & Prusak(1998)认为知识共享是企业内部知识市场中的互惠的交换行为,可以在企业内部通过建立市场机制实现知识共享。这种定义假设人们在"成本—收益"分析基础上从事知识交换活动,比较交换的预期报酬(收益)和交换中投入的努力(成本)。如果感知的收益大于或等于成本,交换过程将进行,反之就中止(Irmer et al.,2002)。市场观认为利益是驱动知识共享的主要因素,在一定程

度上解释共享知识的动机。

(2)沟通观认为知识共享是知识拥有方与知识需求方之间的双向沟通Hendriks(1999)。指出知识共享是一种与认知主体紧密相连的沟通过程。人们向别人学习东西、共享知识的时候自己必须经历一个知识重构行为。因此知识共享涉及知识拥有方和需求方两个主体,包括知识拥有者外化知识和知识需求者内化知识两个过程(Hendriks,1999)。分享知识是网络管理模式的核心,共享双方为了达到沟通目的必须保持联系,这种联系和沟通有个体、工作小组、组织等不同的程度和规模(Botkin,2000)。

(3)学习观认为知识共享不同于购买过程中的获取动作,而是一种学习过程。知识共享过程不仅要让他人知其然(knowing about things),还要帮助他人知其所以然(knowing how),如果知识未经接收者吸收就不算共享成功(Senge,1997)。Moorman 和 Miner(1998)认为知识共享是组织中有关不同个体间或不同部门间学习范畴的一种集体信念或行为规则。Dixon(2000)认为共享就是使组织的其他人员能够知晓,员工从完成公司的任务中学到的知识,成为组织的共有知识,组织的共有知识才能为组织赢得持续竞争优势。

(4)互动观以知识互动来解释知识共享的过程,认为隐性知识与显性知识通过共同化、外化、结合、内化四个过程产生互动,这种互动过程使得组织成员的知识在彼此之间实现共享并间接促使成员与组织之间产生知识共享(Nonaka & Takeuchi,1995)。Bartol(2002)认为知识共享是指员工之间互相交流与工作相关的信息、想法、建议和专业技术知识,这一定义把员工个人放在知识共享的核心位置,并且把员工个人与组织整体联系起来。

2.7.2　知识共享的维度与测量

对于知识共享的测量,目前在理论界还未达成一致共识,国内外学者根据自己的研究对象及情境的不同,开发了单维或多维量表。

(1)单维结构

一些研究对知识共享的测量侧重于行为视角,例如,Bock 和 Kim(2002)

的知识共享行为量表(6 项条款)、Lin 和 Lee(2004)开发的知识共享行为量表(5 项条款)、Chowdhury(2005)开发的复杂知识共享量表(7 项条款)。此外,从文化感知视角,Connlley 和 Kelloway(2003)测量对知识共享的感知(5 项条款);从内在动机视角,如:Wah et. al(2007)的知识共享倾向量表(4 项条款)、Chow 和 Chan(2008)知识共享意向量表(5 项条款)。

(2)多维结构

知识共享是一种过程,Holtshouse 等(1998)认为知识在知识的提供者与接收者之间相互流动,对于知识提供者,是一种选择性推的过程;而对于知识接收者,则是一种拉的过程,两者结合就能产生最佳知识流量,在推与拉的互动过程中实现知识共享。Hooff 和 Ridder(2004)把知识共享定义为两种过程,知识贡献(个体将其所拥有的知识传递给其他人)与知识收集(某人向其他人咨询以获得他们所拥有的知识)。由此,基于过程观点的知识共享测量,可以把知识共享视作两维度结构,例如,Hooff 和 Ridder(2004)把知识共享分为知识贡献和知识收集两个维度,每个维度都用 4 项条款去测量;Zarraga 和 Bonache(2003)则按知识管理环节将知识共享划分为知识转移和知识创造两个维度。此外,按知识共享的程度,Cho 和 Lee(2004)将知识共享划分为共享的范围和共享的多样性两个维度;按知识的属性,分为隐性知识共享与显性知识共享两个维度(Bock,et al.,2005)。

2.7.3 知识共享的前因与结果变量

1. 知识共享的前因变量

影响知识共享的因素来源于个体、团队和组织三个不同层次。个体层次主要包括员工的个体特征和动机、团队过程和特征以及组织文化氛围、组织结构、管理支持、激励制度、组织结构和社会网络等多方面因素。

(1)个体特征和动机。个体的特征和共享动机是知识共享行为的基础。研究表明员工的接受能力在知识共享中发挥重要作用(Cohen & Levinthal,1990)。Davenport 和 Prusak(1998)认为组织中的人而非信息技术才是信息

与知识共享和创造的重点，知识隐含于个体之中，若员工不愿意分享个人知识，再好的系统也无法发挥应有的作用。企业内部知识共享普遍面临的主要问题是来自专业人员的极大阻力，大部分的专业员工不愿将自己最重要的知识资产与他人分享，使得企业内知识无法转移进而无法得到最佳的利用与配置。Pollard(2000)指出，因为政治游戏或是嫉妒的关系，使得部门内人与人间的知识流动比起部门与部门间及组织与组织间更为不易。Jones(2005)指出，只有改善员工的工作条件并给予员工一定参与决策的机会，才会使员工产生分享知识的动机和意愿，进而帮助组织成为智能型组织。Bock 和 Kim(2002)整合社会交换理论、自我效能理论和理性行为理论进行实证研究结果表明，物质奖励与知识共享观点的形成并无太大关系，预期的合作和贡献观点才是个体形成知识共享观点的决定性因素。

(2)团队特征和过程。少量研究涉及团队的成立年限、异质性、凝聚力、沟通方式和领导力等影响团队成员间知识共享的团队特征和过程。研究表明团队成立时间越长、凝聚力越强，团队成员越容易共享知识(Sawng et al.，2006)。Ojha(2005)表明认为自己在性别、婚姻状况或教育水平上属于少数派的团队成员不太容易与其他团队成员共享知识。Sawng 等(2006)发现大型组织中拥有较高女性比例的研发团队更容易参与知识共享。Hooff 和 Rid-der (2006)证实团队的沟通方式、赞同和外向风格与知识共享意愿和行为积极相关。

(3)组织情境因素。拥有良好文化氛围、充分组织支持、有效激励制度、合理组织结构和高质量社会网络的组织情境是促进组织知识共享的关键，具体如下所述：

①组织文化和氛围：大量研究验证了组织文化和氛围对知识共享的作用。David 等(2000)发现当长久的组织价值观和实践都不支持组织单元间的知识共享时，从新技术基础设施的得益会受到限制。信任作为组织文化的关键维度被大量研究证实与知识共享密切相关。强调信任的文化有助于缓解感知到的共享成本的负面效应(Kankanhalli et al.，2005)。强调个人竞争的组织氛

围可能阻碍知识共享，相反团队合作氛围的感知有助于培养信任，而信任是知识共享的必要条件（Willem & Scarbrough，2006）。Taylor 和 Wright（2004）发现鼓励新想法和从错误中学习的氛围与有效的知识共享积极相关。Chiu 等（2006）发现互惠的规范与个体的知识共享行为积极相关。

②管理支持：对知识共享的管理支持与员工对知识共享文化（如员工信任、专家帮助他人的意愿等）的感知和知识共享意愿密切相关（Connelly & Kelloway，2003；Lin，2007）。Lee 等（2006）发现高层管理团队支持通过影响员工对知识管理的承诺而影响知识共享的质量和水平。感知到上级和同事对知识共享的支持和鼓励能增强员工的知识交换以及对知识共享有效性的感知（Kulkarni et al.，2006）。Liao（2008）发现管理者对其想要的行为的奖励控制（如奖励权力）以及员工相信管理者在某领域的专门知识（如专家权力）都与员工自我报告的知识共享积极相关。

③激励制度：包含赞誉和奖励的激励机制被认为是促进知识共享和有助于构建支持性文化的有效方式（如 Hansen et al.，1999；Liebowitz & Megbolugbe，2003）。基于社会交换和社会资本理论，研究表明晋升、奖金、高薪水等组织奖励制度与对知识管理系统的知识贡献的频度积极相关，尤其是当员工认同该组织时（Kankanhalli et al.，2005）。Bartol（2002）认为经济激励对基于知识库的知识共享行为有重要影响。在团队内部和团队之间的正式交往中，基于团队的奖励和公司范围内的激励可以构建员工间的合作氛围、有益于增强团队内部以及跨团队之间的知识共享行为；在非正式交往中，经济激励的程序公平和分配公平促进员工与组织间的信任感进而影响组织内部的知识共享。发现基于个体的和基于团队的激励机制对知识共享产生交互影响，即当基于个体的奖励增加时，团队奖励和感知到对知识共享的奖励之间的正向关系增强（Siemsen et al.，2007）。

④组织结构：组织结构是影响知识共享的另一重要情境因素。学者们认为必须通过低度集权的组织结构（Kim & Lee，2006）、营造鼓励员工间互动的工作环境（Jones，2005）、灵活的工作描述和工作轮岗（Kubo et al.，2001）、鼓

励非正式会议和跨部门沟通(Liebowitz & Megbolugbe,2003)来促进知识共享。已有研究提出了多种利于知识共享的组织结构:N 型组织结构,即由众多独立的创新经营单位组成的彼此有紧密纵横联系的网络结构(Hedlund,2007);J 型组织结构,包括终身雇佣、共同决策、集体负责、缓慢的考核与升迁、含蓄而非正式的控制、非专业化的业务流程、员工与公司的整体工作密切相关等特征(Nonaka,1994);除此之外,还有适合知识共享的矩阵式结构、多维管理结构和学习型组织结构等。

⑤社会网络:由于知识共享可能嵌入广泛的组织网络之中,社会网络中的个体连带可以促进知识转移和提高信息接收的质量(Cross & Cummings,2004;Hansen,1999)。研究表明,个体与其他成员的直接连带数量和人际关系都与共享的知识数量和感知的益处积极相关(Chiu et al.,2006)。Reagans和 McEvily(2003)发现连带强度和社会凝聚力与知识来源者感知到的知识转移容易程度积极相关,与知识接受者的联系可能促使提供者进行知识共享。Levin 和 Cross(2004)发现当控制可信赖度时,拥有弱连带的知识接受者比拥有强连带者获益更多。

(4)综合影响因素的整合框架

知识共享研究框架如图 2—3 所示。

部分学者对影响知识共享的多方面因素从不同角度构建了整合框架。Gupta 和 Govindarajan (2000)指出影响知识流动的因素包括:对发出者所拥有知识的价值感知;发出者的动机和意愿(即愿意共享知识);存在畅通的传播渠道;接收者的动机和意愿(即愿意获取发出者的知识);接收者获取、吸收和运用知识的能力。Eriksson 和 Dickson(2000)认为群体在分享知识的同时会创造新知识,进而提出知识共享和创造模型,以及影响知识共享和创造的四方面因素:IT 基础设施,包括用来支持信息流通、整合信息及群体间问题解决的工具;催化剂,即指团队之外对团队内部知识共享和传递有帮助的媒介者;知识共享流程,是指知识被共享与创造过程中人员间的关系以及在工作上的合作;影响组织中员工学习的组织层面的社会文化价值观、规范及程序。Wang

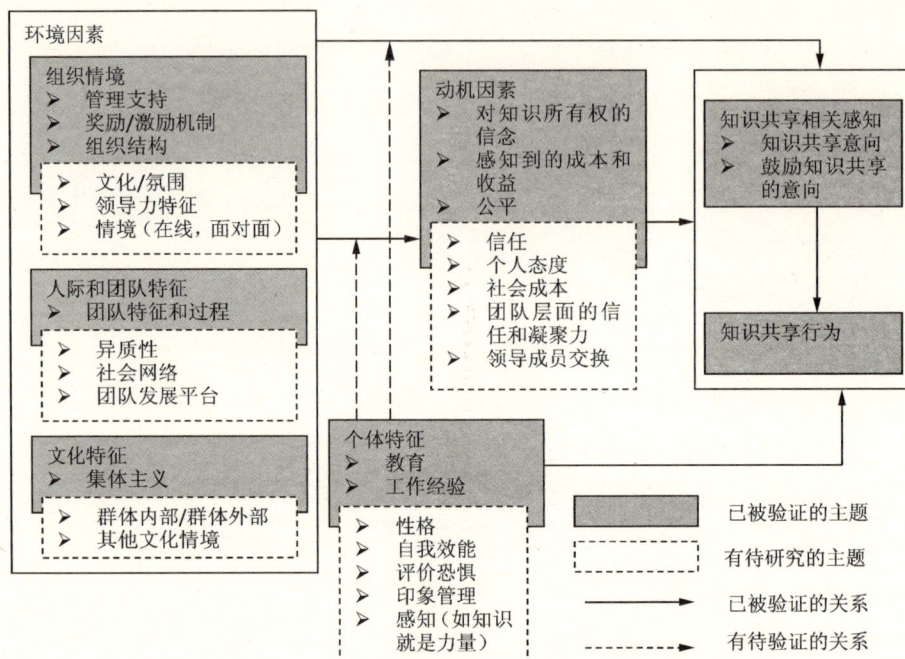

图 2—3　知识共享研究框架(Wang & Noe,2010)

和 Noe(2010)综述个体层面知识共享的定性和定量研究,提出了知识共享研究的综合框架,包含组织情境、人际和团队特征、文化特征、个体特征和动机因素,如图 2—3 所示。

2. 知识共享的作用结果

知识共享是组织拓展和利用已有知识资源以及进行知识创新的必要前提和有效途径(Cabrera & Cabrera,2005)。一方面,知识共享能在不损害提供方利益的前提下使接收者获益,进而实现企业知识的复制、积累、创新和增值;另一方面,新知识的产生是员工之间相互沟通、交流和组合已有知识的结果(Nahapiet & Ghoshal,1998)。有效的知识共享可以加速和促进企业内知识的流动、综合应用和知识创新,最终使企业拥有独特的专有知识。研究表明知识共享和结合与降低生产成本、加快完成新产品开发项目、团队绩效、企业创新能力

以及企业的新产品收入和总收入都积极相关（如 Mesmer-Magnus & DeChurch，2009）；并且有利于企业实现高效率的创造性工作、形成良好的学习交流氛围、促进团队合作、保证信息的流畅传输、实现组织的透明化管理以及保持对外界环境变化的敏感度等（魏江等，2004）。

　　大量研究认同知识共享是知识创新的基础。知识共享是组织通过知识创造价值的前提阶段，Nonaka 和 Takeuchi（1995）认为知识创新必须经过共享隐性知识、产生观念、确认观念、建立原型以及跨越人际和部门各层次的知识扩散等过程。VonKrogh（1998）指出企业通过知识创造价值需经历五个阶段：团队成员间知识、经验和实践的共享；根据共享的知识进行服务与产品的观念创新；根据市场调查、趋势研究、重点访谈、学习标杆和公司战略等调整观念；设计产品原型和服务供给；全面提升公司的知识、观念、原型和供给方案等。Leigh（1999）通过对专业服务企业中各个层次的专家上百次深入访谈和对工作小组项目报告的研究基础上指出，对于知识密集型的专业服务企业，知识以及知识管理是竞争优势的核心来源。共享过去的经验并应用于新情况可以更好地提供专业服务和消除知识的重复创造，最终提升客户价值、促进知识创新。Senge（1990）研究了知识创新与知识共享之间的关系，他认为组织知识是通过员工间的协作、交流和学习创造出来的。

　　研究表明，知识共享对提升组织生产力和核心能力至关重要。已有研究强调知识在企业获得和保持竞争优势中的重要性以及如何通过获取并控制知识来塑造经济型组织（Teece，2000）。Fussel 和 Krauss（1982）认为知识共享对组织生产力有巨大贡献。Quinn 等（1996）认为知识的提供方和接受方通过知识共享所获得的资讯和经验都会呈线性成长，若再继续与他人交换知识，并将问题进行反馈和引申，则会得到呈指数级增长的信息和经验。对组织而言，这种增长策略就是一种核心能力。Rae（1998）强调知识共享能够使知识得到充分利用，从而产生协同效应，因此组织需要充分地交流和共享知识。Arthur（2001）认为实施知识共享能够提升客户价值，员工通过将数据和信息跟他们的经验相结合而产生知识，并对其进行相互共享从而改进工作方法、提高产品

质量、满足消费者需求。

2.8　以往研究评述与本书努力方向

2.8.1　以往研究评述

(1)个体创造力与团队创新绩效

本书主要研究个体及团队层次创新。创造性思想的员工个体是创新的根源,故主要聚焦于个体创造力的研究;团队不仅要开发新流程、新方法、新产品及新服务,还要求在一定的预算与时间条件下,团队有更高的效率,故团队层次主要聚焦于团队创新绩效,包括团队创新和计划符合度。

员工创造力的研究仍是组织行为领域的热点问题,管理者也普遍认为提升员工在工作中的创造力非常重要。研究也表明员工创造力领域还有很多需要进一步探索的研究空白。通过对创造力的概念、测量、影响因素文献进行梳理,发现:虽然有学者将创造力视为多维概念,但仅停留在理论探讨上,缺乏相应的实证研究,目前主要创造力研究还是采用单维结构;其次,个体创造力的影响因素分布于个人、团队和组织层面因素,其中,个体因素包括个体特征、相关技能和知识背景、认知、动机与工作因素,团队因素包括团队情境、团队构成与团队过程,组织因素包括组织文化、组织制度与资源,但是,大多数文献往往从单一层次或不同层次因素研究创造力,工作中的社会情境和互动的不同模式也值得考虑,跨层交互作用对员工创造力的影响研究极少。

团队创新绩效的研究基本以 Mcgrath(1964)的 IPO 模型为基本框架,将团队创新绩效的影响因素,归类为团队输入因素与团队过程因素。许多研究者开始研究将这些输入因素或资源转化为结果的过程机制,团队过程机制的研究丰富了团队创新绩效的研究框架,使团队创新绩效的理论模型更加完善。但是,以往研究仍存在不足之处:首先,团队创新绩效的概念与测量,与团队有效性、团队创新及团队创造力等相近概念的界限模糊。其次,对团队创新绩效的输入因素之间的互动影响研究缺乏,团队创新是创意产生和创意执行的多阶段复杂过程,受到多个因素的共同影响。再次,团队情境因素对团队创新绩效的调节作用研究较多,而不同团队情境因素的组合效应的研究则很少,需进一步探索这些因素在团队创新绩效过程中的组合作用机制。

此外,创新是动态复杂的多层次现象,目前仅有少量研究进行了理论及模型构筑的探索,实证研究更为缺乏,要提高创新,需要从多层次角度,揭示不同层次创新的形成过程,尚未有学者对此进行系统研究。

(2)人力资本与社会资本

这里将人力资本与社会资本文献回顾一起评述,是因为本研究以人力资本与社会资本为视角,构建个体与团队创新的多层次模型。即:主要关注个体及团队层次的人力资本、社会资本对创新的影响作用机制。

人力资本研究涉及经济学领域与管理学领域,经济学领域研究侧重于关注人力资本对于经济发展及增长的推动作用,而管理学领域研究则偏重于组织情境下人力资本对组织成果的促进作用。通过文献回顾发现:首先,人力资本的测量存在多样性,由于研究的内容以及研究对象的不同,在实证研究中人力资本的具体测量有多种不同的形式,如:个体人力资本测量多以个体的教育程度、工作经验(企业专门经验、行业专门经验、国际化经验等)来衡量,而团队人力资本多是以个体人力资本的聚合,或者教育程度与工作经验所占的比例来衡量。其次,管理领域中人力资本的研究范围包括个体、团队与组织等多个层次,然而,以往的人力资本研究主要集中在个人与组织层次,以团队为研究对象的人力资本理论与实证研究较为匮乏。

目前关于社会资本的研究处于发展阶段,研究成果较多。首先,由于网络、信任、认知等一些难以量化的抽象概念是社会资本的核心要素,且由于研究的内外部视角、研究层次及研究对象的不同,社会资本的具体测量有一定困难并存在多样性。但已有研究多以 Nahapiet 和 Ghoshal(1998)的社会资本经典三维度结构为基础,针对研究情境及对象,具体测量有较大差异。其次,社会资本理论相关研究较为丰富,虽然社会资本理论发源于新经济社会学,但由

于社会资本理论很好地捕捉到社会机制在资源动用与配置方面的有效性,它在组织管理领域得到了许多研究者的重视,其研究范围包括个体、群体与组织等多个层面。但是,以团队为研究对象的社会资本理论及实证研究较为匮乏,主要集中于个人与组织层次社会资本的研究。

独立使用人力资本理论或社会资本理论来解释创新或创造力的相关研究较多,仅有少数学者开始从人力资本与社会资本两者融合协同的角度研究创新或创造力,但都是概念与理论模型等定性研究,实证研究极为匮乏,难以准确地揭示人力资本与社会资本之间互动的具体作用过程和机制。事实上,在人力资本与社会资本融合过程中,社会认同理论、组织学习理论、知识管理理论等,均为人力资本、社会资本与创新的整合提供了重要的理论基础。

(3)错误中学习

对错误中学习相关文献的回顾发现,心理安全氛围、领导、社会资本、成员关系或共享信念、团队解决问题导向等对错误中学习有积极影响;而错误中学习对组织适应能力或创新、组织绩效与创新、团队创新或绩效、员工行为等具有积极影响。但研究仍有不足之处,首先,基于错误或失败的经验学习的实证研究基本上聚集于特定行业,如医疗机构、航空航天、金融机构等,大多采用二手数据,而且概念界定和维度测量等方面的研究非常薄弱。其次,大部分研究将错误中学习当作结果,国外一些学者虽然对错误中学习的具体过程与作用机理进行了研究,但仍处在起步阶段,缺乏对错误中学习过程的准确认定和深入剖析。特别地,团队错误中学习作为一种重要的团队过程,研究未重视其桥梁作用及作用结果,这需要未来进一步深入研究。

(4)团队认同

团队认同的前因变量包括办公桌轮用制、程序公正性和成员自身价值感知、成员行为方式、自检验、不确定性降低需求、模糊承受能力、个人主义—集体主义倾向等,另一方面,团队认同影响公民行为与创新行为、压力/工作满意度/自豪感、合作行为、团队福利与目标、团队绩效与效能等。综观文献可知,认同理论是一个相对成熟的研究领域,从概念界定与量表设计到研究层次,从

前因变量到结果变量,研究者们都已经进行了深入的探索与思考。但是,组织管理领域中认同过程的研究包括个人、团队、组织水平,目前很多认同相关研究都是针对单一认同水平的研究,跨两个认同水平的研究很少,例如:个体与团队认同,这类研究有利于解释不同水平认同之间的联系和动态互动过程,并需要更多的实证研究来检验。

(5)知识共享

知识共享是知识管理的核心环节,按照过程观点,知识管理是组织从内外部获取信息或知识后,经共享、整合等知识创造环节,再次在组织中进行分享、传播和使用知识的循环过程。但在这些知识管理环节中,知识共享占有关键地位。综观以往国内外的知识共享研究成果发现,知识共享研究有不同的视角,范围也较广,并且研究者之间在互相补充与验证的同时,已出现相互借鉴与融合的趋势。但是,个体层次知识共享的研究相对较少并有其局限性,需进一步深入开展对知识共享行为的成因与影响进行研究,其中,不仅要考虑知识共享过程中知识提供者、知识接受者等各相关角色的个体特征及拥有的资源对知识共享的影响,还要考虑团队工作情境因素对知识共享的作用。

2.8.2　本书的努力方向

通过回顾与本研究紧密相关的创造力、创新绩效、人力资本、社会资本、错误中学习与社会认同等理论,得到下面四个核心结论:(1)创新是动态复杂的多层次现象,要研究团队创新,需从多层次角度,揭示个体与团队创新提升的内在机理。(2)团队创新属于典型的知识探索与创造过程,人力资本与社会资本作为组织的两大无形资本,人力资本反映知识存量,社会资本反映社会关系,人力资本与社会资本及其融合协同的研究正成为"知识观"与"关系观"两个组织理论的最新研究热点。(3)创新团队基本属于学习型团队,错误中学习是经验学习的一种特定形式,需要从错误中学习角度揭示其团队创新形成过程,但目前未有相关的系统研究。(4)团队认同与个体差异反映不同水平上的认知过程,很少文献关注团队认同与个人差异的共同效应,研究两者共存时

（即：增加团队凝聚力的同时鼓励成员个性表达）如何影响人力资本、社会资本与团队创新绩效之间的关系，将对社会认同理论以往的研究做出进一步扩展。

分析视角的确定只是奠定了研究的基础，由于本书相关研究理论仍然在发展之中，许多方面有待完善，因此本研究并非是几个理论的简单应用。本研究的主要努力方向为：

（1）员工创造力的未来研究还需要密切关注与情境条件同时发生作用的潜在因素，该因素能够促使个体表现出创造力（Shalley & Gilson，2004），这也正是本书努力的方向。团队错误中学习作为团队情境变量能够提供一个良好的氛围以促进员工创造力，研究团队情境因素（团队错误中学习）与个体因素（人力资本、社会连带）对员工创造力的直接作用，进一步挖掘团队情境与个体因素的动态交互过程对员工创造力的作用机制。

（2）借鉴国外已有研究，验证与修订团队社会资本结构以适应中国背景。然后，针对团队创新绩效的输入因素间互动研究不足的现状，考虑人力资本与社会资本对创新的重要性，两大资本的交互融合对团队创新绩效的协同影响研究极为匮乏，更有待挖掘，本书将从融合视角实证研究人力资本与社会资本对团队创新绩效的协同作用机制。

（3）目前组织对错误或失败缺乏正确态度，在现今复杂工作环境下，领导应采用新的思维模式，积极营造一个心理安全并鼓励从错误中学习的团队氛围（Edmondson，2011）。针对研究存在的不足，本书基于经验学习理论，将团队错误中学习作为一种团队过程来构建 IPO 模型，探索团队错误中学习对人力资本、社会资本与团队创新绩效之间关系的中介作用机制。

（4）社会认同方法认为，在不同情境下，团队认同与个体差异是对抗性相关的（Turner et al.，1987）或者是可调和的（Rink & Ellemers，2007）。针对相关研究存在的矛盾问题，本研究基于社会认同理论，不仅考察团队认同与个体差异的独立影响，将深入挖掘团队认同与个体差异共存时，团队认同与个体差异在促进团队人力资本及社会资本对团队创新绩效的影响机制方面发挥的作用，以期取得有价值的研究结论。

第3章　研究设计与研究方法

3.1　基本概念界定

通过上述文献综述,本研究对相关概念进行界定,如表3－1所示。

表3－1　　　　　　　　　　　本研究基本概念的界定

相关概念	内　涵	理论参考
个体创造力	指与新产品、新服务、新制造方法、管理过程相关的具有潜在价值的新想法	Amabile(1988)
团队创新绩效	包括团队创新与计划符合度两个方面,团队创新反映产品的创新性、创意或点子的数量、总体技术绩效及对变化的适应能力方面;计划符合度反应成本、进度与预算	Lovelace et al.（2001）
人力资本	个体人力资本:由投资形成的个体拥有的知识、技能和能力。包括通用人力资本、专门人力资本两个方面,其中,个体教育程度反映通用人力资本,个体专业领域工作经验反映专门人力资本	Schultz(1961) Becker(1964) Hitt et al.(2001)
	团队人力资本:团队中个体拥有的知识、技能和能力的总和。团队通用人力资本、专门人力资本分别由团队成员相应数据聚合形成	Schultz(1961) Becker(1964) Zarutskie(2010)

相关概念	内 涵	理论参考
社会资本	社会连带被看作是人际关系的过程和结构,其可以为了双方的利益促进或阻碍资源的运用。包括工具连带与情感连带两个方面,其中,工具连带是指工作相关建议连带,涉及一个人完成工作任务所必需的收集信息、建议和资源。情感连带反映的是友谊,充满感情,这种连带是重要的表达社会支持和价值观的通道	Coleman,1990 Putnam,1993 Ibarra(1993) Lincoln & Miller(1979)
	团队社会资本:是在团队成员内部社会关系网络中嵌入的、可通过其获取的和派生的实际和潜在资源的总和。包括结构资本、认知资本与关系资本三个维度	Tsai & Ghoshal(1998) Chen et al.(2008)
团队 错误中学习	是一种持续的反思和行动,包括发现错误、获取信息、分析错误、寻求反馈、开展实验与反思改进	Edmondson(1999,2005) Tjosvold et al.(2004)
团队认同	团队成员感知自己与其他团队成员共享"价值观、目标、态度与行为"的过程	Turner et al.(1987) Janssen & Huang(2008)
个体差异	团队成员看他们自己与其他团队成员在思想、感觉和行为上有多大程度的差异	Turner et al.(1987) Janssen & Huang(2008)
知识共享	经过互动使员工能够获取彼此的知识与经验,共享学习机会或促进他人学习,引导学习者取得外部的知识资源	郑仁伟 & 黎士群(2001)

3.2 问卷设计

根据前两章中提出的概念模型以及文献回顾评述,本章设计了本研究的测量问卷和介绍了调查对象的选取办法。随后进行了预测试,对调查问卷的信度和效度进行检验,进而对调查问卷进行了科学选择和修订。最后,使用正式问卷对选择的调查对象进行了问卷调查,并对正式调查的问卷进行了信度、效度和聚合检验。

3.2.1 问卷设计过程

本研究的问卷设计如下:

1. 明确本研究汇总各变量的概念内涵。基于文献回顾,同时结合本书的研究内容,对本研究中的各项变量的概念内涵进行了分析,并明确了各变量的操作性定义。

2. 结合现有的文献,选择最合适的调查量表。通过文献搜索,找出各变量的常用量表。根据各个量表的概念内涵及现有量表的信度和效度,选出最合适的调查量表。

3. 对调查量表进行翻译。本研究团队成员合作,对调查量表进行双向翻译,并请美国的合作学者对翻译前后的量表进行校正。

4. 对调查问题进行科学的编排,并为每一部分的调查问题撰写指导语。根据研究问题的对象(如个体、团队),将类似的问题合并到一起。同时,为了尽量克服共同方法偏差,将问卷的预测变量和效标变量在问卷的空间上适当分离。在此基础上,为每一部分调查问题撰写指导语。

5. 编写封面信。为主管问卷和员工问卷分别撰写封面信,介绍本次调查的目的和填写的注意事项。同时,强调调查的结果仅供学术研究使用并会严格保密,请填写者放心填答。

6. 进行小样本试填答。编制好的问卷由本研究团队成员进行填写,并提出修改意见。最后,根据这些反馈意见进一步修改完善调查问卷。

3.2.2 共同方法偏差及社会称许性偏差的处理

1. 共同方法偏差的处理

为了尽可能减少共同方法偏差(Common Method Bias),本研究采取了以下三项措施:

(1)从主管和员工两个不同的来源来收集数据。本研究分别设计了员工问卷与主管问卷。通过从主管和员工两个不同来源来收集数据,在一定程度上可以克服由于同一数据来源带来的共同方法偏差。此外,通过采用数据聚合的方式来生成团队层面的变量,在一定程度上也可以减少共同方法偏差带来的影响。

(2)将问卷的预测变量和效标变量在问卷的空间上适当分离。

(3)强调调查的保密性。不仅在调查问卷的封面信上强调"此次调查仅供研究之用,答案没有错对之分,请您根据您的下属的实际表现填写问卷。你所

提供的数据皆会被严格保密。公司内的任何人,包括您的上司、同事和下属都不会看到您所填答的答案。问卷收集后,会作为整体分析,不会做个别处理或披露,请您放心填答",在实际调查过程中,还由调查人员调查之前再三强调了调查的保密性和注意事项。

2. 社会称许性偏差的处理

社会称许性偏差主要是由于人们为了给别人留下好的印象和迎合社会规范,在测量过程中表现出积极地自我评价而造成的(Paulhus,1986)。为了最大限度地降低社会称许性偏差,使调查问卷尽可能真实地反映被调查者的真实情况,本研究在设计过程中,对调查问卷及调查过程进行了如下处理:

(1)努力消除被调查者的戒备心理和赢得被调查者的信任。在每一份调查问卷前,都有一份间接的介绍信,强调本次调查的结果仅供学术研究使用和整个调查是匿名的,并努力让被调查者将问卷装入到信封中密封后再回收,以尽量减少调查者的顾虑。

(2)在研究内容设计上,尽量避免出现敏感问题。同时,在研究量表的选取上,尽量选择成熟量表。

问卷填答结果可能会受到社会称许性反应偏差影响,即被试由于受到文化价值观的影响而趋同于社会所认可的方式和行为(韩振华、任剑峰,2002)。本研究采取选择成熟测量条目、使用中性措辞、反向条目交叉验证、匿名施测等措施以最大限度地降低称许性偏差(Paulhus,1986)。

3.2.3 问卷结构

调查问卷分为团队主管问卷与团队成员问卷。(1)团队主管问卷包括团队基本信息、成员创造力、团队创造力,其中团队基本信息包括:团队主管的性别、年龄、学科背景、本单位工作时间、本专业领域工作时间、团队成立时间、团队规模。(2)团队成员问卷包括个人基本信息、社会连带、团队社会资本、从错误中学习、团队认同、团队个体差异,其中个人基本信息包括:性别、教育程度、年龄、学科背景、本单位工作时间、本专业领域工作时间。同时,注意匹配主管与成员问卷数据。

3.3　预测试

3.3.1　预测试问卷发放、回收与样本结构分析

1. 预测试问卷的发放与回收

2009 年 9～10 月期间完成了预测试问卷的调查。调查对象行业涉及移动通信、集成电路、软件支持与服务、航天产品延伸开发及农业研究等技术含量较高的行业,企业涵盖了国有企业、民营企业、中外合资、外商独资等所有制形式。包括:华为技术有限公司、上海贝尔股份有限公司、昆泰(中国)集成电路有限公司、上海航天技术研究所、浙江农科院共 5 家高新技术企业或研究院。

程序问卷调查采用现场发放与通过 E-mail 发放两种形式,现场调查方式:由企业人力资源部经理将问卷交给研发团队主管,由团队主管再发给团队成员,当场填写并回收。团队主管在团队成员问卷填完之后,以团队为单位,将团队成员问卷与团队主管问卷一并装订,此为完整的一套团队调查问卷,该部分调查主要使用纸质问卷进行调查。电子邮件调查方式:由作者直接联系熟悉的企业研发管理者,由研发管理者向研发团队发放电子问卷,作为联系人的研发管理者熟知问卷调查流程,以保证问卷调查过程中,团队主管与其成员数据匹配。电子邮件调查形式所获得的问卷数量比重大。

2. 样本结构分析

本研究共发放问卷 200 份,回收 168 份,其中,有效匹配数据有 42 个团队共包括 165 名成员,团队规模 2～6 人。样本结构分析如表 3—2 所示。

表 3—2　　　　　预测试样本结构(团队数＝42,成员个数＝165)

人口特征变量	类别	测量	样本数	所占比例(%)
性别	男	1	114	69.09%
	女	2	51	30.91%
年龄	20~30 岁	客观数据	101	61.21%
	30~40 岁		56	33.94%
	40~50 岁		4	2.42%
	50~60 岁		2	1.21%
	60 岁以上		2	1.21%
教育程度	专科	1	4	2.42%
	本科	2	49	29.70%
	硕士	3	102	61.82%
	博士	4	10	6.06%
专业背景	通信	1	41	24.85%
	电子	2	14	8.48%
	计算机	3	41	24.85%
	电器	4	31	18.79%
	其他	5	38	23.03%
本单位工作时间	3 年以下	客观数据	94	56.97%
	3~6 年		33	20.00%
	6~9 年		9	5.45%
	9 年以上		29	17.58%
该领域工作时间	3 年以下	客观数据	69	41.82%
	3~6 年		35	21.21%
	6~9 年		20	12.12%
	9 年以上		41	24.85%

　　被调查样本的描述性统计见表 3－2 所示,在性别方面,男性员工占 69.09%,女性员工占 30.91%;在员工年龄分布方面,20～30 岁的员工占 61.21%,30～40 岁的员工占 33.94%,40～50 岁的员工占 2.42%,50～60 岁的员工占 1.21%,60 岁以上的员工占 1.21%;在教育程度方面,专科学历的员工占 2.42%,本科学历的员工占 29.70%,硕士学历的员工占 61.82%,博士学历的员工占 6.06%;在员工的专业背景方面,通信专业的员工占 24.85%;电子专业的员工占 8.48%,计算机专业的员工占 24.85%,电器专业的员工占 18.79%,其他专业的员工占 23.03%;在本单位的工作时间,3 年以下的员工占 56.97%,3～6 年的员工占 20.00%,6～9 年的员工占 5.45%,9 年以上的员工占 17.58%;在该专业领域的工作时间,3 年以下的员工占 41.82%,3～6 年的员工占 21.21%,6～9 年的员工占 12.12%,9 年以上的员工占 24.85%。

3.3.2　问卷条目评估

1. 问卷条目评估方法

　　本研究采用信度检验与效度检验的方法对问卷条目进行评估。结果见表 3－3。

表 3－3　　　　　　　　　　　预测试信度分析结果

变　量		条　目	该条目删除后量表均值	该条目删除后量表方差	TITC	该条目删除后量表 α	α 系数	
社会连带	情感连带	情感连带 1	11.012	4.744	.665	.767	.822	.869
		情感连带 2	10.970	4.456	.697	.752		
		情感连带 3	10.109	5.549	.616	.792		
		情感连带 4	10.527	5.263	.620	.787		
	工具连带	工具连带 1	16.285	5.742	.677	.828	.857	
		工具连带 2	16.145	5.467	.821	.795		
		工具连带 3	16.552	5.493	.551	.865		
		工具连带 4	16.273	5.565	.681	.826		
		工具连带 5	16.273	5.236	.686	.825		

续表

变量		条目	该条目删除后量表均值	该条目删除后量表方差	TITC	该条目删除后量表 α	α系数
知识共享		知识共享1	34.455	29.676	.684	.909	.917
		知识共享2	34.485	29.276	.630	.912	
		知识共享3	34.291	29.647	.702	.908	
		知识共享4	34.630	29.491	.613	.913	
		知识共享5	34.564	28.333	.749	.905	
		知识共享6	34.491	29.654	.640	.911	
		知识共享7	34.552	28.261	.701	.908	
		知识共享8	34.461	29.018	.742	.906	
		知识共享9	34.594	28.608	.711	.907	
		知识共享10	34.479	28.275	.751	.905	
个体创造力		创造力1	26.110	22.307	.736	.926	.933
		创造力2	26.177	21.926	.795	.922	
		创造力3	26.213	21.813	.790	.922	
		创造力4	26.159	22.637	.730	.926	
		创造力5	26.256	21.897	.758	.924	
		创造力6	26.177	22.061	.670	.931	
		创造力7	26.165	20.862	.851	.917	
		创造力8	26.146	21.880	.805	.921	
团队社会资本	团队结构资本	团队结构资本1	11.924	2.272	.777	.934	.931
		团队结构资本2	11.875	2.348	.882	.897	
		团队结构资本3	12.063	2.341	.866	.901	
		团队结构资本4	11.960	2.367	.841	.909	
	团队认知资本	团队认知资本1	19.084	5.266	.789	.741	.813
		团队认知资本2	19.165	5.075	.825	.730	
		团队认知资本3	19.156	5.203	.830	.733	
		团队认知资本4	19.085	5.233	.763	.744	
		团队认知资本5	19.121	6.032	.281	.858	
		团队认知资本6	19.284	6.273	.227	.866	
	团队关系资本	团队关系资本1	7.247	1.133	.810	.686	.834
		团队关系资本2	7.221	.913	.697	.788	
		团队关系资本3	7.386	1.163	.622	.839	

续表

变　量	条　目	该条目删除后量表均值	该条目删除后量表方差	TITC	该条目删除后量表 α	α 系数	
团队错误中学习	团队错误中学习 1	20.329	13.363	.896	.942	.955	
	团队错误中学习 2	20.384	14.454	.767	.956		
	团队错误中学习 3	20.203	13.549	.834	.949		
	团队错误中学习 4	20.185	13.788	.814	.952		
	团队错误中学习 5	20.108	13.537	.902	.942		
	团队错误中学习 6	20.248	12.981	.946	.936		
团队认同	团队认同 1	33.385	29.014	.829	.962	.946	
	团队认同 2	33.486	29.739	.856	.961		
	团队认同 3	33.785	28.516	.831	.962		
	团队认同 4	33.319	29.275	.850	.961		
	团队认同 5	33.385	28.165	.851	.961		
	团队认同 6	33.393	27.426	.903	.959		
	团队认同 7	33.384	27.754	.853	.961		
	团队认同 8	33.449	28.395	.833	.962		
	团队认同 9	33.465	28.010	.850	.961		
	团队认同 10	33.469	29.575	.789	.963		
团队个体差异	团队个体差异 1	19.206	10.595	.814	.899	.918	
	团队个体差异 2	19.258	11.243	.675	.913		
	团队个体差异 3	19.372	10.806	.690	.912		
	团队个体差异 4	19.263	11.449	.628	.917		
	团队个体差异 5	19.253	11.048	.756	.905		
	团队个体差异 6	19.109	10.434	.863	.893		
	团队个体差异 7	19.171	10.000	.816	.898		
团队创造力	团队创新性	团队创新性	12.095	4.186	.741	.818	.866
		团队创新性	12.167	4.825	.627	.862	
		团队创新性	11.810	4.207	.693	.839	
		团队创新性	11.786	3.977	.809	.788	
	计划符合度	计划符合度	8.071	2.312	.598	.812	.814
		计划符合度	7.881	2.107	.766	.641	
		计划符合度	8.048	2.193	.638	.772	

使用修正条目的总相关系数 CITC（Corrected Item-Total Correlation，

CITC)与克朗巴赫(Cronbach)α信度系数来净化和删除"垃圾测量条目",在此基础上对研究量表采用探索性因子分析(Explorative Factor Analysis, EFA)方法进行效度检验,以确定最终量表的测量条目。

CITC的检验标准是:当CITC小于0.5时,通常就删除该测量条目,也有学者认为0.3也符合研究的要求(卢文岱,2002),本研究以0.3为净化测量条目的标准;α系数的信度检验标准是:当α系数大于0.7时,表明内在一致性较理想,且信度符合要求。

探索性因素分析在SPSS15.0统计软件中完成。主要步骤是以主成分法(Principe Components)对每一个构念进行因素抽取,且只抽出特征值大于1的部分(Zaltman & Burger,1975),并以正交旋转法的方差最大法(Varimax)进行旋转,然后检验各条目的因素载荷量。

在探索性因素分析中要检验两类指标:(1)KMO指标与Bartlett球形检验指标。这两个指标反映了测量工具是否适合作探索性因子分析。Kaiser(1974)提出了样本足度指标KMO(Kaiser-Meyer-Olkin Measure of Sampling Adequacy)数值与因素适合性的关系。通常而言,该值应在0.7以上,而球型检验(Bartlett's Test of Sphericity)应达到0.05显著水平。

2. 问卷条目检验结果

(1)社会连带

社会连带包括工具连带与情感连带两个维度,由个人自评。工具连带的测量有5个条目,情感连带的测量有4个条目,共9个条目。KMO和Bartlett球体检测结果显示,KMO测度值为0.846,Bartlett球体检测的显著性值为0.000,拒绝了相关系数矩阵为单位矩阵的原假设,所以样本适合做因子分析。

采用主成分分析及Varimax最大方差旋转对社会连带进行探索性因子分析,共有两个维度,其结果如表3—4所示,社会连带两维度的总方差解释量为66.795%,其中工具连带与情感连带的方差解释量分别为37.486%与29.310%。两个因子的载荷值均在0.5以上,表明社会连带的收敛效度理想。

表 3—4　　　　　　　　**预测试探索性因子分析结果**

变量	项目	因子 1	因子 2	因子 3	变异解释量	总变异解释量
工具连带	工具连带 1	.786	.169		37.486%	66.795%
	工具连带 2	.881	.202			
	工具连带 3	.595	.366			
	工具连带 4	.773	.234			
	工具连带 5	.818	.117			
情感连带	情感连带 1	.178	.823		29.310%	
	情感连带 2	.037	.893			
	情感连带 3	.454	.634			
	情感连带 4	.345	.700			
知识共享	知识共享 1	.747			57.590%	
	知识共享 2	.701				
	知识共享 3	.768				
	知识共享 4	.682				
	知识共享 5	.806				
	知识共享 6	.712				
	知识共享 7	.769				
	知识共享 8	.806				
	知识共享 9	.772				
	知识共享 10	.813				
个体创造力	个体创造力 1	.802			68.307%	
	个体创造力 2	.851				
	个体创造力 3	.846				
	个体创造力 4	.794				
	个体创造力 5	.818				
	个体创造力 6	.741				
	个体创造力 7	.894				
	个体创造力 8	.857				

续表

变量	项目	因子 1	因子 2	因子 3	变异 解释量	总变异 解释量
团队 社会 资本	结构资本 1	.741	.294	.333	31.517%	83.293%
	结构资本 2	.833	.346	.226		
	结构资本 3	.913	.182	.145		
	结构资本 4	.890	.265	.106		
	认知资本 1	.287	.847	.230	30.980%	
	认知资本 2	.210	.887	.200		
	认知资本 3	.351	.825	.250		
	认知资本 4	.243	.802	.316		
	关系资本 1	.409	.221	.815	20.796%	
	关系资本 2	.029	.271	.906		
	关系资本 3	.348	.384	.595		
团队 错误中 学习	团队错误中学习 1	.931			81.772%	
	团队错误中学习 2	.833				
	团队错误中学习 3	.886				
	团队错误中学习 4	.869				
	团队错误中学习 5	.935				
	团队错误中学习 6	.964				
团队 认同	团队认同 1	.866			76.711%	
	团队认同 2	.888				
	团队认同 3	.862				
	团队认同 4	.883				
	团队认同 5	.882				
	团队认同 6	.924				
	团队认同 7	.882				
	团队认同 8	.862				
	团队认同 9	.879				
	团队认同 10	.829				

变量	项目	因子 1	因子 2	因子 3	变异解释量	总变异解释量
团队个体差异	团队个体差异 1	.869			67.496%	
	团队个体差异 2	.763				
	团队个体差异 3	.771				
	团队个体差异 4	.715				
	团队个体差异 5	.830				
	团队个体差异 6	.909				
	团队个体差异 7	.875				
团队创新绩效	团队创新 1	.654	.566		38.766%	73.856%
	团队创新 2	.872	.112			
	团队创新 3	.689	.411			
	团队创新 4	.788	.402			
	计划符合度 1	.309	.713		35.090%	
	计划符合度 2	.557	.717			
	计划符合度 3	.157	.878			

（2）知识共享

知识量表共 10 个条目，由主管进行评分。KMO 和 Bartlett 球体检测结果显示，KMO 测度值为 0.911，Bartlett 球体检测的显著性值为 0.000，拒绝了相关系数矩阵为单位矩阵的原假设，适合做因子分析。

探索性因子分析得到单维因子结构模型，其结果如表 3－4 所示，单因子解释了总方差的 57.590%。因子载荷值均在 0.4 以上，表明知识共享的收敛效度理想。

（3）个体创造力

个体创造力量表共 8 个条目，由主管进行评分。KMO 和 Bartlett 球体检测结果显示，KMO 测度值为 0.929，Bartlett 球体检测的显著性值为 0.000，拒绝了相关系数矩阵为单位矩阵的原假设，适合做因子分析。

探索性因子分析得到单维因子结构模型，其结果如表 3－4 所示，单因子解释了总方差的 68.307%。因子载荷值均在 0.5 以上，表明个体创造力的收

敛效度理想。

（4）团队社会资本

团队社会资本参照 Tsai & Ghoshal（1998）和 Chen 等（2008）的量表进行借鉴与改编，包括结构资本、认知资本与关系资本三个维度，共 13 个条目。由个人自评，进行数据聚合后形成团队层次变量。

对团队社会资本进行探索性因子分析，旋转后共有四个因子，团队认知资本 5 单独形成第 4 个因子，而团队认知资本 6 在四个因子中的载荷值最大为 0.271，都小于 0.5，没有归入任何一个因子。由于团队认知资本 5 与团队认知资本 6 的 CITC 值分别为.281 与.227，都小于 0.3 的标准，所以，去除团队认知资本 5、6 条目，再对团队社会资本进行探索性因子分析。

去除团队认知资本 5、6 条目后，进行探索性因子分析，共有三个因子。其结果如表 3—4 所示，KMO 和 Bartlett 球体检测结果显示，KMO 测度值为 0.848，Bartlett 球体检测的显著性值为 0.000，样本适合做因子分析。社会资本三维度的总方差解释量为 83.293%，其中结构维度、认知维度和关系维度的方差解释量分别为 31.517%、30.980%、20.796%。三个因子的载荷值均在 0.5 以上，表明团队社会资本的收敛效度理想。

（5）团队错误中学习

团队错误中学习量表由 6 个条目构成，由个人评分，进行数据聚合后形成团队层次变量。KMO 和 Bartlett 球体检测结果显示，KMO 测度值为.892，Bartlett 球体检测的显著性值为 0.000，拒绝了相关系数矩阵为单位矩阵的原假设，适合做因子分析。

探索性因子分析得到单维因子结构模型，其结果如表 3—4 所示，单因子解释了总方差的 81.772%。因子载荷值均在 0.5 以上，表明从错误中学习的收敛效度理想。

（6）团队认同

团队认同量表由 10 个条目构成，由个人评分，进行数据聚合后形成团队层次变量。KMO 和 Bartlett 球体检测结果显示，KMO 测度值为.930，Bart-

lett 球体检测的显著性值为 0.000, 拒绝了相关系数矩阵为单位矩阵的原假设, 适合做因子分析。

探索性因子分析得到单维因子结构模型, 其结果如表 3-4 所示, 单因子解释了总方差的 76.711%。因子载荷值均在 0.5 以上, 表明团队认同的收敛效度理想。

(7)团队个体差异

团队个体差异量表由 7 个条目构成, 由个人评分, 进行数据聚合后形成团队层次变量。KMO 和 Bartlett 球体检测结果显示, KMO 测度值为.887, Bartlett 球体检测的显著性值为 0.000, 拒绝了相关系数矩阵为单位矩阵的原假设, 适合做因子分析。

探索性因子分析得到单维因子结构模型, 其结果如表 3-4 所示, 单因子解释了总方差的 67.496%。载荷值均在 0.5 以上, 表明从团队个体差异的收敛效度理想。

(8)团队创新绩效

对于团队创新的测量由创新绩效和计划符合度两个维度构成, 采用主管评分。创新绩效的测量有 4 个条目, 计划符合度的测量有 3 个条目, 共 7 个条目。KMO 和 Bartlett 球体检测结果显示, KMO 测度值为.863, Bartlett 球体检测的显著性值为 0.000, 拒绝了相关系数矩阵为单位矩阵的原假设, 所以样本适合做因子分析。

探索性因子分析得到两维因子结构, 其结果如表 3-4 所示, 团队创新两维度的总方差解释量为 73.856%, 其中工具连带与情感连带的方差解释量分别为 38.766% 与 35.090%。两个因子的载荷值均在 0.5 以上, 表明团队创新的收敛效度理想。

3.3.3　预测试量表的修订

根据以上的分析, 本研究去除了团队社会资本中认知维度中的第五与第六个条目。各研究变量最终的信度如表 3-5 所示。

表 3—5 预测试量表修订后的信度

	变　量	测量条目数	系　数
社会连带	情感连带	4	0.822
	工具连带	5	0.857
知识共享		10	0.917
个体创造力		8	0.933
团队	团队结构资本	4	0.931
社会	团队认知资本	4	0.938
资本	团队关系资本	3	0.834
团队错误中学习		6	0.955
团队认同		10	0.946
团队个体差异		7	0.918
团队创新	团队创新绩效	4	0.866
	计划符合度	3	0.814

3.4　正式问卷调查与信度效度分析

3.4.1　调查对象的确定与抽样方法的选择

本书研究对象是企业中 R&D 团队,将调查重点聚焦在移动通信、集成电路、软件支持与服务、航天产品延伸开发及农业研究等技术含量较高的行业,企业涵盖多种所有制形式,企业规模在 100 人以上,地点在上海、北京、深圳与杭州等地区。

在确定团队成员调查数量时,一方面考虑调查每个团队中所有成员的困难性,另一方面考虑保障研究的有效性,本研究选择调查每个团队至少一半以上成员的方案,并对其一致性进行检验。同时,对团队主管与成员采用配对调

查的套问卷形式,克服只由团队成员填写易存在的主观偏见性,以减少数据来源相同而产生的同源误差问题。

3.4.2   正式问卷的发放与回收

本研究于 2009 年 9 月至 2010 年 2 月期间完成一部分问卷的调查,2011 年 2~4 月又补充一部分问卷,形成正式问卷。调查的企业涵盖了国有企业、民营企业、中外合资、外商独资等所有制形式。调查的企业包括:华为技术有限公司、上海贝尔股份有限公司、爱立信(中国)有限公司、中兴通讯股份有限公司、通用电气(中国)有限公司、英特尔(上海)有限公司、昆泰(上海)集成电路有限公司、上海航天技术研究所、浙江农科院等多家高新技术企业或研究院。

调查问卷采用套问卷形式,即:将问卷分为团队主管问卷与团队成员问卷。团队主管填写团队基本信息、成员创造力、团队创造力,其中团队基本信息包括:团队主管的性别、年龄、学科背景、本单位工作时间、本专业领域工作时间、团队成立时间、团队规模;团队成员填写个人基本信息、社会连带、团队社会资本、团队错误中学习、团队认同与团队个体差异,其中个人基本信息包括:性别、教育程度、年龄、学科背景、本单位工作时间、本专业领域工作时间。同时,注意匹配主管与成员问卷数据。

问卷调查采用现场发放与通过 E-mail 发放两种形式,现场调查方式:由企业人力资源部经理将问卷交给研发团队主管,由团队主管再发给团队成员,当场填写并回收。团队主管在团队成员问卷填完之后,以团队为单位,将团队成员问卷与团队主管问卷一并装订,此为完整的一套团队调查问卷,该部分调查主要使用纸质问卷进行调查。电子邮件调查方式:由作者直接联系熟悉的企业研发管理者,由研发管理者向研发团队发放电子问卷,作为联系人的研发管理者熟知问卷调查流程,以保证问卷调查过程中,团队主管与其成员数据匹配。电子邮件调查形式所获得的问卷数量比重大。

本研究共发放问卷 630 份,回收 598 份,经过筛选,有效问卷为 585 份,问

卷的有效回收率为 92.86%。其中,有效配对数据有 151 个团队共包括 585 名成员,团队规模 2～7 人。

3.4.3 样本结构分析

被调查样本的描述性统计见表 3－6 所示,在性别方面,男性员工占 75.73%,女性员工占 24.27%;在员工年龄分布方面,20～30 岁的员工占 58.80%,30～40 岁的员工占 33.16%,40～50 岁的员工占 5.64%,50～60 岁的员工占 1.37%,60 岁以上的员工占 1.03%;在教育程度方面,专科学历的员工占 1.88%,本科学历的员工占 33.50%,硕士学历的员工占 58.29%,博士学历的员工占 6.32%;在员工的专业背景方面,通信专业的员工占 21.88%;电子专业的员工占 11.28%,计算机专业的员工占 21.54%,电器专业的员工占 20.17%,其他专业的员工占 25.13%;在本单位的工作时间,3 年以下的员工占 55.21%,3～6 年的员工占 20.17%,6～9 年的员工占 9.74%,9 年以上的员工占 14.87%;在该专业领域的工作时间,3 年以下的员工占 42.05%,3～6 年的员工占 22.56%,6～9 年的员工占 15.73%,9 年以上的员工占 19.66%。

表 3－6   样本基本情况数据统计分析(团队数＝151,成员个数＝585)

人口特征变量	类别	测量	样本数	所占比例(%)
性别	男	1	443	75.73%
	女	2	142	24.27%
年龄	20～30 岁	客观数据	344	58.80%
	30～40 岁		194	33.16%
	40～50 岁		33	5.64%
	50～60 岁		8	1.37%
	60 岁以上		6	1.03%
教育程度	专科	1	11	1.88%
	本科	2	196	33.50%
	硕士	3	341	58.29%
	博士	4	37	6.32%

续表

人口特征变量	类别	测量	样本数	所占比例(%)
专业背景	通信	1	128	21.88%
	电子	2	66	11.28%
	计算机	3	126	21.54%
	电器	4	118	20.17%
	其他	5	147	25.13%
本单位工作时间	3 年以下	客	323	55.21%
	3~6 年	观	118	20.17%
	6~9 年	数	57	9.74%
	9 年以上	据	87	14.87%
该领域工作时间	3 年以下	客	246	42.05%
	3~6 年	观	132	22.56%
	6~9 年	数	92	15.73%
	9 年以上	据	115	19.66%

3.4.4   团队层次数据聚合分析

由于本研究的研究对象包括为团队及其成员,其中团队层次变量包括:团队社会资本、从错误中学习、团队认同、团队个体差异,因此需要对团队中多个成员的测量数据进行聚合成为团队数据。在数据聚合过程中,对团队成员填写结果的一致性程度进行检验,本研究采取如下三种常用的检验方法:

(1)单因素方差分析法(One-Way ANOVA)。此方法在 Amason(1996)在研究团队内部冲突时提出。他认为,当团队间的方差程度显著优于团队内的方差程度时,表明适合将团队成员数据聚合成团队数据。组内相关系数 ICC(1)(Intra Class Correlation)与 ICC(2)。ICC(1)表示不同的团队间是否有显著的组间差异,研究者在聚合个体回答到群体层次之前,必须先检测组间差异。James(1982)回顾了组织研究,并发现 ICC(1)的范围在 0.00~0.50,中位数是 0.12。ICC(2)是指群体平均数的信度,与 ICC(1)和群体样本数的大小有关。

（2）群体内部一致性系数 Rwg（within-group interrater reliability）。James 等（1984）提出 Rwg 系数主要用于在以多个项目测量同一变量时，分析群体成员的回答是否具有一致性，当 Rwg 大于 0.70 时，他们认为即可将此变量视为在群体内具有足够的一致性。

表 3-7 显示，所有 F 检验值均达到了 0.01 显著水平以上，团队社会资本、从错误中学习、团队认同、团队个体差异的 Rwg 的平均值均高于 0.7，表明团队成员之间具有较高的一致性；团队社会资本、从错误中学习、团队认同、团队个体差异的 ICC(1) 的范围在 0.00～0.50，显示将个体的回答聚合到团队层次是可行的，而各变量的 ICC(2) 也均大于 0.60，符合 Glick（1985）的标准，进一步表明组内一致性是充分的，可以对个体数据进行团队层次的数据聚合。

表 3-7　　　　　　团队层次变量的数据聚合分析结果

变量	Rwg 均值	Mean Square Between Groups MSB	Mean Square Within Groups MSW	one-way ANOVA F 值	ICC(1)	ICC(2)
团队结构资本	0.912	0.834	0.256	3.264**	0.369	0.694
团队认知资本	0.924	0.786	0.208	3.777**	0.418	0.735
团队关系资本	0.816	0.983	0.337	2.916**	0.331	0.657
团队错误中学习	0.863	1.709	0.504	3.387**	0.381	0.705
团队认同	0.951	0.917	0.308	2.981**	0.338	0.665
团队个体差异	0.936	1.434	0.325	4.417**	0.469	0.774

注：** 为 $p < .01$，* 为 $p < .05$。

3.4.5　信度分析

信度（Reliability）是指测量的一致性程度或一个测量工具在同样情况下对同一对象重复测量得到相同结果的可能性，它反映了测量工具的一致性（Consistency）或稳定性（Stability）（Earl Babbie，1999）。本书采用 Crobanch's 值作为信度检验的一种指标，当 Crobanch's 值大于 0.70 时，表示

其内在一致性具有良好的效果。信度分析结果如表 3－8 所示，各变量的 Crobanch's 值均大于.70，表明具有较好的内在一致性，即测量量表具有很好的信度。

表 3－8 研究变量的信度分析结果

变　量		条　目	该条目删除后量表的均值	该条目删除后量表的方差	TITC	该条目删除后量表的 α	α 系数	
社会连带	情感连带	情感连带 1	10.915	3.547	.640	.711	.787	.855
		情感连带 2	10.901	3.466	.655	.702		
		情感连带 3	10.003	4.483	.547	.761		
		情感连带 4	10.381	4.178	.556	.753		
	工具连带	工具连带 1	16.287	4.702	.668	.794	.835	
		工具连带 2	16.162	4.571	.731	.777		
		工具连带 3	16.544	4.546	.510	.845		
		工具连带 4	16.303	4.633	.672	.792		
		工具连带 5	16.284	4.440	.641	.800		
知识共享		知识共享 1	34.957	25.637	.548	.898	.901	
		知识共享 2	34.942	24.771	.614	.894		
		知识共享 3	34.759	24.858	.660	.891		
		知识共享 4	35.012	24.690	.613	.894		
		知识共享 5	35.024	23.691	.723	.887		
		知识共享 6	34.933	24.758	.620	.894		
		知识共享 7	34.911	23.804	.684	.890		
		知识共享 8	34.860	24.251	.706	.888		
		知识共享 9	34.990	24.031	.683	.890		
		知识共享 10	34.874	24.347	.677	.890		
创造力		创造力 1	26.194	19.366	.707	.910	.919	
		创造力 2	26.324	18.597	.748	.906		
		创造力 3	26.396	18.583	.741	.907		
		创造力 4	26.350	19.362	.685	.911		
		创造力 5	26.419	18.495	.735	.908		
		创造力 6	26.358	18.856	.674	.913		
		创造力 7	26.307	18.127	.798	.902		
		创造力 8	26.288	18.924	.750	.906		

变　量		条　目	该条目删除后量表的均值	该条目删除后量表的方差	TITC	该条目删除后量表的α	α系数	
团队社会资本	团队结构资本	团队结构资本1	11.710	2.215	.822	.912	.929	.919
		团队结构资本2	11.687	2.336	.846	.905		
		团队结构资本3	11.811	2.197	.846	.904		
		团队结构资本4	11.763	2.266	.825	.910		
	团队认知资本	团队认知资本1	11.371	2.168	.880	.932	.949	
		团队认知资本2	11.482	2.123	.890	.928		
		团队认知资本3	11.480	2.140	.900	.925		
		团队认知资本4	11.461	2.143	.835	.946		
	团队关系资本	团队关系资本1	7.336	1.202	.797	.810	.881	
		团队关系资本2	7.306	1.069	.816	.789		
		团队关系资本3	7.408	1.229	.702	.890		
错误中学习		团队错误中学习1	20.042	12.979	.872	.912	.933	
		团队错误中学习2	20.038	13.764	.691	.935		
		团队错误中学习3	19.755	13.280	.767	.925		
		团队错误中学习4	19.817	12.980	.793	.922		
		团队错误中学习5	19.798	13.607	.810	.920		
		团队错误中学习6	19.868	12.967	.895	.909		
团队认同		团队认同1	34.446	22.631	.794	.946	.951	
		团队认同2	34.671	22.651	.791	.946		
		团队认同3	34.835	22.414	.724	.949		
		团队认同4	34.470	22.130	.842	.944		
		团队认同5	34.468	21.766	.840	.944		
		团队认同6	34.447	21.949	.824	.944		
		团队认同7	34.408	22.158	.776	.946		
		团队认同8	34.471	21.771	.806	.945		
		团队认同9	34.474	22.021	.826	.944		
		团队认同10	34.652	22.775	.693	.950		

变　量	条　目	该条目删除后量表的均值	该条目删除后量表的方差	TITC	该条目删除后量表的 α	α 系数
团队个体差异	个体差异 1	19.349	15.421	.811	.942	.949
	个体差异 2	19.381	14.878	.838	.939	
	个体差异 3	19.576	15.157	.788	.944	
	个体差异 4	19.451	15.359	.803	.942	
	个体差异 5	19.403	14.566	.872	.936	
	个体差异 6	19.327	15.367	.853	.938	
	个体差异 7	19.383	15.204	.820	.941	

团队创新绩效	团队创新	团队创新性	11.868	4.609	.742	.840	.876	.886
		团队创新性	11.848	4.570	.696	.856		
		团队创新性	11.735	4.289	.745	.837		
		团队创新性	11.656	4.174	.757	.833		
	计划符合度	计划符合度	8.007	2.073	.536	.773	.770	
		计划符合度	7.715	1.992	.672	.615		
		计划符合度	7.775	2.162	.615	.682		

3.4.6　效度分析

验证性因素分析在 AMOS7.0 统计软件中完成。验证一个理论模型(包括测量模型与结构模型)是否与实际数据相符,要通过一系列指标来反映。邱浩政(2004)在书中将契合度指标分成四类:(1)卡方检验,P 值与 χ^2/df 值;(2)适合度指标,GFI、AGFI、PGFI、NFI、NNFI 等;(3)替代性指标,NCP、CFI、RMSEA、AIC、CAIC、CN;(4)残差分析,RMR、SRMR。根据指标含义及应用普遍性情况,本研究选择了如下指标:χ^2/df、RMSEA、GFI、AGFI、IFI、CFI、SRMR 等。

$\chi2$(卡方)指数是反映整体拟合优度的一个重要指数。当 P 值未达到显著水平时,卡方检验接受虚无假设即理论矩阵与观察矩阵没有差异,从而代表模型拟合良好。但卡方指数对样本量过于敏感,并且随着样本规模扩大,卡方指数更有可能解释等价模型的显著差异性。另外按照 SEM 的简约原理,在

相同卡方值下自由度大的模型更应受欢迎。因此一般用卡方自由度比(χ^2/df)来衡量模型的拟合程度。一般认为该值小于 2 时,表示模型有理想的拟合度(Carmines & McIver,1981)。近似误差均方根(RMSEA)是近年来广被采纳的指数。与 CFI(Comparative-Fit Index)不同的,它在比较理论模型与完全拟合的饱和模型的差距程度时,不受样本大小与模型复杂程度的影响。RMSEA 数值越大,代表模型越不理想。Hu 和 Bentler(1999)建议低于 0.06 可以视为一个好的模型,指数大于 0.10 表示模型不理想,McDonald 和 Ho(2002)则建议 0.05 为良好拟合的门槛,以 0.08 为可接受的模型拟合门槛。

GFI、AGFI、IFI、CFI 等指标的介于 0~1,数值越大代表模型越理想,一般要求该值在 0.90 以上。但 Bagozzi 和 Yi(1988)认为 0.90 的门槛过于保守,Segars 和 Grover(1993)则指出拟合优度指数(GFI)和调整后的拟合优度指数(AGFI)的容忍范围可以降低到 0.8 以上。标准化残差均方根指数(SRMR)是用来反映理论假设模型的整体残差指标。SRMR 指数的值介于 0~1,当数值低于 0.08 时,表示模型拟合度好(Hu & Bentler,1999)。如表 3—9、表3—10所示。

表 3—9 　　　　　　　　　　研究变量的验证性因子分析结果

测量模型	结构	CMIN	Df	CMIN/Df	RMSEA	CFI	IFI	NFI	TLI
社会连带	二因子	67.413	24	2.809	.056	.980	.981	.970	.971
知识共享	一因子	60.662	22	2.757	.055	.986	.986	.978	.971
个体创造力	一因子	58.144	20	2.907	.057	.986	.986	.979	.975
团队社会资本	一因子	696.626	44	15.832	.314	.560	.563	.547	.450
团队社会资本	三因子	65.247	39	1.673	.067	.982	.982	.958	.975
团队错误中学习	一因子	22.308	8	2.789	.109	.981	.981	.971	.965
团队认同	一因子	52.272	31	1.686	.068	.984	.984	.961	.976
团队个体差异	一因子	19.313	12	1.609	.064	.992	.992	.980	.986
团队创新绩效	二因子	18.796	13	1.446	.055	.989	.989	.965	.982

表 3－10　　　　　　　　　　　　研究变量的信度与效度分析

潜变量	条目	因子载荷	信度	组合信度 Composite Reliability	AVE Average Variance Extracted
社会连带	情感连带 1	.503	.253	.735	.419
	情感连带 2	.512	.262		
	情感连带 3	.806	.650		
	情感连带 4	.715	.511		
	工具连带 1	.758	.575	.847	.530
	工具连带 2	.829	.687		
	工具连带 3	.564	.318		
	工具连带 4	.747	.558		
	工具连带 5	.715	.511		
知识共享	知识共享 1	.578	.334	.924	.550
	知识共享 2	.606	.367		
	知识共享 3	.706	.498		
	知识共享 4	.612	.375		
	知识共享 5	.716	.513		
	知识共享 6	.661	.437		
	知识共享 7	.765	.585		
	知识共享 8	.786	.618		
	知识共享 9	.752	.566		
	知识共享 10	.728	.530		
个体创造力	创造力 1	.743	.552	.926	.610
	创造力 2	.784	.615		
	创造力 3	.774	.599		
	创造力 4	.717	.514		
	创造力 5	.768	.590		
	创造力 6	.704	.496		
	创造力 7	.842	.709		
	创造力 8	.792	.627		

潜变量	条目	因子载荷	信度	组合信度 Composite Reliability	AVE Average Variance Extracted
团队 社会 资本	团队结构资本1	.865	.748	.928	.763
	团队结构资本2	.902	.814		
	团队结构资本3	.868	.753		
	团队结构资本4	.858	.736		
	团队认知资本1	.901	.812	.954	.839
	团队认知资本2	.950	.903		
	团队认知资本3	.919	.845		
	团队认知资本4	.893	.797		
	团队关系资本1	.891	.794	.885	.720
	团队关系资本2	.891	.794		
	团队关系资本3	.757	.573		
团队 错误中 学习	团队错误中学习1	.896	.803	.936	.712
	团队错误中学习2	.709	.503		
	团队错误中学习3	.811	.658		
	团队错误中学习4	.866	.750		
	团队错误中学习5	.825	.681		
	团队错误中学习6	.937	.878		
团队 认同	团队认同1	.817	.667	.965	.732
	团队认同2	.804	.646		
	团队认同3	.744	.554		
	团队认同4	.859	.738		
	团队认同5	.864	.746		
	团队认同6	.857	.734		
	团队认同7	.795	.632		
	团队认同8	.801	.642		
	团队认同9	.822	.676		
	团队认同10	.717	.514		

续表

潜变量	条目	因子载荷	信度	组合信度 Composite Reliability	AVE Average Variance Extracted
团队差异	团队个体差异 1	.838	.702	.947	.719
	团队个体差异 2	.876	.767		
	团队个体差异 3	.795	.632		
	团队个体差异 4	.821	.674		
	团队个体差异 5	.910	.828		
	团队个体差异 6	.866	.750		
	团队个体差异 7	.823	.677		
团队创新绩效	团队创新 1	.806	.650	.877	.642
	团队创新 2	.757	.573		
	团队创新 3	.812	.659		
	团队创新 4	.828	.686		
	计划符合度 1	.620	.384	.782	.549
	计划符合度 2	.872	.760		
	计划符合度 3	.709	.503		

　　根据验证性因子分析所得数据结果,计算研究变量的信度与效度,结果表
3－10 所示,其中,所有变量的组合信度大于 0.7,AVE 除了情感连带略小于
0.5,其他变量均大于 0.5,符合需求。变量具体的信度与效度将在接下来的章
节中结合研究模型进行分析。

第4章 个体人力资本与社会连带对创造力影响

4.1 研究目的与假设模型

员工创造力是组织创新和竞争优势的重要来源(Amabile,1996;Zhou & George,2001),组织越来越多地寻求多种途径或方式提升员工创造力(Oldham,2003)。组织中的创造力由个体、团队和组织三个层面的创造力构成,组织层面的创造力通常被称为组织创造力和组织创新(Sterberg & Lubart,1996)。其中,个体创造力是组织创造力和创新绩效的基础。个体创造力是组织创新的起点,可以看作是个体在工作中产生的新颖而有用的想法、过程和解决办法(Amabile,1998)。Zhou 和 George(2001)认为个人创造力应该包括创新构想的产生、内容、推广与发展执行方案等,这样才能确保个人创新的有效实现。在某种程度上,尽管组织进行创新并获得竞争优势是由多个因素决定的,但创新通常植根于有创造性思想的员工个体中。因此,个体创造力的决定因素日益被研究者所重视(Scott & Bruce,1994)。

较多学者已探讨组织学习对员工创造力和创新的重要作用(Hirst et al.,2009;Brown & Duguid,1991;Arygris & Schon,1996)。社会学习和经验学习是两种主要的学习形式。社会学习是涉及人际交互的一种关系活动,个体

通过社会连带嵌入的关系,获取、共享、学习及创造有用的知识(Gherardi et al.,1998)。经验学习不仅指个体在快速变化的环境中学习新知识,还包括个体从以往经历中反思性学习(Tjosvold et al.,2004)。

个体人力资本体现个体受教育和学习所获得的知识存量(Becker,1964),也反映创造力所需的"专门知识"与"创造性思维技能"(Amabile,1996)。社会连带是组织中个体进行社会学习的一种纽带和资源(Gherardi et al.,1998)。社会连带为知识获取与交换提供灵活的通道,员工通过高质量的互动促使知识共享,有利于创造力提升。

个体创造力往往是在团队工作背景下产生的,管理创新不仅需要认识员工的创造潜力,而且还要了解团队情境因素如何影响个体创造力。另外,团队,而非个体,是现代组织中最基本的学习单位,团队学习是一种持续的反思和行动学习,有助于创造力提升(Wong,2004;Hirst et al.,2009)。研究表明,相较于从成功中学习,批判性思考、面对问题、关注错误中学习是更有效的(Carmeli,2007),了解团队如何能从错误中学习,将避免代价高昂的误判,以快速准确地响应技术和市场的快速变化(Tjosvold,2004)。本研究将错误中学习作为促进员工的个体创造力的团队工作情境因素。

目前,在个体层次上,人力资本、社会连带与知识共享及创造力的关系已引起为数不多的国内外学者的关注和研究,但团队情境因素跨层次影响个体创造力的相关研究极少,错误中学习如何跨层影响知识共享及创造力之间关系的研究几乎空白,然而,多层次考察个体和团队的动态相互影响是组织管理和实践的一个挑战(Hirst et al.,2009)。因此,本研究将传统的单层次分析研究扩展到个体与团队两个层次,基于经验学习理论,构建个体与团队多层次模型。基本研究框架如图4—1所示。

本章选择错误中学习作为团队层次变量,个体层次上,本书选择个体人力资本与社会连带为前因变量,并选择成员知识共享与创造力为结果变量。研究探讨个体层次的人力资本、社会连带对知识共享及创造力的影响,并进而研究团队错误中学习对个体知识共享及创造力的跨层次直接效应,及团队错误

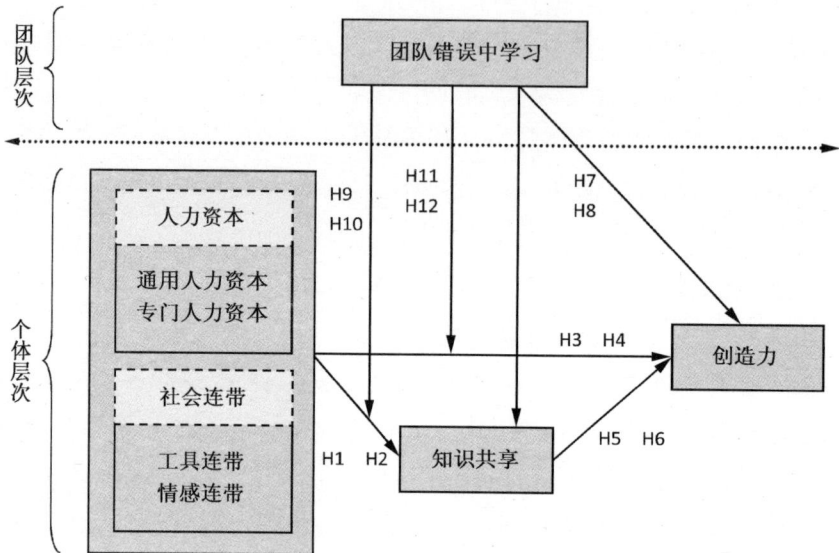

图4—1　人力资本与社会连带对员工创造力的多层次效应模型

中学习对于个体人力资本、社会连带与知识共享及创造力之间关系的跨层次调节效应,以揭示团队错误中学习对改善成员知识共享和提升成员创造力的作用机理。

4.2　理论与研究假设

4.2.1　成员人力资本、社会连带与知识共享

人力资本理论创始人 Schultz(1961)指出:个人对教育、职业培训、保健以及迁移的投入都是一种投资,这种投资的结果形成人力资本。Becker(1964)对人力资本的研究从经济学扩大到人的行为的范畴并指出:教育和经验是人力资本概念的关键特征。其后管理学领域研究中,一些学者将人力资本归为两类:专门人力资本(Specific human capital)与通用人力资本(General human

capital)，专门人力资本是指在特定的知识领域中具有局域的更深层次的嵌入式的知识；通用人力资本，往往是指多个情境下都可使用的多技能的可通用的知识与智力(Brown & Duguid,1991;Zarutskie,2010)。Zarutskie(2010)研究高管团队(TMT)人力资本的作用，将高管团队人力资本归类为：通用人力资本(高管团队受教育经历)、专门人力资本(高管团队工作经历)。基于上述研究，本书确定人力资本的两个维度，员工的教育程度反映通用人力资本，员工在专业领域的工作经验反映专门人力资本。

Moorman 和 Miner(1998)认为知识共享是组织中有关不同个体间或不同部门间学习范畴的一种集体信念或行为规则。知识共享不是一个单向过程，知识共享涉及对新知识的供应和需求。组织通过知识共享，使知识由个人层扩散到组织层、由知识拥有者传播到知识吸收者。知识共享提高知识承载者的知识交叉和复合的程度(Foss,2007)。

个体必须具备知识共享的能力、意愿及机会，才可能有效地共享知识。能力与人力资本、机会与社会连带具有紧密关系。一些研究表明：员工的接受能力在知识传递中扮演着重要角色(Cohen & Levinthal,1990)，并强调人力资本的合作效率，人力资本只有通过资源共享、协作和发挥团队精神才能得到充分释放(Alchian & Demsetz,1972)。组织配置具有胜任能力和积极态度的人员做合适工作，能促使企业共享与整合多源的知识(Scarbrough,2003)。Sveiby 和 Simons(2002)研究认为员工的教育水平及经验可影响知识共享的有效性。由此，笔者提出：

假设 1：团队成员人力资本对知识共享有显著正向影响。

假设 1a：团队成员通用人力资本对知识共享有显著正向影响。

假设 1b：团队成员专门人力资本对知识共享有显著正向影响。

社会连带被看作是人际关系的过程和结构，其可以为了双方的利益促进或阻碍资源的运用(Coleman,1990;Putnam,1993)，研究者通常区分为两种广泛的有时相互重叠的社会连带：工具连带(Instrumental ties)与情感连带(Expressive ties)(Ibarra,1993;Lincoln & Miller,1979)。工具连带是指工作

相关建议连带,涉及一个人完成工作任务所必需的收集信息、建议和资源,这对有效完成任务至关重要,工具连带源于正式关系(如:领导—下属、成员—成员关系),交换的内容主要是与完成工作相关的信息或知识。情感连带反映的是友谊,充满感情,这种连带是重要的表达社会支持和价值观的通道(Ibarra,1993;Lincolon & Miller,1979)。总的来说,情感连带是基于规范和感情,而工具连带是基于信息和认知。情感连带和工具连带并不相斥,往往在这两种连带之间存在重叠(Borgatti & Foster,2003)。一种连带可能导致另一种连带,因为工作提供距离上的接近及交流的机会,这些对友谊的发展很重要,但是,这两种连带仍有区别,不是所有同事都是朋友,反之亦然(Balkundi & Harrison,2006)。

工具连带强调成员间以完成工作任务为目标的互动,在多数成员之间均有互动的团队(如高密度团队)中,成员间会有更高层次的信息共享与合作,这对成功完成任务是必要的;相反,在多数成员之间少有互动的团队(如低密度团队)中,成员间可能不愿去交换工作相关的重要的想法或隐性知识(Hansen,1999)。Tsai 和 Ghoshal(1998)认为组织内事业部之间的社会互动淡化组织边界,从而使事业部之间有更多的资源交换机会。Dyer 和 Nobeoka(2000)发现,Toyota 公司通过与供应商建立强连带可以快速地与对方交换和分享有价知识。相对弱连带来说,强连带更有利于主体间分享精细化的和深层次的知识,原因在于高频率的社会互动为主体提供更多的认识和接触独有知识的机会(Kang et al.,2003)。其次,情感连带与知识共享相关,Ring 和 Van de Ven(1992)认为与交换伙伴的社会互动会提高对对方能力的信任以及可靠性方面的满意度,从而产生高频率和广泛的信息交流。如果网络成员互相信任,那么一方就不会感到需要保护自己以避免他人的机会主义行为,并相信对方有能力为其提供有价值的知识。Kogut 和 Zander(1992)认为只有在网络中涉及实体间互相信任的情况下,隐性知识的转移和共享才是可行的。Lin(2007)研究显示高层管理支持能显著地积极影响知识共享过程。由此,笔者提出:

假设2:团队成员社会连带对知识共享有显著正向影响。

假设 2a：团队成员工具连带对知识共享有显著正向影响。

假设 2b：团队成员情感连带对知识共享有显著正向影响。

4.2.2　成员人力资本、社会连带与创造力

专门人力资本体现特定领域的知识，往往能够有效地在特定的领域获取和吸收新的深层次的知识（Brown & Duguid,1991）。个体只有对该领域有足够的了解才能从事创造性工作（Weisberg,1999）。也就是说，如果对某领域的规则和现状的构成缺乏必要的经验和知识，个体表现出创造性是非常困难的。通用人力资本不是针对特定领域，而是定位于多个知识领域，在决策中，通用人力资本往往产生更多元化的思维模式和低认知冲突，能对问题和情况作出不同解释。通用人力资本为个体提供了掌握各种经验、观点和知识基础的机会，强化了个体利用实验和发散式地解决问题的能力，提高个体的认知水平，从而使他们更可能采用多种视角和更复杂的模型（Perkins,1986）。通用人力资本不仅可提供不同知识应对替代的任务，而且对未来发现、理解、合并与应用新知识具有潜在的适应能力（Shane,2000）。Marvel 和 Lumpkin（2007）发现，科技创业者的正规教育水平与相关工作经验均对基础创新有积极的显著影响。Simonton（1999）认为当个体拥有更多领域相关的专门知识，能够通过增加的个人能力提出新的解决方案，提高创新绩效。对营销研究文献的元分析发现，拥有更多市场环境专门知识的产品经理能提出更多创造性营销计划（Andrews & Smith,1996）。由此，笔者提出：

假设 3：团队成员人力资本对创造力有显著正向影响。

假设 3a：团队成员通用人力资本对创造力有显著正向影响。

假设 3b：团队成员专门人力资本对创造力有显著正向影响。

团队成员间的社会连带与创造力相关。首先，为了完成团队任务，个体需要与同事保持紧密联系（工具连带）。团队成员间的互动可引发创新行为，如成员间一起分享、扩大、批评/过滤各种想法，这种成员间的互动行为会激励个人产生创新性想法（Pirola-Merlo & Mann,2004）。Shalley（1995）运用实验室

研究方法,比较处于独立工作状态和参与合作状态的两类不同个体之间存在个体创新绩效差异,发现团队成员的交流互动会提高个体创新水平。其次,友谊是同事间相互信任的另一个因素(情感连带),友谊和社会支持是情感连带的核心要素(Manev & Stevenson,2001),个体更可能相信朋友般的同事会给予支持,因此,情感连带影响同事间的信任。换言之,个体与同事间亲密的友谊构建一个子群体,相互之间更可能产生信任,并通过同事之间的情感交互,即:情感连带正向影响同事之间的信任(Lin,2007)。信任可使环境更开放、支持、宽容、少敌意(West & Anderson,1996;Carnevale & Probst,1998),信任使团队成员拥有更多自由,往往触发想法,并减轻冲突,所有这些元素将有利于产生高水平的创造力。由此,笔者提出:

假设4:团队成员社会连带对创造力有显著正向影响。

假设4a:团队成员工具连带对创造力有显著正向影响。

假设4b:团队成员情感连带对创造力有显著正向影响。

4.2.3 成员知识共享的中介效应

组织转换与利用知识的能力决定组织创新水平,如何增强问题的快速解决能力与对新信息的快速反应能力,一些学者强调组织知识共享对于提高组织创新能力的重要性(Lin,2006),Cohen 和 Levinthal(1990)与 Tsai(2001)明确地把知识共享作为知识创造的一个关键的前提,Lin(2007)研究中知识共享分为两个维度:知识供应与知识收集,结果显示知识供应与知识收集均可促进组织的创新能力。

设立人力资本的激励机制,有利于知识共享行为的发生,继而影响组织绩效(Huselid,1995)。Chen 和 Huang(2009)研究发现知识管理能力对战略人力资源实践与创新绩效之间关系具有中介作用。Panteli 和 Sockalingam(2005)认为,信任关系是组织间知识共享过程的核心,伙伴企业间缺乏必要的信任,将无法完成预期的创新绩效目标。Inkpen 和 Tsang(2005)指出,组织网络关系有助于促进组织间的知识共享和信息交流,有利于开发和吸收新技

术,获得更高创新绩效。此外,在探讨社会资本功能时,不论是 Nahapiet 和 Ghoshal(1998)的理论模型还是 Tsai 和 Ghoshal(1998)的实证研究,均以资源交换为中介,知识资源的交换(知识共享)是"资源交换"的具体表现。由此,笔者提出:

假设 5:团队成员人力资本通过知识共享显著影响创造力。

假设 5a:团队成员通用人力资本通过知识共享显著影响创造力。

假设 5b:团队成员专门人力资本通过知识共享显著影响创造力。

假设 6:团队成员社会连带通过知识共享显著影响创造力。

假设 6a:团队成员工具连带通过知识共享显著影响创造力。

假设 6b:团队成员情感连带通过知识共享显著影响创造力。

4.2.4　团队错误中学习的跨层直接及调节效应

Edmondson(1996,2004,2011)是较早研究从错误或失败中学习的学者,她认为组织并不善于从错误或失败中总结经验,虽然从错误中学习是明智之举。过去 20 年中,作者研究了医药、电信、航空航天、金融与建筑等多个行业的组织,发现组织花费了大量的时间对所犯的错误和失败做评估和分析,但并没有给组织带来实质性的变化,根本原因在于管理者对失败缺乏正确的认识。许多高管认为错误或失败总是坏事,并认为从错误中总结经验很简单,但 Edmondson 认为首先错误或失败并不总是坏事,其次吸取失败的经验教训对组织而言并非易事。大多数组织对差错或失败缺乏正确的态度和足够的重视,并且行为消极,无法察觉和分析失败的原因。组织需要采取新的有效的方法从错误或失败中学习,积极吸取经验教训。例如:Edmondson 在 1996 年对一些医院的医疗错误和事故情况进行了研究,发现在护士是否愿意报告医疗错误和事故这一点上,不同护理部门之间存在很大的差别。发现差异的原因在于中层管理人员对于错误的态度,他们是否鼓励开诚布公地讨论错误和事故并从中学习获取经验教训,是否欢迎他人提出疑问,是否表现谦虚和渴望学习知识。各类组织都存在这一问题,即:组织或团队是否具有鼓励从错误中学习

的氛围或文化(Edmondson,2011)。

如果希望员工发现错误并从错误中学习,领导者就必须营造从错误中学习的团队氛围,即:一个鼓励员工直言的环境、发现并指出已有或即将出现的错误,并从错误中学习(Edmondson,2011)。Tjosvold 等人(2004)在团队层次研究了错误中学习,提出如果团队聚焦于解决问题和合作目标,那么团队应从自己的错误中进行有效地学习。并认为团队从错误中学习可为解决现有问题提供重要信息,成员及时吸取教训以减少不必要的失误,团队可有效纠正大多数错误并改进团队工作。

错误中学习对知识共享及创造力都有直接影响。经验式学习被认为是组织及其成员从错误中学习的一个有用和有效的方式(Carter & West,1998;Tjosvold et al.,2004)。Arygris 和 Schon(1996)认为基于问题解决的方法能够促进错误的彻底反思和开放性学习,开放性的价值观、真正的责任、互相的影响有利于知识共享与接受,有关错误的反馈交流反过来促进了学习,进而充分认识问题和开发高质量的解决方案。West(1996)认为从经验或错误中学习是反思活动的目的,反思活动帮助成员发现目前的工作方法可能由于环境的变化已经过时,有利于开发新的工作方法。Edmondson (1996)发现,卫生保健组成员认为心理安全有利于公开讨论用药错误,能够从错误中学习、识别错误的原因,并开发可行的创新以减少其错误的重现。

一些研究表明人力资本、社会连带与错误中学习密切相关。专门人力资本是深层次的专业知识,有利于组织学习,对拓展性学习的影响更为明显(Brown & Duguid,1991)。通用人力资本对探索性学习的影响更明显(Shane,2000)。Carmeli(2007)以以色列的企业为样本,研究发现社会资本与错误中学习行为呈正相关关系。同样,Tjosvold 等(2004)发现错误中学习与合作目标的积极关系,在团队中,成员为实现目标而相互合作,能更大程度地从错误中学习。

Amabile(1988,1996)和 Woodman(1993)等学者的理论研究为描述促进或抑制员工创造力的各种相关变量提供了基本的理论框架。尽管这些模型并

没有明确定义特定的情景因素,但是它们为阐述工作情景对员工创造力起到重要作用的原因提供了理论基础。基于这些模型,许多学者已经在一定程度上将情景纳入创造力研究的范畴(如 Drazin et al.,1999;Mumford,2000;Mumford et al.,2002;Oldham & Cummings,1996;Shalley et al.,2000)。Shalley 和 Gilson(2004)的研究中强调一个观点,即:虽然创造力存在个体差异,但是社会和情境因素能够激发创造性活动的表现及实施。领导者要关注如何影响工作环境中的社会和情境因素,从而更激发个体的创造力,这对拥有大量的具有创造性欲望的员工的管理者特别有效。为了这个目的,管理者需要确保员工受到良好培训,从而使他们不仅具备完成本职工作的基本技能,而且具有知识的深度和广度,鼓励他们保持对工作的其他方案、选择或方式的好奇。

将团队学习行为作为一个团队情境因素,Hirst 等(2009)的研究表明团队学习行为跨层调节员工目标导向与创造力之间的关系,并认为可扩展他的研究,进一步推进探讨已被证明与创造力有关的个体差异。人力资本、社会连带与创造力的关系在一些情境下已被少数学者研究,而人力资本、社会连带与错误中学习的关系前面也已阐述,因此,在上述讨论的基础上,将错误中学习作为本研究中团队工作情境变量,并认为:高学历者具有更高的错误中学习的能力,有经验的人更懂得错误中学习的重要意义,当团队错误中学习氛围高时,激发具有高人力资本的个体从错误中学习,有利于知识共享及其创造力的提升;当团队错误中学习氛围高时,社会连带中所嵌入的资源会被激活,有助于个体从错误中学习,即:通过员工互动交流及高度信任,寻求产生错误或失败的原因,学习新的知识,通过知识共享及整合,提出新方法和新思想。由此,笔者提出:

假设 7:团队错误中学习对成员知识共享具有跨层次直接正向影响。

假设 8:团队错误中学习对成员创造力具有跨层次直接正向影响。

假设 9:错误中学习跨层次正向调节成员人力资本与知识共享之间关系。较高的团队错误中学习可以增强成员人力资本对知识共享的正向影响。

假设 9a:错误中学习跨层次正向调节成员通用人力资本与知识共享之间关系。

假设 9b:错误中学习跨层次正向调节成员专门人力资本与知识共享之间关系。

假设 10:错误中学习跨层次正向调节成员社会连带与知识共享之间关系;较高的团队错误中学习可以增强成员社会连带对知识共享的正向影响。

假设 10a:错误中学习跨层次正向调节成员工具性连带与知识共享之间关系。

假设 10b:错误中学习跨层次正向调节成员情感性连带与知识共享之间关系。

假设 11:错误中学习跨层次正向调节成员人力资本与创造力之间关系;较高的团队错误中学习可以增强成员人力资本对创造力的正向影响。

假设 11a:错误中学习跨层次正向调节成员通用人力资本与创造力之间关系。

假设 11b:错误中学习跨层次正向调节成员专门人力资本与创造力之间关系。

假设 12:错误中学习跨层次正向调节成员社会连带与创造力之间关系;较高的团队错误中学习可以增强成员社会连带对创造力的正向影响。

假设 12a:错误中学习跨层次正向调节成员工具性连带与创造力之间关系。

假设 12b:错误中学习跨层次正向调节成员情感性连带与创造力之间关系。

4.3 研究方法

4.3.1 研究工具

本章研究模型涉及变量分别是:成员人力资本(通用人力资本与专门人力资本)、成员社会连带(工具连带与情感连带)、知识共享、成员创造力与团队错

误中学习。其中,除了成员人力资本直接测量外,其他几个变量所采用的测量量表如下:

人力资本参考 Hitt 等(2001)及 Zarutskie(2010)的研究,分为两个维度,通用人力资本是以个体所接受的正规教育程度来衡量,教育程度分为大专、本科、硕士、博士 4 个等级分值;专门人力资本是以个体在专业领域内的实际工作年限来衡量。

社会连带采用 Chen 和 Peng(2008)的研究,分为两个维度:工具连带和情感连带,由个人自评。工具连带的测量有 5 个条目,代表性条目如:"我们在工作中相互支持"。情感连带的测量有 4 个条目,代表性条目如:"我们相互信任"。每个条目采用 1～5 的等级分值,1——非常不同意,2——不同意,3——不确定,4——同意,5——非常同意。

知识共享参考郑仁伟、黎士群(2001)的问卷,共有 10 个测量条目,由个人自评。代表性条目如:"成员会尽量为同事提供其所需的资料、文件等",每个条目采用 1～5 的等级分值,1——非常不同意,2——不同意,3——不确定,4——同意,5——非常同意。

创造力变量的设计主要参考 Zhou 和 George(2001)的研究,共 8 个条目,由团队主管给予评分,代表性条目如:"他/她能提出达成目标的新方法",每个条目采用 1～5 的等级分值,1——非常不同意,2——不同意,3——不确定,4——同意,5——非常同意。

团队错误中学习的测量参考 Tjosvold 等(2004)的研究,共 6 个条目,每个条目得分等于团队成员评分的平均值。代表性条目如:"错误对改进团队工作很有用",每个条目采用 1～5 的等级分值,1——非常不同意,2——不同意,3——不确定,4——同意,5——非常同意。

为了减少数据资料来源的相同而产生的同源误差问题,本研究采用套问卷的形式,即:将问卷分为团队主管问卷与团队成员问卷,同时注意匹配主管与成员问卷数据。其中,个体人力资本、个体社会连带、知识共享、团队错误中学习由团队成员自评,然后聚合到团队层次,而个体创造力则由团队主管评

分。本章研究中各测量量表的特征汇总如表4—1所示。

表4—1　　　　　　　　　本章研究中变量测量特征汇总

变量	维度	条目数	变量层次	评分人	数据处理方式
个体 人力资本	通用人力资本	客观数据	个体	团队成员	直接测量
	专门人力资本	客观数据	个体	团队成员	直接测量
个体 社会连带	情感连带	4	个体	团队成员	直接测量
	工具连带	5	个体	团队成员	直接测量
知识共享		10	个体	团队成员	直接测量
个体创造力		8	个体	团队主管	直接测量
从错误中学习		6	团队	团队成员	团队聚合

4.3.2　研究样本

研究来自多家高新技术企业或研究院的151个研发团队,配对数据有151个有效团队资料,共包括585名成员问卷,团队规模的在2～7人。

4.3.3　统计分析

传统的线性模型,例如,方差分析(ANOVA)或回归分析,只能为涉及一层的数据问题进行分析,而不能对涉及两层或多层嵌套数据的问题进行综合分析。而本章研究中,更为重要的和令人感兴趣的正是团队层变量对个体层次变量之间关系的调节作用问题,因此,涉及两层数据的研究问题不能采用传统的统计方法加以解决。HLM(多层线性模型,Hierarchical Linear Modeling)则提供了解决这些问题的统计方法,能够很好地分析嵌套性质的数据。本研究采用HLM统计分析方法,将研发人员作为第一层次,将团队作为第二层次,目的在于考察团队错误中学习对于成员知识共享与创造力的影响以及对个体层次预测变量与知识共享与创造力之间关系的跨层调节作用。

4.4　结果分析

4.4.1　测量问卷的信度与效度检验

信度与效度分析。结果如表 3－9 与表 3－10 所示，首先，社会连带的 α 系数为 0.855，工具连带与情感连带的 α 系数分别为 0.835 与 0.787。知识共享、创造力与团队错误中学习的 α 系数分别为 0.901、0.919 与 0.933，所有变量的 α 系数均在 0.7 以上，说明量表具有良好的信度。社会连带的两个变量的组合信度（Composite Reliability）分别是 0.735、0.847，都大于 0.6，知识共享、创造力与团队错误中学习三个变量的组合信度分别是 0.924、0.926、0.936，也都大于 0.6，表明五个潜变量具有较高的内部一致性，社会连带两因子模型与其他三个测量模型的内在质量理想。其次，在信度分析的同时，进行效度分析。根据 Fornell 和 Larcker（1981）的建议进行收敛效度（Convergent Validity）与区分效度（Discriminant Validity）的检验。社会连带两因子的平均方差抽取量（Average Variance Extracted，AVE）分别是 0.419 与 0.530，知识共享、创造力与团队错误中学习的 AVE 分别是 0.550，0.610，0.712，除了工具连带的 AVE 略小于 0.500，其他变量均大于 0.500，表示量表具有较好的收敛效度。从表 4－2 可看出所有潜变量之间的相关系数小于对角线上 AVE 的平方根，表明六个潜变量之间具有良好的区分效度。

验证性因子分析显示，社会连带两维度结构模型拟合指数（$\chi^2 = 67.413$，$df = 24$，$\chi^2/df = 2.809$，$RMSEA = .056$，$CFI = .980$，$TLI = .971$）、知识共享测量模型拟合指数（$\chi^2 = 60.662$，$df = 22$，$\chi^2/df = 2.757$，$RMSEA = .055$，$CFI = .986$，$TLI = .971$）、个体创造力测量模型拟合指数（$\chi^2 = 58.144$，$df = 20$，$\chi^2/df = 2.907$，$RMSEA = .057$，$CFI = .986$，$TLI = .975$）均较好。

团队层次变量的聚合。团队错误中学习被定义为团队层次的变量，需要通过聚合个体层次测量，使之成为描述团队特征的指标，在聚合过程中 Rwg

为 0.863,表明具有较高的组内一致度,ICC(1)为 0.381,高于组织管理研究中 ICC(1)的中值 0.12,表明不同团队间具有足够的变异量,ICC(2)= 0.705,大于 0.7,表明具有较好的团队平均信度。

4.4.2 描述性统计分析

本章研究变量的均值、标准差和相关系数如表 4−2 所示。结果表明,人力资本两维度之间不存在显著相关,即教育程度与专业领域工作经验不存在显著共享。社会连带两维度之间($r=0.545,p<0.01$)存在显著相关。而团队错误中学习仅与工具连带($r=0.099,p<0.05$)显著相关。同时,通用人力资本、专门人力资本、情感连带、工具连带($r=0.199,p<0.01;r=0.221,p<0.01;r=0.401,p<0.01;r=0.423,p<0.01$)均与知识共享显著相关,通用人力资本、专门人力资本、情感连带、工具连带、知识共享($r=0.220,p<0.01;r=0.218,p<0.01;r=0.372,p<0.01;r=0.388,p<0.01;r=0.586,p<0.01$)均与创造力显著相关。

表 4−2 研究变量的均值、标准差、相关系数

变量	均值	标准差	1	2	3	4	5	6	7
1.通用人力资本	2.691	.615							
2.专门人力资本	6.352	6.652	−.219**						
3.情感连带	4.079	.524	.210**	.102*	(.647)				
4.工具连带	3.517	.638	.209**	.137**	.545**	(.728)			
5.知识共享	3.881	.547	.199**	.221**	.401**	.423**	(.742)		
6.创造力	3.764	.615	.220**	.218**	.372**	.388**	.586**	(.781)	
7.团队错误中学习	3.975	.902	.035	−.046	.049	.099*	.057	.039	(.844)

注:** 为小于 0.01 显著性水平,* 为小于 0.05 显著性水平(双尾);对角线括号内为各变量 AVE 的平方根。

4.4.3 假设检验结果

研究采用 HLM 创建两层次线性模型,添加个体层次变量时,使用总平均

数中心化(Grand-mean Centered),而团队层次的变量添加不要中心化以减少可能的多重共线性问题(Hofmann & Gavin,1998)。为了检验本文提出的假设,执行第一步,建立没有预测变量的零模型;第二步,零模型中引入个体层次变量,建立随机效应回归模型;第三步:引入团队层次变量;第四步,引入交互项进入多层模型。

1. 零模型检验结果

由于本文假设个体层次的员工知识共享、创造力两个变量可有个体层次与团队层次的变量来预测,所以必须检验员工知识共享、创造力在个体层次与团队层次上均有变异存在。因此,第一步要将知识共享、创造力的方差分成组内方差与组间方差。

(1)构建预测知识共享的零模型,方程如下:

个体层次:知识共享 $= \beta_{0j} + r_{ij}$

其中,组内方差 $Var(r_{ij}) = \sigma^2$

团队层次:$\beta_{0j} = \gamma_{00} + \mu_{0j}$

其中,组间方差 $Var(\mu_{0j}) = \tau_{00}$

零模型检验知识共享组间方差的显著性水平,如表4—3与表4—5中模型1数据显示:知识共享的组内方差 σ^2 为 0.264,组间方差 τ_{00} 为 0.036,χ^2 检验结果显示此组间方差显著($\chi^2(150) = 229.478$,$p < 0.01$)。跨级相关系数 ICC1(Intraclass Correlation Coefficient)$= \tau_{00}/(\sigma^2 + \tau_{00}) = 0.12$,即知识共享的方差有 12% 是来自于组间差异方差,而 88% 是来自于组内方差。

表 4—3　　　　　　　　预测知识共享的零模型检验结果

	回归系数	标准误	T检验	方差成分	自由度	χ^2 检验
零模型	3.882	0.026	147.640**	0.036	150	229.478**
截距				0.264		

注:** 为小于 0.01 显著性水平。

(2)构建预测创造力的零模型,方程如下:

个体层次：创造力 $= \beta_{0j} + r_{ij}$

团队层次：$\beta_{0j} = \gamma_{00} + \mu_{0j}$

建立零模型检验创造力组间方差的显著性水平，表4—4与表4—6中模型5数据显示：创造力的组内方差 σ^2 为0.271，组间方差 τ_{00} 为0.105，χ^2 检验结果显示此组间方差显著（$\chi^2(150) = 377.380$，$p < 0.01$）。ICC1 = 0.279，即个体创造力的方差有27.9%是来自于组间差异方差，而72.1%是来自于组内方差。

表4—4 预测创造力的零模型检验结果

	回归系数	标准误	T检验	方差成分	自由度	χ^2 检验
零模型	3.774	0.034	110.291**	0.105	150	377.380**
截距				0.271		

注：** 为小于0.01显著性水平。

2. 个体层次检验结果

第二步构建随机效应回归模型。针对个体层面的变量进行分析，不包括团队层面的变量，然后根据个体层面变量分析的显著性检验结果，确定个体层面的变量在团队层面上差异是否显著。如果差异显著，则需要根据差异来选择合适的团队层面上的变量作为自变量建立模型，做进一步分析。如果所有个体层面变量在团队层面上差异都不显著，则建构完整模型就没有意义了。

（1）成员人力资本、社会连带与知识共享的关系

为了检验假设1和2，在零模型1的基础上构建随机效应回归模型，添加个体层次变量：通用人力资本、专门人力资本、工具连带与情感连带。模型方程如下：

个体层次：知识共享 $= \beta_{0j} + \beta_{1j} *$ 通用人力资本 $+ \beta_{2j} *$ 专门人力资本 $+ \beta_{3j} *$ 工具连带 $+ \beta_{4j}$ 情感连带 $+ r_{ij}$

团队层次：$\beta_{0j} = \gamma_{00} + \mu_{0j}$

$\beta_{1j} = \gamma_{10} + \mu_{1j}$

$$\beta_{2j} = \gamma_{20} + \mu_{2j}$$

$$\beta_{3j} = \gamma_{30} + \mu_{3j}$$

$$\beta_{4j} = \gamma_{40} + \mu_{4j}$$

分析结果如表 4—5 中模型 2 所示。其中,通用人力资本、专门人力资本对知识共享均有显著的正向影响($\gamma_{10} = 0.145$,p<0.01;$\gamma_{20} = 0.018$,p<0.01),工具连带和情感连带对知识共享的影响也均为正向显著($\gamma_{30} = 0.212$,p<0.01;$\gamma_{40} = 0.189$,p<0.01),假设 3 和 4 均得到支持。在个体层次方程中加入四个自变量后,组内方差减少的程度来计算 $R^2_{组内} = 0.386$,表示知识共享的组内方差有多大程度可被通用人力资本、专门人力资本、工具连带、情感连带所解释。此外,χ^2 检验结果表明,个体层次的四个自变量的回归系数在团队之间均存在明显变异($\chi^2(29) = 54.171$,p<0.01;$\chi^2(29) = 54.826$,p<0.01;$\chi^2(29) = 43.181$,p<0.01;$\chi^2(29) = 76.724$,p<0.01),说明进一步多层次分析的必要性。

表 4—5　　　　　　　　预测知识共享的多层次线性模型分析结果

变　量	知识共享			
	模型 1	模型 2	模型 3	模型 4
个体层次				
截距 γ_{00}	3.882** (0.026)	3.880** (0.021)	3.620** (0.106)	3.631** (0.113)
通用人力资本 γ_{10}		0.145** (0.034)	0.146** (0.034)	−0.286 (0.232)
专门人力资本 γ_{20}		0.018** (0.003)	0.018** (0.003)	−0.036 (0.020)
工具连带 γ_{30}		0.212** (0.049)	0.212** (0.049)	−0.606* (0.301)
情感连带 γ_{40}		0.189** (0.039)	0.181** (0.039)	0.420* (0.203)
团队层次				

续表

变　量	知识共享			
	模型 1	模型 2	模型 3	模型 4
错误中学习 γ_{01}			0.065* (0.027)	0.062* (0.028)
跨层次				
通用人力资本 X 错误中学习 γ_{11}				0.106 (0.058)
专门人力资本 X 错误中学习 γ_{21}				0.014** (0.005)
工具连带 X 错误中学习 γ_{31}				0.204** (0.076)
情感连带 X 错误中学习 γ_{41}				−0.061 (0.054)
组内方差 σ^2	0.264	0.162	0.161	0.159
组间方差 τ_{00}	0.036	0.020	0.020	0.022
$R^2_{组内}$		0.386	0.390	0.398
$R^2_{组间}$			0.444	0.389
$R^2_{总}$			0.396	0.397
Deviance	947.438	771.789	770.882	777.122

注:* 为 $p<0.05$,** 为 $p<0.01$;括号内数据为标准误(standard errors)。

（2）成员人力资本、社会连带与创造力的关系

为了检验假设 3 和 4,在零模型 5 的基础上构建随机效应回归模型,添加个体层次变量:通用人力资本、专门人力资本、工具连带与情感连带。模型方程如下:

个体层次:创造力＝β_{0j}＋β_{1j} * 通用人力资本＋β_{2j} * 专门人力资本＋β_{3j} * 工具连带＋β_{4j} * 情感连带＋r_{ij}

团队层次:$\beta_{0j}=\gamma_{00}+\mu_{0j}$

$\beta_{1j}=\gamma_{10}+\mu_{1j}$

$$\beta_{2j} = \gamma_{20} + \mu_{2j}$$

$$\beta_{3j} = \gamma_{30} + \mu_{3j}$$

$$\beta_{4j} = \gamma_{40} + \mu_{4j}$$

分析结果如表 4－6 中模型 6 所示。其中,通用人力资本、专门人力资本对创造力均有显著的正向影响($\gamma_{10} = 0.152$,p<0.01;$\gamma_{20} = 0.017$,p<0.01),假设 1a 和 1b 均得到支持。工具连带和情感连带对创造力的影响也均为正向显著($\gamma_{30} = 0.229$,p<0.01;$\gamma_{40} = 0.171$,p<0.01),假设 2a 和 2b 均得到支持。在个体层次方程中加入四个自变量后,组内方差减少的程度来计算 $R^2_{组内} = 0.428$,表示创造力的组内方差有多大程度可被通用人力资本、专门人力资本、工具连带、情感连带所解释。此外,χ^2 检验结果表明,个体层次的四个自变量的回归系数在团队之间均存在着明显变异($\chi^2(29) = 60.230$,p<0.01;$\chi^2(29) = 54.596$,p<0.01;$\chi^2(29) = 58.192$,p<0.01;$\chi^2(29) = 59.796$,p<0.01),说明进一步多层次分析的必要性。

表 4－6　　　　　　预测成员创造力的多层次线性模型分析结果

变　量	创造力				
	模型 5	模型 6	模型 7	模型 8	模型 9
个体层次					
截距 γ_{00}	3.774** (0.034)	3.778** (0.031)	3.795** (0.027)	3.460** (0.156)	3.518** (0.155)
通用人力资本 γ_{10}		0.152** (0.037)	0.079* (0.031)	0.157** (0.037)	−0.561* (0.245)
专门人力资本 γ_{20}		0.017** (0.003)	0.008* (0.003)	0.017** (0.003)	−0.033* (0.013)
工具连带 γ_{30}		0.229** (0.051)	0.120* (0.049)	0.225** (0.051)	−0.286 (0.228)
情感连带 γ_{40}		0.171** (0.043)	0.107** (0.039)	0.168** (0.043)	−0.339 (0.183)
知识共享 γ_{50}			0.481** (0.052)		

续表

变　量	创造力				
	模型 5	模型 6	模型 7	模型 8	模型 9
团队层次					
错误中学习 γ_{01}				0.080*	0.063
				(0.039)	(0.038)
跨层次					
通用人力资本 X 错误中学习 γ_{11}					0.178**
					(0.061)
专门人力资本 X 错误中学习 γ_{21}					0.012**
					(0.003)
工具连带 X 错误中学习 γ_{31}					0.130*
					(0.061)
情感连带 X 错误中学习 γ_{41}					0.124*
					(0.049)
组内方差 σ^2	0.271	0.155		0.156	0.156
组间方差 τ_{00}	0.105	0.093		0.092	0.092
$R^2_{组内}$		0.428		0.424	0.424
$R^2_{组间}$				0.114.	0.114
$R^2_{总}$				0.338	0.338
Deviance	1 037.076	864.563	696.991	864.365	857.492

注：* 为 $p<0.05$，** 为 $p<0.01$；括号内数据为标准误（standard errors）。

（3）知识共享中介效应检验

为了检验假设 5 和 6，在表 4—6 中模型 6 的基础上加入知识共享如模型 7 所示，方程如下：

个体层次：创造力＝β_{0j}＋β_{1j} * 通用人力资本＋β_{2j} * 专门人力资本＋β_{3j} * 工具连带＋β_{4j} * 情感连带＋β_{5j} * 知识共享＋r_{ij}

团队层次：$\beta_{0j} = \gamma_{00} + \mu_{0j}$

$\beta_{1j} = \gamma_{10} + \mu_{1j}$

$\beta_{2j} = \gamma_{20} + \mu_{2j}$

$$\beta_{3j} = \gamma_{30} + \mu_{3j}$$

$$\beta_{4j} = \gamma_{40} + \mu_{4j}$$

$$\beta_{5j} = \gamma_{50} + \mu_{5j}$$

中介效应的检验,本文按照 Baron 和 Kenny(1986)的方法,具体步骤为:①自变量(通用人力资本、专门人力资本、工具连带、情感连带)与因变量(成员创造力)显著相关,此步骤也已得到支持(因假设 1 和 2 已得到验证)。②自变量与中介变量(知识共享)显著相关,此步骤已经得到支持(因假设 3 和 4 已得到验证)。③将自变量与中介变量同时进入回归方程,数据结果如表 4-6 中模型 7 所示,中介变量知识共享对因变量创造力($\gamma_{50}=0.481$,$p<0.01$)具有显著正向影响,而自变量通用人力资本、专门人力资本、工具连带、情感连带($\gamma_{10}=0.079$,$p<0.01$;$\gamma_{20}=0.008$,$p<0.01$;$\gamma_{30}=0.120$,$p<0.05$;$\gamma_{40}=0.107$,$p<0.01$)对因变量创造力的显著性均有下降,但仍为显著,所以知识共享部分中介人力资本、社会连带与创造力之间的关系,假设 5 和 6 得到部分支持。

3. 跨层次直接效应检验结果

(1)团队错误中学习与知识共享的关系

为了检验假设 7,将团队错误中学习加入到第二层模型中的以截距项作为结果变量的方程中,方程如下:

个体层次:知识共享$=\beta_{0j}+\beta_{1j}*$通用人力资本$+\beta_{2j}*$专门人力资本$+\beta_{3j}*$工具连带$+\beta_{4j}*$情感连带$+r_{ij}$

团队层次:$\beta_{0j}=\gamma_{00}+\gamma_{01}^{*}$团队错误中学习$+\mu_{0j}$

$$\beta_{1j} = \gamma_{10} + \mu_{1j}$$

$$\beta_{2j} = \gamma_{20} + \mu_{2j}$$

$$\beta_{3j} = \gamma_{30} + \mu_{3j}$$

$$\beta_{4j} = \gamma_{40} + \mu_{4j}$$

数据结果如表 4-5 中模型 3 所示,其中 γ_{01} 表示控制了个体层次中的四个自变量后,团队错误中学习与其成员知识共享之间关系的估计,$\gamma_{01}=0.065$,在 0.05 水平上达到了统计显著,表示团队错误中学习对其成员知识共

享具有跨层次正向显著影响,假设 7 得到了支持。

(2)团队错误中学习与创造力的关系

为了检验假设 8,同样将团队错误中学习加入到第二层模型中的以截距项作为结果变量的方程中,方程如下:

个体层次:创造力=β_{0j}+β_{1j} * 通用人力资本+β_{2j} * 专门人力资本+β_{3j} * 工具连带+β_{4j} * 情感连带+r_{ij}

团队层次:β_{0j}=γ_{00}+γ_{01} * 团队错误中学习+μ_{0j}

$$\beta_{1j}=\gamma_{10}+\mu_{1j}$$

$$\beta_{2j}=\gamma_{20}+\mu_{2j}$$

$$\beta_{3j}=\gamma_{30}+\mu_{3j}$$

$$\beta_{4j}=\gamma_{40}+\mu_{4j}$$

数据结果如表 4-6 中模型 8 所示。其中 γ_{01} 表示控制了个体层次中的四个自变量后,团队错误中学习与其成员创造力之间关系的估计,γ_{01}=0.080,在 0.05 水平上达到了统计显著,表示团队错误中学习对其成员创造力具有跨层次正向显著影响,假设 8 得到了支持。

4. 跨层次调节效应检验结果

(1)错误中学习对人力资本、社会连带与知识共享之间关系的跨层次调节

为了检验假设 9 和 10,建立预测知识共享的完整模型,方程如下所示:

个体层次:知识共享=β_{0j}+β_{1j} * 通用人力资本+β_{2j} * 专门人力资本+β_{3j} * 工具连带+β_{4j} * 情感连带+r_{ij}

团队层次:β_{0j}=γ_{00}+γ_{01} * 团队错误中学习+μ_{0j}

$$\beta_{1j}=\gamma_{10}+\gamma_{11} * 团队错误中学习+\mu_{1j}$$

$$\beta_{2j}=\gamma_{20}+\gamma_{21} * 团队错误中学习+\mu_{2j}$$

$$\beta_{3j}=\gamma_{30}+\gamma_{31} * 团队错误中学习+\mu_{3j}$$

$$\beta_{4j}=\gamma_{40}+\gamma_{41} * 团队错误中学习+\mu_{4j}$$

完整模型的混合(Mixed)方程如下:

知识共享=γ_{00}+γ_{01} * 团队错误中学习+γ_{10} * 通用人力资本+γ_{11} * 团

队错误中学习 * 通用人力资本＋γ_{20} * 专门人力资本＋γ_{21} * 团队错误中学习 * 专门人力资本＋γ_{30} * 工具连带＋γ_{31} * 团队错误中学习 * 工具连带＋γ_{40} * 情感连带 ＋γ_{41} * 团队错误中学习 * 情感连带＋μ_{0j}＋μ_{1j} * 通用人力资本＋μ_{2j} * 专门人力资本＋μ_{3j} * 工具连带＋μ_{4j} * 情感连带＋ r_{ij}

如表 4－5 中模型 4 数据结果所示,团队错误中学习对通用人力资本与知识共享之间关系的调节作用不显著,假设 9a 未得到支持,团队错误中学习正向调节专门人力资本与知识共享之间的关系($\gamma_{21}＝0.014$,p＜0.01),假设 9b 得到支持,调节作用如图 4－2 所示,专门人力资本与知识共享关系的斜率大一些,说明错误中学习氛围高的环境下,员工的专门人力资本越高其知识共享程度越高。错误中学习正向调节工具连带与知识共享之间的关系($\gamma_{31}＝0.204$,p＜0.01),假设 10a 得到支持,调节作用如图 4－3 所示。错误中学习对情感连带与知识共享之间关系的调节作用不显著,假设 10b 未得到支持。所以,假设 9 与 10 均只得到部分支持。完整模型对知识共享的方差解释度 $R^2_{总}$ 为 39.7％。

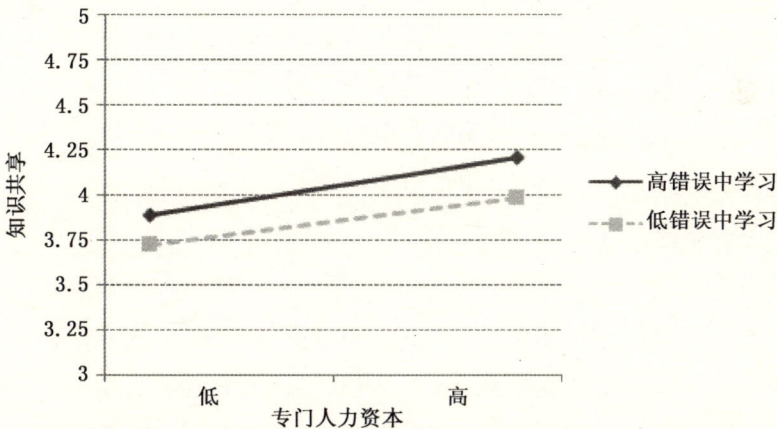

图 4－2　团队错误中学习对专门人力资本与知识共享关系的跨层次调节效应

(2)错误中学习对人力资本、社会连带与创造力之间关系的跨层次调节

为了检验假设 11 和 12,建立预测创造力的完整模型,方程如下所示:

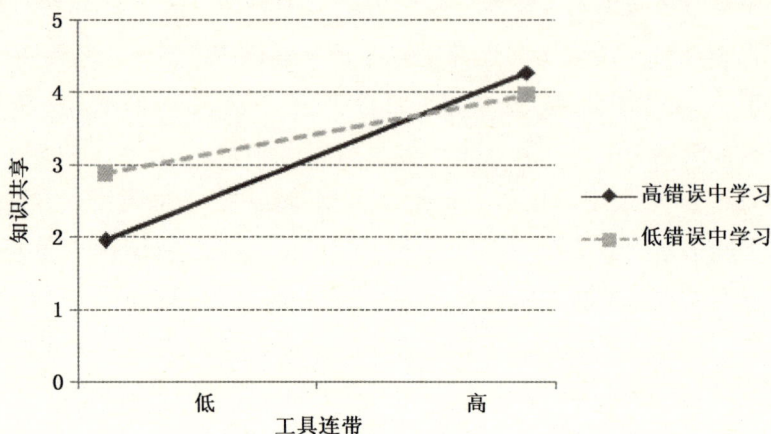

图 4—3　团队错误中学习对工具连带与知识共享关系的跨层次调节效应

个体层次：创造力 $= \beta_{0j} + \beta_{1j} *$ 通用人力资本 $+ \beta_{2j} *$ 专门人力资本 $+ \beta_{3j} *$ 工具连带 $+ \beta_{4j} *$ 情感连带 $+ r_{ij}$

团队层次：$\beta_{0j} = \gamma_{00} + \gamma_{01} *$ 团队错误中学习 $+ \mu_{0j}$

$\qquad \beta_{1j} = \gamma_{10} + \gamma_{11} *$ 团队错误中学习 $+ \mu_{1j}$

$\qquad \beta_{2j} = \gamma_{20} + \gamma_{21} *$ 团队错误中学习 $+ \mu_{2j}$

$\qquad \beta_{3j} = \gamma_{30} + \gamma_{31} *$ 团队错误中学习 $+ \mu_{3j}$

$\qquad \beta_{4j} = \gamma_{40} + \gamma_{41} *$ 团队错误中学习 $+ \mu_{4j}$

完整模型的混合（Mixed）方程如下：

创造力 $= \gamma_{00} + \gamma_{01} *$ 团队错误中学习 $+ \gamma_{10} *$ 通用人力资本 $+ \gamma_{11} *$ 团队错误中学习 $*$ 通用人力资本 $+ \gamma_{20} *$ 专门人力资本 $+ \gamma_{21} *$ 团队错误中学习 $*$ 专门人力资本 $+ \gamma_{30} *$ 工具连带 $+ \gamma_{31} *$ 团队错误中学习 $*$ 工具连带 $+ \gamma_{40} *$ 情感连带 $+ \gamma_{41} *$ 团队错误中学习 $*$ 情感连带 $+ \mu_{0j} + \mu_{1j} *$ 通用人力资本 $+ \mu_{2j} *$ 专门人力资本 $+ \mu_{3j} *$ 工具连带 $+ \mu_{4j} *$ 情感连带 $+ r_{ij}$

如表 4—6 中模型 9 数据结果所示，错误中学习分别正向调节通用人力资本、专门人力资本与创造力之间的关系（$\gamma_{11} = 0.178, p < 0.01 ; \gamma_{21} = 0.012, p <$

0.01)，假设 11 得到支持，调节作用如图 4－4 和图 4－5，表示在团队错误中学习氛围高的环境下，通用人力资本与专门人力资本对员工创造力的影响越大。

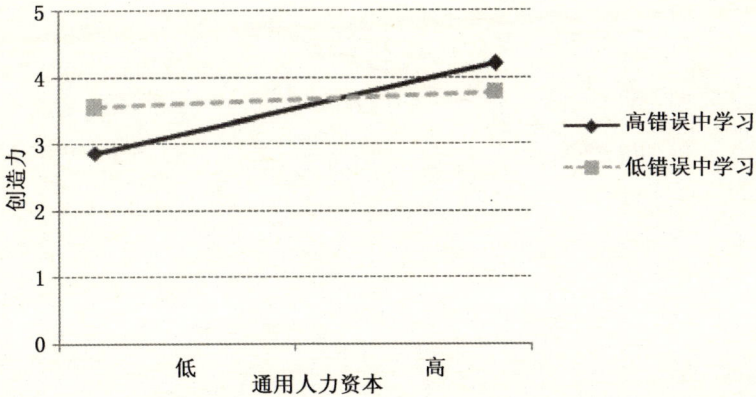

图 4－4　团队错误中学习对通用人力资本与创造力关系的跨层次调节效应

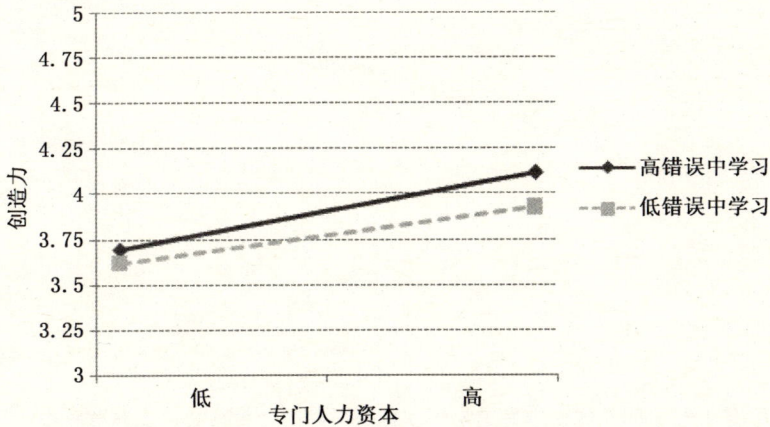

图 4－5　团队错误中学习对专门人力资本与创造力关系的跨层次调节效应

　　此外，错误中学习分别正向调节工具连带、情感连带与创造力之间的关系（$\gamma_{31} = 0.130$，$p < 0.05$；$\gamma_{41} = 0.124$，$p < 0.05$），假设 12 得到支持，调节作用如图 4－6 和图 4－7 所示，当存在高团队错误中学习时，成员社会连带与其创造力

之间的正相关会提高。完整模型对个体创造力的方差解释度 $R^2_\text{总}$ 为 33.8%。

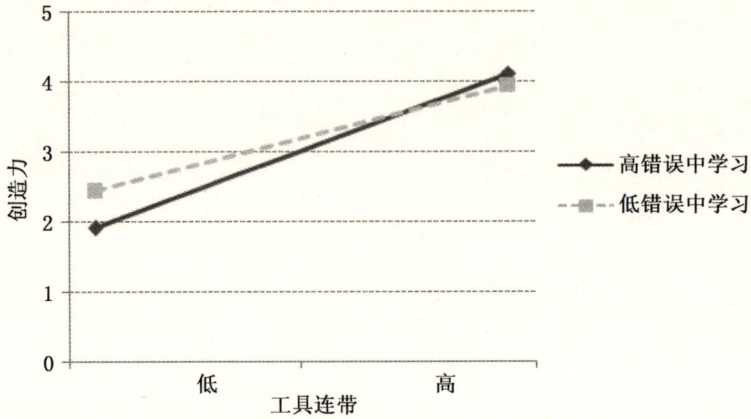

图 4—6　团队错误中学习对工具连带与创造力关系的跨层次调节效应

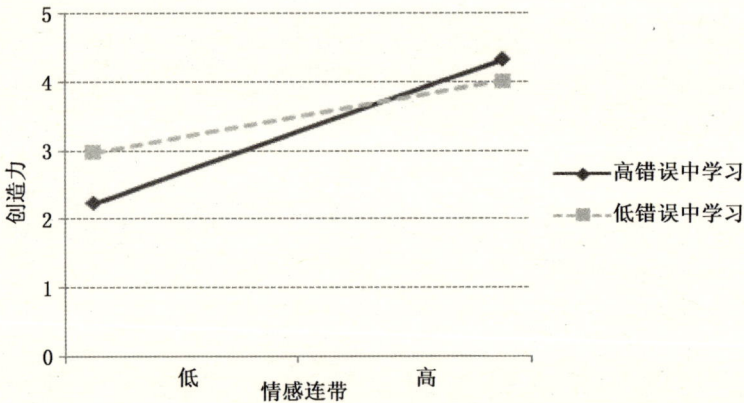

图 4—7　团队错误中学习对情感连带与创造力关系的跨层调节效应

4.5　本章总结

本研究基于经验学习理论,以 R&D 团队及其成员为研究对象,构建了多

层次研究模型,探讨错误中学习作为团队情境变量,对人力资本、社会连带对知识共享及创造力之间关系的跨层次影响。相较于传统回归分析,多层次分析 HLM 对嵌套数据结构的验证和分析更加合理和准确,主要研究结论如下:

1. 成员人力资本、社会资本对知识共享及创造力的影响

个体层次上通过检验成员人力资本与社会连带对知识共享及创造力的影响,本研究发现:①成员通用人力资本、专门人力资本对知识共享均有显著的正向影响,但影响程度略有不同,成员通用人力资本的影响作用较大,而专门人力资本较小。成员通用人力资本、专门人力资本对成员创造力均有显著的正向影响,其中,成员通用人力资本的影响作用略大。上述影响作用均在同一显著性水平上。人力资本理论假定具有更高质量人力资本的个体将获得更理想的结果(Becker,1964),本文结论也与 Marvel 和 Lumpkin(2007)的研究基本一致。②工具连带、情感连带对知识共享均有显著的正向影响。这表明:强调成员互动目的是为了完成工作任务,若成员交流互动增加,有利于个体间有价值的和深层次知识的共享,与 Hansen(1999)的研究基本一致。成员之间是好朋友或好同事,有共同的兴趣和爱好,信任会增加,在互动过程中更可能进行知识的转移和共享,符合 Kogut 和 Zander(1992)的研究。但是,工具连带、情感连带对知识共享的影响程度略有不同,以完成工作为目的的工具连带的影响略大。此外,工具连带、情感连带对创造力均有显著的正向影响。这表明:工具连带增加意味着团队工作中成员进行充分的沟通与互动,尊重他人观点,有利于增进彼此之间理解,共享更多信息和知识,促进创造力提升。情感连带的增加则意味着成员之间增进了友谊,相互支持且信任度提高,更加有利于隐性知识的共享,而隐性知识相对于显性知识更加有利于创造性思想和方法的产生。这一结论与 Lin(2007)研究工具连带和情感连带通过同事间的信任影响隐性知识共享的结论部分相同。但是,工具连带、情感连带对创造力的影响程度也略有不同,同样是以完成工作为目的的工具连带的影响略大。

2. 成员知识共享的中介效应

个体层次上,通过检验知识共享对成员人力资本、社会连带之间的关系。

本研究发现:知识共享部分中介成员通用人力资本、专门人力资本与成员创造力之间的关系,这表明:团队中成员的人力资本越高,知识获取与知识交换的能力越强,对新知识的探索与对现有知识的利用越有效,越有利于个体创造力的提高。此外,知识共享部分中介成员工具连带、情感连带与成员创造力之间的关系,这表明:社会连带越高,越容易形成互动、支持、合作与高度信任的团队氛围,从而促进成员积极的交换与共享社会资源,提高个体创造力。假设得到部分验证。

3. 团队错误中学习的跨层次效应

通过构建多层次线性模型,本研究发现:(1)团队错误中学习对成员知识共享、创造力均具有跨层次直接影响。这表明:在高团队错误中学习氛围中,团队会定期改进工作方法、搜索新信息、反思工作进程、开放性讨论工作中出现的问题,邀请专家讲座或培训,这些措施促使成员从经验、错误中学习或进行探索性学习,以改进工作中出现的问题,进而提高成员之间知识共享,并有益于成员创造力的提升。

(2)团队错误中学习可强化个体通用人力资本、专门人力资本与创造力之间的正相关关系,这表明:高团队错误中学习氛围下,激发高教育水平及工作经验丰富的成员主动学习,充分发挥领域专业水平,发现错误、获取信息、改进工作、提出创造性的解决方案。团队错误中学习可强化工具连带、情感连带与创造力之间的正相关关系,这表明:高团队错误中学习氛围鼓励个体积极构建、利用社会关系网络,成员通过交流、共享和整合,学习社会资本网络中嵌入的知识,提升工作相关的专长及技能,有益于新方法和新思想的产生。

此外,团队错误中学习可强化专门人力资本、工具连带与知识共享之间的正相关关系,但是,团队错误中学习对通用人力资本、情感连带与知识共享之间关系的跨层次调节作用未得到实证结果的支持。团队错误中学习的跨层次影响效应如图4—8所示。

综合所述,本章研究中的假设检验结果大部分得到了较好的支持,具体检验结果如表4—7所示。

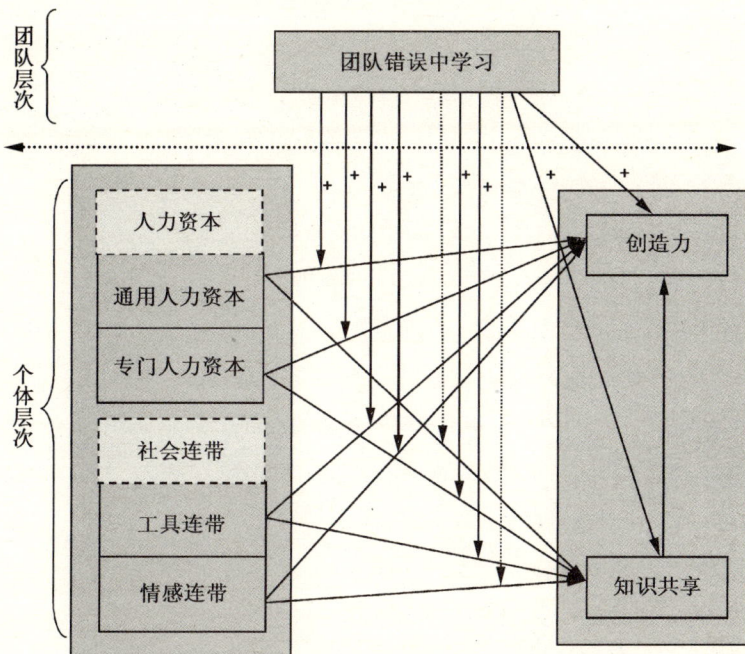

图4—8　团队错误中学习跨层次直接效应及调节效应

表4—7　　　　　　　　　　　　第4章假设检验结果总结

研究假设	检验结果
假设1:团队成员人力资本对知识共享有显著正向影响	支持
假设1a:团队成员通用人力资本对知识共享有显著正向影响	支持
假设1b:团队成员专门人力资本对知识共享有显著正向影响	支持
假设2:团队成员社会连带对知识共享有显著正向影响	支持
假设2a:团队成员工具连带对知识共享有显著正向影响	支持
假设2b:团队成员情感连带对知识共享有显著正向影响	支持
假设3:团队成员人力资本对创造力有显著正向影响	支持
假设3a:团队成员通用人力资本对创造力有显著正向影响	支持

续表

研究假设	检验结果
假设 3b:团队成员专门人力资本对创造力有显著正向影响	支持
假设 4:团队成员社会连带对创造力有显著正向影响	支持
假设 4a:团队成员工具连带对创造力有显著正向影响	支持
假设 4b:团队成员情感连带对创造力有显著正向影响	支持
假设 5:团队成员人力资本通过知识共享显著影响创造力	部分支持
假设 5a:团队成员通用人力资本通过知识共享显著影响创造力	部分支持
假设 5b:团队成员专门人力资本通过知识共享显著影响创造力	部分支持
假设 6:团队成员社会连带通过知识共享显著影响创造力	部分支持
假设 6a:团队成员工具连带通过知识共享显著影响创造力	部分支持
假设 6b:团队成员情感连带通过知识共享显著影响创造力	部分支持
假设 7:团队错误中学习对成员知识共享的具有跨层次直接正向影响	支持
假设 8:团队错误中学习对成员创造力的具有跨层次直接正向影响	支持
假设 9:错误中学习跨层次正向调节成员人力资本与知识共享之间关系。较高的团队错误中学习可以增强成员人力资本对知识共享的正向影响	部分支持
假设 9a:错误中学习跨层次正向调节成员通用人力资本与知识共享之间关系	不支持
假设 9b:错误中学习跨层次正向调节成员专门人力资本与知识共享之间关系	支持
假设 10:错误中学习跨层次正向调节成员社会连带与知识共享之间关系,较高的团队错误中学习可以增强成员社会连带对知识共享的正向影响	部分支持
假设 10a:错误中学习跨层次正向调节成员工具性连带与知识共享之间关系	支持
假设 10b:错误中学习跨层次正向调节成员情感性连带与知识共享之间关系	不支持
假设 11:错误中学习跨层次正向调节成员人力资本与创造力之间关系,较高的团队错误中学习可以增强成员人力资本对创造力的正向影响	支持
假设 11a:错误中学习跨层次正向调节成员通用人力资本与创造力之间关系	支持

续表

研究假设	检验结果
假设 11b：错误中学习跨层次正向调节成员专门人力资本与创造力之间关系	支持
假设 12：错误中学习跨层次正向调节成员社会连带与创造力之间关系，较高的团队错误中学习可以增强成员社会连带对创造力的正向影响	支持
假设 12a：错误中学习跨层次正向调节成员工具性连带与创造力之间关系	支持
假设 12b：错误中学习跨层次正向调节成员情感性连带与创造力之间关系	支持

第 5 章　团队人力资本与社会资本对创新绩效影响

5.1　研究目的与假设模型

通过第 4 章的研究,本文已经检验了个体层次上人力资本与社会连带对知识共享及创造力的影响机理,明确了团队错误中学习对个体人力资本、社会连带与知识共享及创造力关系的跨层次调节效应,由此,团队错误中学习对个体层次的跨层次直接和调节效应已有较深入的理解。但是,本研究的目的不仅是要揭示个体层次上知识共享与创造力的影响因素,更重要的是将以人力资本与社会资本为视角,为团队创新绩效的提升进行有意义的理论探索。然而,错误中学习作为团队层次变量,尚未明确错误中学习是以何种方式对团队创新绩效产生影响。所以,本章将分析团队错误中学习作为一种团队学习过程,会在团队人力资本、社会资本与团队创新绩效之间起到一种"桥梁"作用,团队人力资本、社会资本作为一种输入因素,通过团队错误中学习这一经验性学习过程,影响团队创新绩效。在本章中,将主要探讨和回答以下三个方面的问题。

第一,近年来,组织管理领域不少学者非常关注并探索如何提升团队创新绩效,为什么在目前全球化竞争与知识经济的环境下,提升团队创新绩效是个

非常重要的学术问题？企业创新能力成为其动态适应能力的重要来源，是企业持续发展和提高竞争力的关键。在组织中，研发是组织的核心活动和组织创新的起点，目前越来越多的团队已成为组织中产生创造性想法，并将其转换成有用的技术、产品或服务的基本活动单位（Chen et al.，2008）。它能够超越个人能力，汇集专业技术人员的智慧和才能，更好地完成创新任务（Kratzer et al.，2004）。市场全球化导致的竞争加剧与持续不断的技术变革，要求企业不断创新产品和流程，以加速将其推进市场中（Lovelace et al.，2001），所以，除了开发创新的产品，在预算之内与一个时间框架下，团队总是被期望有更高效率，故团队创新绩效包括团队创新和计划符合度。由此，研究探索如何有效地运行团队以提高创新绩效就变得十分重要和迫切。

第二，创新是一个技术过程，是知识获得和创造的过程，这与人力资本密切相关；同时创新也是一个社会过程，创新都是在一个特定的社会结构和环境中产生，这又与社会资本密切相关。人力资本与社会资本无疑是创新或绩效的关键因素（如 Simonton，1999；Andrews ＆ Smith，1996；Pirola-Merlo＆ Mann，2004；Chen et al.，2008；王莉红等，2009，2011；顾琴轩等，2009），此外，国内外少数学者研究了人力资本与社会资本之间的互动或协同的作用（如 Alchian ＆ Demsetz，1972；Subramaniam ＆ Youndt，2005；项保华＆ 刘丽珍，2007；陈建安等，2011），但是，针对团队，将人力资本和社会资本相结合，研究两者的互动对创新绩效的影响则乏善可陈，由于人力资本的积累过程同时也是社会资本的积累过程，投资人力资本的人会同时投资于社会资本，人力资本与社会资本在提升过程中能够发挥协同与相互增强的效应（Glaeser et al.，2002；王莉红等，2009；陈建安等，2011），基于此，本研究本着大胆探索、理论创新的精神，借鉴国内外研究，从人力资本和社会资本视角，研究两类资本对团队创新绩效的影响作用，并将团队人力资本与社会资本相整合，揭示人力资本与社会资本不断融合、不断升华的互动过程及其对团队创新绩效的影响机理及影响效果。

第三，团队错误中学习作为一种团队创新环境，对产生、采用和实施新想

法、过程与产品是至关重要的（Edmondson，2004；Edmondson et al.，2001）。理解团队错误中学习能够有效及时地校正团队交互的误解并认识到不足之处，这些误解与不足可能阻碍团队的有效运行。作为一种关键的团队学习行为，错误中学习是一种激发学习导向型团队成员从事创新性活动的特别的情境因素，虽然有些文献已经开始研究团队学习行为（如 Edmondson，1999，2004；Hirst et al.，2009；Vandervegt & Bunderson，2005），但是关于团队错误中学习与人力资本、社会资本和团队创新研究仅仅有限的知识可以利用；此外，在组织中研发往往是创新的起点，组织中基于团队 R&D 的作用日益关键，尤其是当创新项目面临复杂和动态的环境（Hoegl & Parboteeah，2006）。在此环境下，基于团队的创新过程中，错误、差错甚至是失败都可能是不可避免的。

　　基于上述讨论，本章研究构建团队人力资本、社会资本、错误中学习与团队创新绩效之间关系的中介效应模型，如图 5—1 所示。本章研究聚焦于团队层次，选取团队通用人力资本、专门人力资本、结构资本、认知资本与关系资本五个变量作为前因变量，选取团队创新、计划符合度这两个变量组成的团队创新绩效作为结果变量，选取错误中学习为中介变量，并选取团队成立时间与团队规模为控制变量；本章重点分析并验证团队人力资本、社会资本对团队创新绩效的影响作用机理，基于此，进一步验证人力资本、社会资本之间的互动对团队创新绩效是否有积极影响？错误中学习对团队人力资本、社会资本与团队创新绩效之间的关系是否具有中介效应？这是本章需要解决的问题。

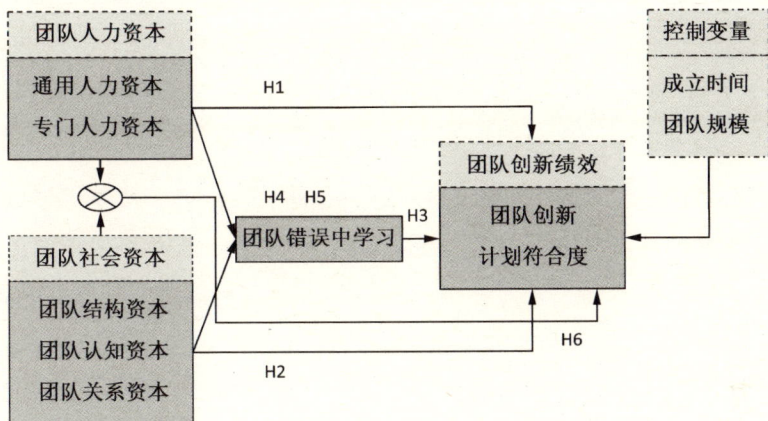

图5-1　团队人力资本与社会资本对创新绩效的交互效应模型

5.2　理论与研究假设

5.2.1　团队人力资本、社会资本与团队创新绩效

团队创新是指为了使个人、团队、组织、甚至整个社会受益而有意识地在团队内引入和应用一些对该团队来说是新颖的想法、过程、产品或程序（De Dreu&West,2001），而团队创新绩效就是团队在执行创新任务过程中的有效产出，反映了对创新目标的完成情况，主要体现在产品的创新性及应用绩效、项目开发能力、成本等方面（Lovelaceet al.,2001）。Kratzer 等（2004,2005）将团队创新绩效分为生产力和创新性两个维度：通过团队成员与从事类似内容工作的其他团队在信息、设备和材料生产等方面的比较来反映出团队生产力，团队创新性是通过让团队成员与从事类似内容工作的其他团队在新构想、方法、发明和应用的数量上的比较来实现。在本研究中，参考 Lovelace 等（2001）的团队创新绩效概念，包括两个维度：团队创新和计划符合度，不仅体现了产品的创新性和创新数量，应用绩效、项目开发能力，而且在预定时间与

成本内有效地完成团队任务。

团队创新的任务以知识性、智力性活动为主，又是在团队成员社会互动过程中进行，创新绩效取决于团队成员智力与社会资源的整合。由此可见，人力资本与社会资本是团队创新绩效的关键要素。

团队人力资本包括：团队通用人力资本与团队专门人力资本，分别由其成员个体通用人力资本与专门人力资本的均值来衡量。在第 4 章研究中，探讨并验证了个体层次上通用人力资本与专门人力资本对创造力均具有显著正向的影响，此部分理论推导与研究结论为本章中团队人力资本对团队创新绩效的影响作用提供一定程度的理论支持。此外，团队层次上，Zarutskie(2010)研究发现风险投资基金高管团队人力资本对基金的绩效均有正向影响，其中，高管团队的任务及行业专门人力资本对基金公司绩效的影响更强，而团队通用人力资本的影响较弱。Hitt 等(2001)将法律公司合伙人所读法学院的质量和总体经验、公司专门经验来衡量人力资本，研究结果发现人力资本对企业绩效有直接影响，并存在二次关系。

由此，笔者提出如下假设：

假设 1：团队人力资本对团队创新绩效具有显著正向影响，即：

假设 1a：团队通用人力资本对团队创新具有显著正向影响；

假设 1b：团队专门人力资本对团队创新具有显著正向影响；

假设 1c：团队通用人力资本对计划符合度具有显著正向影响；

假设 1d：团队专门人力资本对计划符合度具有显著正向影响。

本研究中团队社会资本参考 Nahapiet 和 Ghoshal(1998)三维度结构：结构、认知和关系。Nahapiet 和 Ghoshal(1998)指出：组织的本质是一个社团(Social Community)，其优势来自多个因素，包括具有专长的人群进行沟通、合作、协调及交换信息，并进一步提出社会资本的三维结构：结构、认知和关系。Tsai 和 Ghoshal(1998)研究发现：结构维度、认知维度和关系维度存在相互影响，三者通过不同作用机制影响知识价值的创造。本章接下来探讨团队社会资本(结构资本、认知资本与关系资本)对创新绩效的影响。

　　首先,结构维度指社会互动或网络连带总体构型,如联系密度、连结及层级。Chen 等(2008)研究结果表明社会互动和网络连带对团队创造力产生显著积极影响。Oh 等(2006)认为团队的社会资本渠道的结构决定了团队的社会资源,而团队的社会资源越丰富,则团队就越有效率。高管团队外部网络规模与强度、内部网络规模与范围均对一年期的销售额增长与股票回报均有显著正向影响(Collins & Clark,2003)。其次,认知维度指共享的象征、编码和意义系统;例如,共同语言、共享愿景、文化和目标等。企业文化是共享的价值观体系,将会影响员工行为方式的相互理解,影响人们的洞察力,因而能够降低知识的因果模糊性,促进网络成员的知识获取和共享,推动知识积累和创造(Nahapiet & Ghoshal,1998)。林亿明(2001)研究了团队社会资本对知识分享以及创新的影响,使用共享价值观来测量认知维度,研究发现共享价值观对计划符合度有显著正向影响。再次,关系维度指通过社会互动而形成的关系类型,例如,信任、规范、义务、预期。Levin 和 Cross(2004)研究表明:信任的关系维度在连带的结构维度对知识分享的影响中起部分中介作用。再次,关系维度指通过社会互动而形成的关系类型,例如,信任、规范、义务、预期。Zaheer 等(1998)研究发现组织间的信任减少了冲突,降低了交易的谈判成本,组织间信任和绩效有一个明显的关联。信任度高的合作伙伴,在联盟中投资金额较高,合作伙伴的相互信任在一定阈值内可使联盟的创造力与创新最大化(Bidault & Castello,2009)。

　　由此,笔者提出如下假设:

　　假设 2:团队社会资本对团队创新绩效具有显著正向影响,即:

　　假设 2a:团队结构资本对团队创新具有显著正向影响;

　　假设 2b:团队认知资本对团队创新具有显著正向影响;

　　假设 2c:团队关系资本对团队创新具有显著正向影响;

　　假设 2d:团队结构资本对计划符合度具有显著正向影响;

　　假设 2e:团队认知资本对计划符合度具有显著正向影响;

　　假设 2f:团队关系资本对计划符合度具有显著正向影响。

5.2.2　团队错误中学习与团队创新绩效

团队学习行为是一种持续的反思和行动,包括提出问题、寻求反馈、开展实验、反思改进、讨论失误或非预期的结果(Edmondson,1999)。团队学习行为既包括向新知识和新事物学习,也包括对以往行为的反思学习。组织学习是检测和纠正错误的过程(Argyris & Schon,1978)。学习可能发生在获取新知识过程中,一种必要的学习方式是从差错和错误中学习。团队中从错误中学习经常包括确认不可预期的和已经发生的失败结果,反思这些经验以减少其未来再次发生的可能性(Cannon & Edmondson,2001;Tjosvold et al.,2004)。团队中,经验学习对于成员从错误中学习是特别有效的方式(Carter & West,1998;Tjosvold et al.,2004;West,2000)。尤其,事实上团队负责创新的使命,经常处理不确定性、模棱两可和混淆(Hoegl & Parboteeah,2006;Sicotte & Langley,2000),由于环境的动态性,差错和错误几乎是无法规避的,对于组织和团队往往是成本高昂的,另一方面,错误中学习能为团队提供有价值的经验。已有文献证明了团队学习导向与产品创新是正相关的(Bunderson & Sutcliffe,2002),团队学习行为有益于团队成员学习,从而提升创造力(Hirst et al.,2009)。从错误中学习能使团队成员及时发现问题,产生新想法,形成新的解决方案,进而提升团队创新(Tjosvold et al.,2004)。R&D团队具有典型的创新导向,经常面对不确定性或模棱两可的环境,这种环境中技术革新日益快速地发生。由此,笔者提出如下假设:

假设3:团队错误中学习对团队创新绩效具有显著正向影响,即:

假设3a:团队错误中学习对团队创新具有显著正向影响;

假设3b:团队错误中学习对计划符合度具有显著正向影响。

5.2.3　团队错误中学习的中介作用

(2)团队错误中学习的中介作用

为什么研发团队人力资本和社会资本有可能提高团队创新绩效?其中的

中介作用机制是亟待考虑和研究的问题。团队人力资本、社会资本与学习行为密切相关。Hatch 和 Dyer(2004)认为人力资源的教育程度越高,意味着更高生产力的人力资本(Hitt et al.,2001),教育程度是员工认知技能(如学习能力、吸收能力)的代表,教育增加员工获取能力和配置专业知识。高教育程度员工能够快速地学习,继而有助于公司的学习活动。Carmeli(2007)研究发现:如果组织中社会资本强,则错误学习行为就能得到开发。在高质量的人际关系中,成员报告错误的数量比低质量的人际关系中要高,这是因为在良好人际关系中的成员能够分享一种共同信念,相信承受人际风险的环境是安全的(Edmondson,1999)。Carmeli 和 Gittell(2009)发现:在组织中,高质量关系主要包括共享目标、分享知识、互相尊重,而这些能促进心理安全,并由此促进错误中学习。当成员感到高质量的人际关系,则会产生有效学习行为(Carmeli,2007)。Yli-Renko(1999)研究认为从关键客户中获得的市场和技术知识越多,新产品、服务和技术会得到更多的发展,学习是社会资本转化为公司结果的中介机制。由此,笔者提出如下假设:

假设 4 错误中学习对团队人力资本与创新绩效之间关系起中介作用,即:

假设 4a:错误中学习对团队通用人力资本与团队创新之间关系起中介作用;

假设 4b:错误中学习对团队专门人力资本与团队创新之间关系起中介作用;

假设 4c:错误中学习对团队通用人力资本与计划符合度之间关系起中介作用;

假设 4d:错误中学习对团队专门人力资本与计划符合度之间关系起中介作用。

假设 5 错误中学习对团队社会资本与创新绩效之间关系起中介作用,即:

假设 5a:错误中学习对团队结构资本与团队创新之间关系起中介作用;

假设 5b:错误中学习对团队关系资本与团队创新之间关系起中介作用;

假设 5c:错误中学习对团队认知资本与团队创新之间关系起中介作用;

假设 5d：错误中学习对团队结构资本与计划符合度之间关系起中介作用；

假设 5e：错误中学习对团队关系资本与计划符合度之间关系起中介作用；

假设 5f：错误中学习对团队认知资本与计划符合度之间关系起中介作用。

5.2.4 团队人力资本、社会资本的交互与团队创新绩效

需要指出，社会资本的结构、认知和关系三维结构只是在分析时相对区分，实际上三个维度的许多特征是高度关联的（Nahapiet & Ghoshal,1998）。尤其，在研究人力资本与社会资本的交互作用时，社会资本对人力资本的促进作用，究竟是结构、认知和关系中哪个维度起了决定性作用？另外，人力资本对社会资本的扩充作用，是教育程度还是专业经验起了决定性作用？能够回答这两个问题的相关研究几乎没有，有关人力资本与社会资本互动影响的研究均未采用多维度结构。所以，本研究中团队人力资本与团队社会资本暂不采用多维度结构，将其子维度合并。

国内外少数学者对人力资本与社会资本的交互或协同作用进行了探索，相关研究主要包括下面三个方面：首先，社会资本对人力资本的传递与提升功能。Alchian 和 Demsetz(1972)强调人力资本的合作效率，人力资本只有通过协作和发挥团队精神才能得到充分释放。这就说明社会资本对人力资本的形成具有协同效应，社会资本理论弥补了个体人力资本的不足。为了维持社会资本和创造更多的资本，需要保持期望和义务的长期关系，进行定期交流，维持规范的存在。Wu 等(2008)开发一个综合的研究模型来整合社会资本、智力资本(包括人力资本、客户资本与结构资本)与创新的关系，实证结果显示当公司具有较高的社会资本时，智力资本对创新有积极的影响。项保华和刘丽珍(2007)认为：社会资本强调了个体参与群体的重要性，强调了个体的价值通过他人得到增加，社会资本对个体人力资本具有整合效应。社会资本与人力

资本在个体和群体两个层面相互作用,在个体层面上嵌入自我:社会资本为个体人力资本之间的信息和情感交流提供了必需的场域,促进了个体人力资本的提升和催化;在群体层面上嵌入结构:社会资本对个体人力资本起到了整合和协同作用,产生了总体人力资本的整合效应。

其次,人力资本对社会资本的增长与扩充作用。拥有较高教育程度与专业领域工作经验一定程度上代表具有较高的人力资本存量,具有较高人力资本的个体更大的可能拓展自己的社会网络或与有更高地位的网络成员建立联系,继而扩展自身的社会资本(Lin,1999)。个体所拥有的信息和知识与个体在社会网络中所处的地位正相关,通过与他人交往过程而增加个体社会资本。个体所拥有的人力资本促进个体社会资本积累的可能是,受教育程度高意味着拥有更高的起点,例如,良好的教育背景可以加快个体的发展,有助于个体跨越组织层级直接达到较高的管理职位或政治职位,有利于个体形成外部非正式社会资本(陈建安等,2011)。并且,社会资本除了结构来源和关系来源外,还存在能力来源(Adler & Kwon,2002),受到良好的教育能够提高个体识别并获取社会资本的能力。

最后,人力资本与社会资本的交互及其对创新绩效的影响。Alexopoulos和 Monks(2004)指出,社会资本与员工共享知识的"能力-激励-机会"是相互促进的,社会资本可以视为员工共享人力资本的"能力-激励-机会"的起因和结果。因此,人力资本和社会资本互为因果变量。目前,有关人力资本与社会资本之间的互动的研究还处于探索阶段(陈建安等,2011)。Subramani-am 和 Youndt(2005)通过对 93 家组织的研究,发现人力资本对于增量性创新有正向的影响,组织的社会资本与两类创新能力均具有正相关关系,人力资本和社会资本的互动对渐进性创新能力和根本性创新能力都有显著的正向影响。王莉红和顾琴轩(2009)以 87 个科研团队为样本研究发现:不仅团队成员的个体人力资本、社会资本对创新行为具有正向显著的影响,而且,团队社会资本与其成员个体人力资本的交互对其创新行为的正向影响。

由此,笔者提出如下假设:

假设 6:团队人力资本与社会资本的交互对团队创新绩效具有显著正向影响,即:

假设 6a:团队人力资本与社会资本对团队创新具有显著正向的交互作用;

假设 6b:团队人力资本与社会资本对计划符合度具有显著正向的交互作用。

5.3　研究方法

5.3.1　研究工具

本章研究涉及变量分别是:团队人力资本(团队通用人力资本与团队专门人力资本)、团队社会资本(结构资本、认知资本与关系资本)、团队错误中学习、团队创新绩效(团队创新与计划符合度)。其中,团队人力资本由团队成员人力资本客观测量数据加总平均得到,团队错误中学习采用本书第四章中所采用的量表,其他两个变量所采用的测量量表如下:

团队社会资本参照 Tsai & Ghoshal(1998)和 Chen 等(2008)的量表,并基于对 R&D 团队管理者的面谈做适当改编,结构资本、认知资本与关系资本三个维度,共 11 个项目。每个项目采用 1~5 的等级分值,1——非常不同意,2——不同意,3——不确定,4——同意,5——非常同意。三维度的代表性项目分别为:"当团队出现问题时,成员以建设性方式相互讨论";"成员共享团队愿景,明确团队目标";"成员在工作中相互信任"。

团队创新绩效参考 Lovelace 等(2001)的量表,共有 7 个项目,包括团队创新与计划符合度两个维度。每个项目的测量是被测团队与组织内所有研发团队相比,采用 1~5 的等级分值,1——非常不同意,2——不同意,3——不确定,4——同意,5——非常同意。团队创新的代表性项目为"团队的工作成果具有创新性",计划符合度的代表性项目为"本项目研发成果满足预期"。

控制变量。为了更好地理解人力资本与社会资本的维度对团队创新绩效的影响机制，本书控制了两个变量，即团队规模和团队成立时间。团队规模与创新活动具有曲线关系，因为团队太小会缺乏创新所必需的多样性观点和看法，若团队过大，那么互动、交流与参与可能会失去控制（Jackson，1996），这种处理也是为了考虑本研究中团队规模的平均值小。团队规模用团队中参与研发活动的成员个数来测量。此外，已有文献显示团队的创新活动随着团队成立时间而下降，团队成立时间越长，成员的同质化问题越严重，远离了提高新颖性的条件，难以挑战和改进现有方法和积累的知识（如 Chen et al. 2008；Lovelace，1986），团队成立多少个月由团队主管来填写。

同样为了减少同源误差问题，本研究采用套问卷的形式。其中，团队人力资本有个体人力资本的客观数据直接加总平均，团队社会资本、团队错误中学习由团队成员评分后聚合到团队层次，而团队创新绩效则由团队主管直接评分。本章研究中各测量量表的特征汇总如表 5—1 所示。

表 5—1　　　　　　　　　　本章研究中变量测量特征汇总

变　量	维　度	条目数	变量层次	评分人	数据处理方式
团队人力资本	通用人力资本	客观数据	团队	团队成员	团队聚合
	专门人力资本	客观数据	团队	团队成员	团队聚合
团队社会资本	结构资本	4	团队	团队成员	团队聚合
	认知资本	4	团队	团队成员	团队聚合
	关系资本	3	团队	团队成员	团队聚合
错误中学习		6	团队	团队成员	团队聚合
团队创新绩效	团队创新	4	团队	团队主管	直接测量
	计划符合度	3	团队	团队主管	直接测量

5.3.2　研究样本

本章研究样本和上一章所用样本相同。研究来自多家高新技术企业或研

究院的 151 个研发团队,配对数据有 151 个有效团队资料,共包括 585 个成员问卷,团队规模的在 2～7 人。有效样本的详细统计信息可参见第 3 章3.4.3节的介绍。

5.3.3 统计分析

本章为基于问卷调查的实证分析。聚焦于团队层次,探讨团队错误中学习的中介效应。关于团队人力资本、团队社会资本、团队错误中学习、团队创新绩效的概念界定、信度分析、效度分析均在第 3 章相关部分。本章将主要采用 spss11.0 进行统计描述分析,采用 Amos7.0 进行结构方程模型分析,并检验本章所提出的团队层次变量之间关系的研究假设。

5.4 结果分析

5.4.1 团队社会资本的结构验证

关于团队社会资本的量表,以往的研究多是以 Nahapiet 和 Ghoshal (1998)的社会资本经典三维度结构为基础改编而成。本研究同样基于 Nahapiet 和 Ghoshal(1998)社会资本三维度结构:结构、认知与关系,并参考 Tsai & Ghoshal(1998)和 Chen 等(2008)的量表,在中国背景下,通过访谈 R&D 团队管理者和成员,对量表进行适当改编而成。

首先,预测试问卷。在借鉴上述已有量表的基础上,结合实地访谈,团队社会资本的初始量表本文共收集了 13 个题项,形成了预测试问卷。预测试的有效匹配数据有 42 个团队共包括 165 个成员,预测试的样本结构如表 3—1 所示。第 3 章 3.3 节中,通过信度与效度检验的方法对问卷条目进行评估,根据团队社会资本的探索性因子分析与 CITC 标准判定,去除认知资本第 5、6 条目。在剩余 11 个条目的基础上,再进行探索性因子分析,共有三个因子,结果良好,详细信息请见表 3—2,3—3 所示。

其次,正式问卷调查。对团队社会资本预测量问卷数据分析及修订后的基础上,发放正式问卷。正式问卷有效配对数据有 151 个团队共包括 585 个成员,正式问卷数据的样本结构如表 3－6 所示。通过第 3 章 3.4 节正式问卷调查与信度效度分析,可知团队社会资本的团队聚合与信度效度分析结果均理想,特别是,团队社会资本三维度结构与单维度结构的验证性因子分析显示,三维度结构优于单维度结构。验证结果的详细信息请见表 3－7、3－8、3－9 与 3－10 所示。

由此,本研究表明,R&D 团队社会资本量表是由结构资本、认知资本与关系资本三个维度构成,具有较好的结构效度。由本研究改编形成的量表具有较好的效度与信度,可为今后中国背景下从事团队社会资本的研究提供一定的参考。

5.4.2　测量问卷的信度与效度检验

信度与效度分析。结果如第三章表 3－8、3－9 与 3－10 所示,首先,团队社会资本的 α 系数为 0.919,结构资本、认知资本与关系资本的 α 系数分别为 0.929、0.949 与 0.881。团队创新绩效 α 系数为 0.886,团队创新与计划符合度分别为 0.876 与 0.770,错误中学习为 0.933,所有变量的 α 系数均在 0.7 以上,说明量表具有良好的信度。团队社会资本的三个维度的组合信度分别是:0.928、0.954、0.885 都大于 0.6,团队创新、计划符合度与团队错误中学习三个变量的组合信度分别是:0.877、0.782 与 0.936,也都大于 0.6,表明六个潜变量具有较高的内部一致性,社会资本三维度模型、团队创新绩效两维度模型及错误中学习测量模型的内在质量理想。其次,在信度分析的同时,进行效度分析。社会资本三维度的 AVE 分别是 0.763、0.839 与 0.720,团队创新、计划符合度与团队错误中学习的 AVE 分别是 0.642,0.549,0.712,六个潜变量的 AVE 均大于 0.500,表示量表具有较好的收敛效度。从表 5－2 可看出所有潜变量之间的相关系数小于对角线上 AVE 的平方根,表明六个潜变量之间具有良好的区分效度。

验证性因子分析显示,社会资本三维度结构模型拟合指数($\chi^2 = 65.247$,df $= 39$,$\chi^2/\text{df} = 1.673$,RMSEA $= .067$,CFI $= .982$,TLI $= .975$)、错误中学习测量模型拟合指数($\chi^2 = 22.308$,df $= 8$,$\chi^2/\text{df} = 2.789$,RMSEA $= .109$,CFI $= .981$,TLI $= .965$)、团队创新绩效两维度结构模型拟合指数($\chi^2 = 18.796$,df $= 13$,$\chi^2/\text{df} = 1.446$,RMSEA $= .055$,CFI $= .989$,TLI $= .982$)均较好。

团队层次变量的聚合。团队错误中学习量表的聚合在第四章中已通过检验,本章不再重复检验。团队社会资本(结构资本、认知资本、关系资本)、团队错误中学习均为团队层次的变量,除了团队创新绩效有团队主管直接评分,其他变量需要通过聚合个体层次测量,使之成为描述团队特征的指标。团队聚合后,结构资本、认知资本、关系资本的 Rwg 值分别为 0.912、0.924 与 0.816,均大于 0.7(James et al.,1984),表明具有足够的一致性,ICC(1)分别为 0.369、0.418 与 0.331,表明不同团队间具有足够的变异量,ICC(2)分别为 0.694、0.735、0.657,均大于 0.6 的标准(Glick,1985)。所以,本章研究中所涉及的团队变量的聚合效果良好,详细信息请参见第 3 章中表 3—7 所示。

5.4.3 描述性统计分析

本章研究变量的均值、标准差和相关系数如表 5—2 所示。结果表明,团队人力资本两维度之间不相关,与其他变量之间也不相关。团队社会资本三维度之间存在显著相关。结构资本与团队错误中学习、团队创新及计划符合度($r = 0.672$,$p < 0.01$;$r = 0.655$,$p < 0.01$;$r = 0.570$,$p < 0.01$)显著相关,认知资本与团队错误中学习、团队创新及计划符合度($r = 0.539$,$p < 0.01$;$r = 0.633$,$p < 0.01$;$r = 0.567$,$p < 0.01$)显著相关,关系资本与团队错误中学习、团队创新及计划符合度($r = 0.631$,$p < 0.01$;$r = 0.596$,$p < 0.01$;$r = 0.427$,$p < 0.01$)显著相关。同时,团队错误中学习与团队创新及计划符合度($r = 0.750$,$p < 0.01$;$r = 0.600$,$p < 0.01$)显著相关。本研究中,团队社会资本、团队错误中学习由团队成员评分后数据聚合而来,而团队创新绩效由团队主管评分,虽然数据来源不同,但显示了显著相关关系。

表 5-2　　　　　　　团队层次研究变量的均值、标准差、相关系数

变量	均值	标准差	1	2	3	4	5	6	7	8	9	10
1 团队成立时间	32.642	42.604										
2 团队规模	3.874	.968	−.053									
3 通用人力资本	2.706	.303	.057	−.205*								
4 专门人力资本	6.255	3.269	.345**	.119	−.140							
5 团队结构资本	3.915	.495	−.002	−.052	−.017	−.086	(.873)					
6 团队认知资本	3.817	.484	.035	.148	.004	.106	.505**	(.916)				
7 团队关系资本	3.675	.525	−.011	.148	.033	−.021	.555**	.411**	(.849)			
8 错误中学习	3.978	.724	.094	−.012	.070	.048	.672**	.539**	.631**	(.844)		
9 团队创新	3.925	.686	.048	.091	.111	.154	.655**	.633**	.596**	.750**	(.801)	
10 计划符合度	3.917	.682	.027	.133	.078	.144	.570**	.567**	.427**	.600**	.664**	(.741)

注：** 小于 0.01 显著性水平，* 小于 0.05 显著性水平（双尾）；对角线括号内为各变量 AVE 的平方根。

5.4.4　假设检验结果

表 5-3 中是本章研究模型的验证性因子分析结果。其中，以八因子模型（通用人力资本、专门人力资本、结构资本、认知资本、关系资本、错误中学习、团队创新与计划符合度）为基准模型，八因子模型数据拟合良好（$\chi^2 = 370.058, df = 273, \chi^2/df = 1.356, RMSEA = .049, CFI = .969, NFI = .892, TLI = .963$）。根据八因子基准模型，本研究测试了 5 个可替代的模型：七因子模型，将团队创新绩效合并为一个因子；六因子模型，将社会资本合并为一个因子；五因子模型，将团队创新绩效合并为一个因子，同时将社会资本合并为一个因子。四因子模型，将错误中学习与团队创新绩效合并为一个因子。三因子模型，将社会资本、错误中学习与团队创新绩效合并为一个因子。对表 5-3 中的拟合数据进行比较，很明显拟合指数支持八因子模型。

表 5—3　　　　　　　　　　　　测量模型的比较

模型	χ^2	Df	χ^2/df	RMSEA	CFI	NFI	TLI
八因子(基准模型)	370.058	273	1.356	.049	.969	.892	.963
七因子。团队创新与计划符合度合并为一因子	404.334	280	1.444	.054	.960	.882	.954
六因子。社会资本三因子合并为一因子	997.075	286	3.486	.129	.771	.709	.740
五因子。团队创新绩效合并为一因子,社会资本三因子合并为一因子	1 028.736	291	3.535	.130	.763	.700	.735
四因子。错误中学习与团队创新绩效合并为一因子	1 155.403	295	3.917	.139	.723	.663	.695
三因子。社会资本、错误中学习与团队创新绩效合并为一因子	1 292.374	298	4.337	.149	.680	.623	.651

为了检验假设 1 与假设 2,以团队人力资本和社会资本为自变量,团队创新绩效为因变量,构建结构方程模型。模型的拟合指数比较理想($\chi^2=283.423$,df=161,$\chi^2/df=1.760$,RMSEA=.071,CFI=.944,TLI=.933),团队通用人力资本、专门人力资本对团队创新($\beta=.156$,p<.01;$\beta=.221$,p<.01)及计划符合度($\beta=.146$,p<.05;$\beta=.199$,p<.01)的影响是正向显著的,团队结构资本、认知资本与关系资本对团队创新($\beta=.472$,p<.01;$\beta=.365$,p<.01;$\beta=.316$,p<.01)及计划符合度($\beta=.374$,p<.01;$\beta=.423$,p<.01;$\beta=.177$,p<.05)的影响也是正向显著的,假设 1 和 2 得到支持。

为了检验假设 3,构建团队错误中学习与团队创新绩效的结构方程模型。模型具有理想的拟合指数($\chi^2=97.387$,df=62,$\chi^2/df=1.571$,RMSEA=.062,CFI=.975,TLI=.969)。分析结果如下:错误中学习对团队创新与计划符合度有正向的显著影响($\beta=.839$,p<.01;$\beta=.724$,p<.01),错误中学习对两者的影响系数也稍有不同,错误中学习对团队创新的影响要略大于对计划符合度的影响,假设 3 得到支持。

假设 4 和 5 预测团队错误中学习对团队人力资本、社会资本与团队创新绩效之间关系具有中介作用。本文按照 Baron 和 Kenny(1986)的方法,团队错误中学习的中介作用进行下面的三步骤分析。

(1)团队人力资本与社会资本对团队创新绩效的影响分析

自变量(团队人力资本、社会资本)对因变量(团队创新绩效)的影响结果,可见假设 1 和 2 的验证过程,其中,团队通用人力资本、专门人力资本、结构资本、认知资本与关系资本对团队创新及计划符合度均具有显著正向影响。

(2)团队人力资本与社会资本对错误中学习、错误中学习对创新绩效的影响分析

以团队人力资本和社会资本为自变量,团队错误中学习为因变量,构建结构方程模型。模型的拟合指数比较理想($\chi^2 = 238.822$, df $= 144$, $\chi^2/$df $= 1.658$, RMSEA $= .066$, CFI $= .960$, TLI $= .953$),团队通用人力资本、专门人力资本对团队错误中学习($\beta = .122$, $p < .05$; $\beta = .123$, $p < .05$)的影响是正向显著的,团队结构资本、认知资本与关系资本对团队错误中学习($\beta = .472$, $p < .01$; $\beta = .220$, $p < .01$; $\beta = .332$, $p < .01$)的影响也是正向显著的。此外,团队错误中学习对创新绩效,可见假设 3 的验证过程,其中,团队错误中学习对团队创新及计划符合度均具有显著正向影响。至此,检验中介作用的前 2 步条件均得到支持。

(3)团队错误中学习的中介效应分析

为了检验团队错误中学习的中介作用,本书构建 9 个备择模型(包括前 5 个嵌套模型、后 4 个非嵌套模型),通过模型比较来验证来确定最优模型,表 5-7 显示模型拟合及比较的结果。具体比较过程如下:

模型 1 表示完全中介模型,将其作为基准模型。设定路径从团队人力资本、社会资本到团队错误中学习,再从团队错误中学习到团队创新绩效,这个模型没有从团队人力资本、社会资本到团队创新绩效的直接路径,如图 5-2 所示。完全中介模型拟合结果如表 5-7 所示,所有拟合指数显示一个好的模型拟合($\chi^2 = 590.347$, df $= 337$, $\chi^2/$df $= 1.752$, RMSEA $= .071$, CFI $= .920$, TLI

＝.910,PNFI＝.743）。各路径系数及显著性水平如表5－4与图5－3所示，其中，团队规模对计划符合度有显著影响，控制变量之外，团队人力资本与社会资本对错误中学习影响均正向显著，错误中学习对团队创新绩效的影响也正向显著。

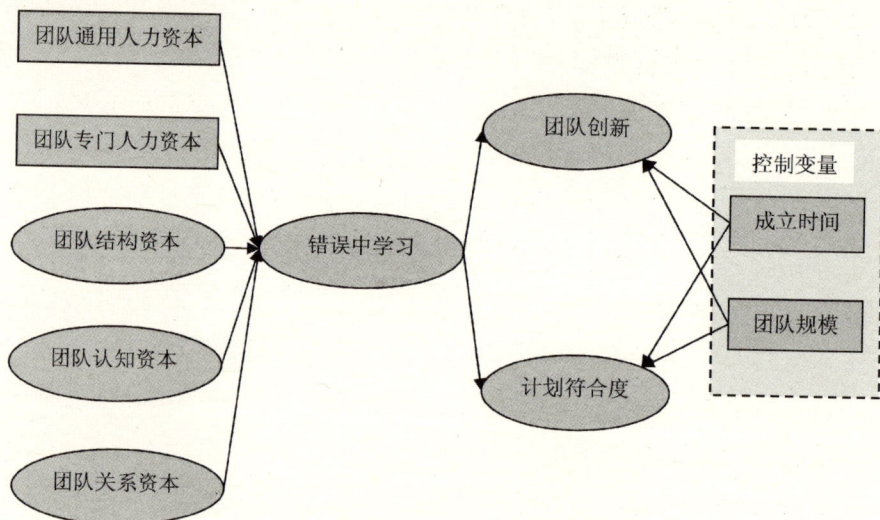

图5－2　团队层次完全中介模型结构

表5－4　　　　　　　　团队层次完全中介模型的标准化路径系数

路径			标准化路径系数
自变量		因变量	
团队成立时间	→	团队创新	－.030
团队规模	→	团队创新	.111
团队成立时间	→	计划符合度	－.046
团队规模	→	计划符合度	.202**
团队通用人力资本	→	错误中学习	.154*
团队专门人力资本	→	错误中学习	.160*

路径			标准化路径系数
自变量		因变量	
团队结构资本	→	错误中学习	.565**
团队认知资本	→	错误中学习	.269**
团队关系资本	→	错误中学习	.375**
错误中学习	→	团队创新	.822**
错误中学习	→	计划符合度	.692**

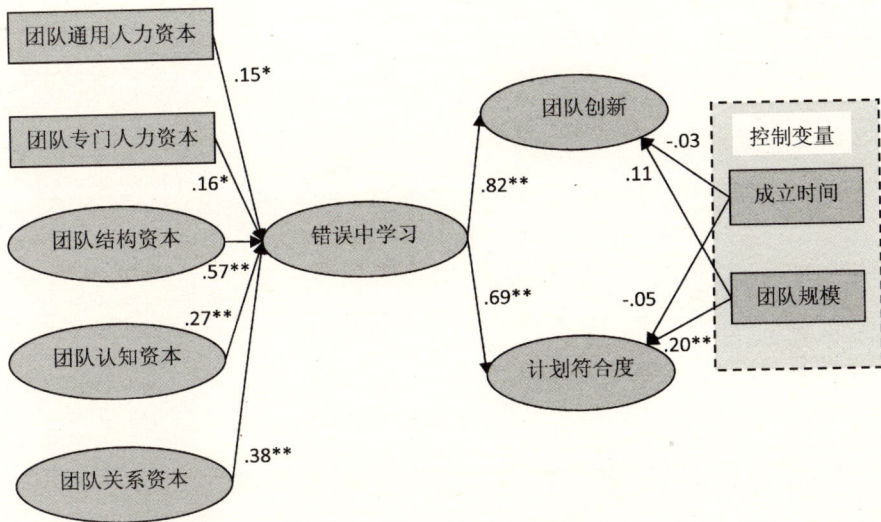

图 5—3　团队层次完全中介模型的数据拟合结果

　　模型 2 表示部分中介模型,在完全中介模型基础上,添加了团队人力资本与社会资本到团队创新绩效的直接路径。如图 5—4 所示。部分中介模型拟合结果如表 5—7 所示,所有拟合指数显示一个好的模型拟合($\chi^2 = 536.253$, $df = 327$, $\chi^2/df = 1.640$, RMSEA $= .065$, CFI $= .934$, TLI $= .924$, PNFI $= .734$)。各路径系数及显著性水平如表 5—5 与图 5—5 所示,其中,团队规

模对计划符合度有显著影响。除控制变量之外，团队社会资本中仅有关系资本对团队创新、计划符合度的影响不显著，表明团队关系资本完全通过错误中学习对团队创新、计划符合度的产生影响，其他路径均正向显著。

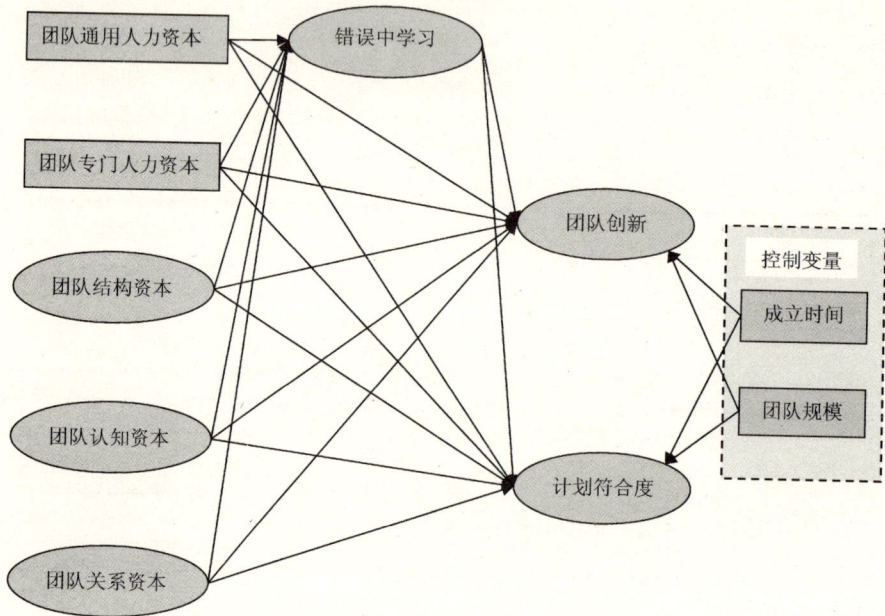

图 5—4　团队层次部分中介模型结构

表 5—5　　　　　　团队层次部分中介模型的标准化路径系数

路　径			标准化路径系数
自变量		因变量	
团队成立时间	→	团队创新	−.070
团队规模	→	团队创新	.084
团队成立时间	→	计划符合度	−.088
团队规模	→	计划符合度	.185*
团队通用人力资本	→	错误中学习	.133*
团队专门人力资本	→	错误中学习	.138*
团队结构资本	→	错误中学习	.536**
团队认知资本	→	错误中学习	.235**

路　径			
自变量		因变量	标准化路径系数
团队关系资本	→	错误中学习	.385**
团队通用人力资本	→	团队创新	.138*
团队专门人力资本	→	团队创新	.197**
团队结构资本	→	团队创新	.318**
团队认知资本	→	团队创新	.268**
团队关系资本	→	团队创新	.129
团队通用人力资本	→	计划符合度	.181*
团队专门人力资本	→	计划符合度	.193*
团队结构资本	→	计划符合度	.308**
团队认知资本	→	计划符合度	.355**
团队关系资本	→	计划符合度	.000
从错误中学习	→	团队创新	.442**
从错误中学习	→	计划符合度	.291*

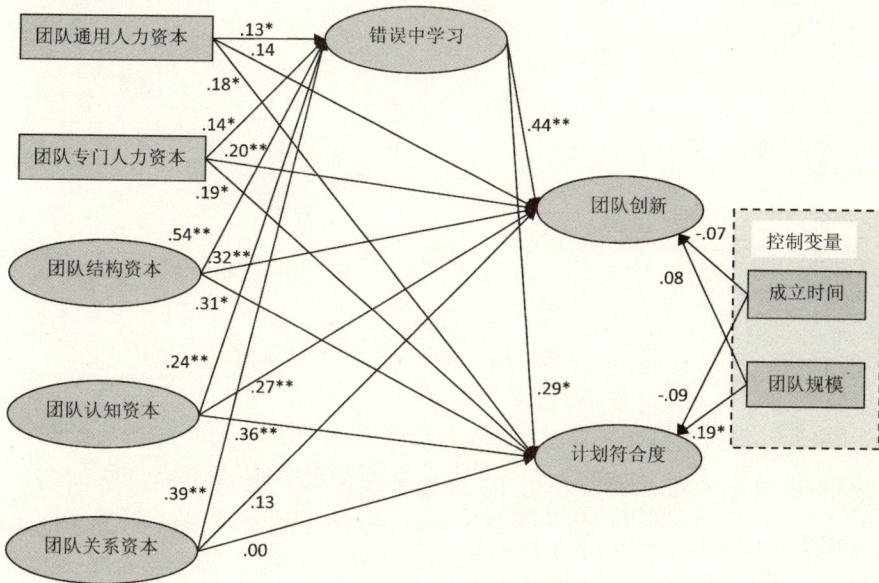

图 5—5　部分中介模型的分析结果

模型3表示修正的部分中介模型,在部分中介模型基础上,删除不显著的路径,即:删除了从团队关系资本到团队创新、计划符合度的直接路径。如图5—6所示,修正模型拟合结果如表5—7所示,所有拟合指数显示一个好的模型拟合($\chi^2 = 538.635$, df = 329, $\chi^2/df = 1.637$, RMSEA = .065, CFI = .934, TLI = .924, PNFI = .738)。各路径系数及显著性水平如表5—6与图5—7所示,其中,团队规模对计划符合度有显著影响,控制变量之外,仅有团队关系资本对团队创新、计划符合度的影响不显著,其他路径均正向显著。

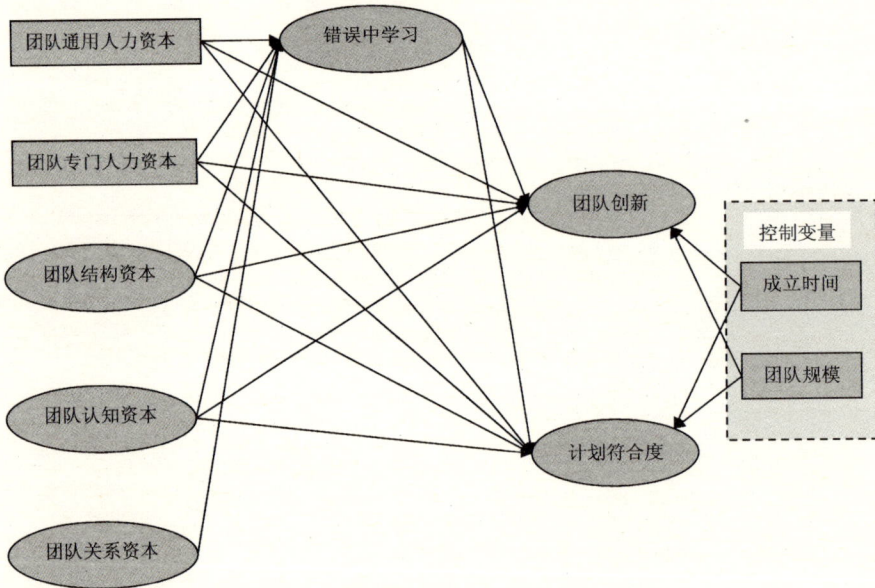

图5—6 修正的部分中介模型(最优模型)

模型4,在基准模型基础上,添加了从团队人力资本到团队创新绩效的直接路径;模型5,在基准模型基础上,添加了从团队社会资本到团队创新绩效的直接路径;此外,模型6~模型9是可替代模型,但不是嵌套在上述5个模型中。

表 5—6　　　　　　　**修正的部分中介模型(最优模型)的标准化路径系数**

路径			标准化路径系数
自变量		因变量	
团队成立时间	→	团队创新	−.071
团队规模	→	团队创新	.103
团队成立时间	→	计划符合度	−.088
团队规模	→	计划符合度	.185*
团队通用人力资本	→	错误中学习	.133*
团队专门人力资本	→	错误中学习	.138*
团队结构资本	→	错误中学习	.532**
团队认知资本	→	错误中学习	.235**
团队关系资本	→	错误中学习	.393**
团队通用人力资本	→	团队创新	.133
团队专门人力资本	→	团队创新	.181**
团队结构资本	→	团队创新	.321**
团队认知资本	→	团队创新	.258**
团队关系资本	→	团队创新(已删除)	
团队通用人力资本	→	计划符合度	.181*
团队专门人力资本	→	计划符合度	.193*
团队结构资本	→	计划符合度	.308**
团队认知资本	→	计划符合度	.354**
团队关系资本	→	计划符合度(已删除)	
从错误中学习	→	团队创新	.495**
从错误中学习	→	计划符合度	.291**

　　可替代的模型用以评估改变结构次序后产生的影响。模型 6,以错误中学习作为团队人力资本、社会资本与团队创新绩效的中介;模型 7,以团队创新绩效作为团队人力资本、社会资本与错误中学习的中介;模型 8,检测团队人力资本、社会资本与错误中学习对团队创新绩效的直接影响;模型 9,检测团队创新绩效与错误中学习对团队人力资本、社会资本的直接影响。

　　通过模型比较发现,5 个嵌套模型拟合情况均优于 4 个非嵌套模型。在 5 个嵌套模型中,又以模型 2(部分中介模型)与模型 3(修正的部分中介模型)的拟合指数最好,模型 2、3 与基准模型 1 比较 $\Delta\chi^2$ 是显著的($\Delta\chi^2 = 54.094$,

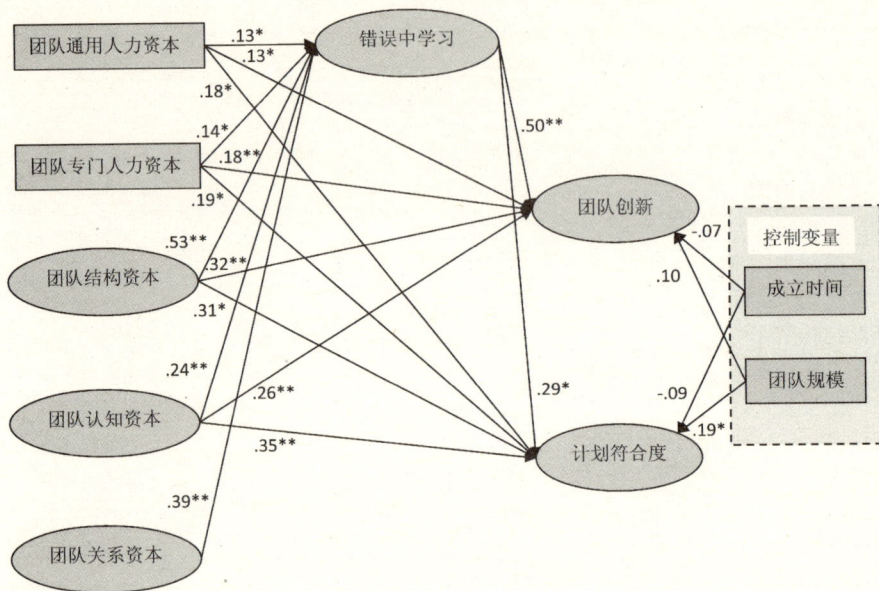

图 5—7　修正的部分中介模型的分析结果

p<.01;ΔX²＝51.712,p<.01),所以将部分中介模型和修正的部分中介模型进一步比较,以选取最优模型。

部分中介模型与修正的部分中介模型比较发现 ΔX² 是不显著的(ΔX²＝2.382,p>.05),进一步比较拟合指数,修正模型 PNFI 值略大于部分中介模型,据模型简约性的原则,修正的部分中介模型是数据的最优拟合。即:修正的部分中介模型为最优模型。其中,错误中学习部分中介团队通用人力资本、专门人力资本与团队创新及计划符合度之间的关系,错误中学习部分中介团队结构资本、认知资本与团队创新及计划符合度之间的关系,错误中学习完全中介团队关系资本与团队创新及计划符合度之间的关系。假设 4 和 5 得到部分支持。

表 5—7　结构方程模型的比较

模型	χ^2	Df	χ^2/df	$\triangle\chi^2$	RMSEA	CFI	TLI	PNFI
1：THC＋TSC→TLFM→TIN＋TCA（完全中介模型）	590.347	337	1.752		.071	.920	.910	.743
2：THC＋TSC→TLFM→TIN＋TCA，THC→TIN＋TCA（部分中介模型）	536.253	327	1.640	54.094**	.065	.934	.924	.734
3：THC＋TSC→TLFM→TIN＋TCA，THC＋TSSC→TIN＋TCA（修正的部分中介模型）	538.635	329	1.637	51.712**	.065	.934	.924	.738
4：THC＋TSC→TLFM→TIN＋TCA，THC→TIN＋TCA	581.182	333	1.745	9.165	.070	.922	.911	.737
5：THC＋TSC→TLFM→TIN＋TCA，TSC→TIN＋TCA	555.328	331	1.678	35.020**	.067	.929	.919	.739
6：TIN＋TCA→TLFM→THC＋TSC	647.571	343	1.888		.077	.904	.894	.742
7：TIN＋TCA→THC＋TSC→TLFM	623.817	335	1.862		.076	.909	.897	.730
8：THC＋TSC＋TLFM→TIN＋TCA	729.739	338	2.159		.088	.876	.862	.710
9：TIN＋TCA＋TLFM→THC＋TSC	733.388	335	2.189		.089	.874	.858	.703

嵌套模型：4、5

注：THC 人力资本（TGHC\TSHC）；TSC 社会资本（TSSC\TCSC\TRSC）；TLFM 错误中学习；TIN 团队创新；TCA 计划符合度。

　　为了检验假设 6,分析团队人力资本与社会资本之间交互对创新绩效的影响,比较两个交互模型:①交互模型包括:团队人力资本两因子(通用、专门)、社会资本三因子(结构、认知、关系)、6 个人力资本与社会资本交互项、创新绩效两因子(团队创新、计划符合度);此交互模型的数据拟合情况(χ^2 = 4 747.754,df=276,χ^2/df=17.202,RMSEA=.329,CFI=.323,TLI=.203)很糟糕,各拟合指数远不能满足标准要求。②团队人力资本与社会资本均不分维度,交互模型包括:团队人力资本、社会资本、人力资本与社会资本交互项、团队创新绩效,如图 5－8 所示,该交互模型的数据拟合情况理想(χ^2 = 143.433,df=81,χ^2/df=1.771,RMSEA=.072,CFI=.960,TLI=.948),路径系数与显著性水平如表 5－8 与图 5－9 所示,其中,团队人力资本与社会资本对团队创新及计划符合度均具有正向显著的交互作用(β=0.201,p<0.01;β=0.200,p<0.05),假设 6 得到支持。

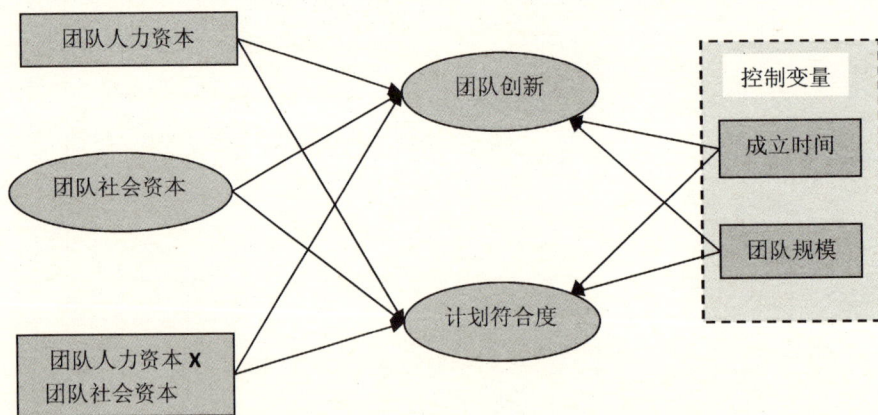

图 5－8　团队人力资本与社会资本对创新绩效的交互模型图

表 5—8　　　　　　　　团队人力资本与社会资本交互模型的标准化路径系数

路　径			标准化路径系数
自变量		因变量	
团队成立时间	→	团队创新	—.026
团队规模	→	团队创新	.003
团队成立时间	→	计划符合度	—.048
团队规模	→	计划符合度	.091
团队人力资本	→	团队创新	.049
团队社会资本	→	团队创新	.939**
团队人力资本	→	计划符合度	.046
团队社会资本	→	计划符合度	.804**
团队人力资本 X 团队社会资本	→	团队创新	.201**
团队人力资本 X 团队社会资本	→	计划符合度	.200*

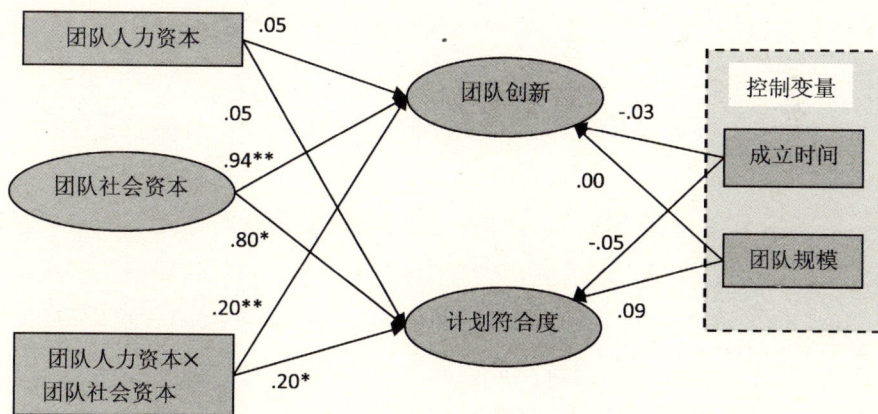

图 5—9　团队人力资本与社会资本交互对团队创新绩效的影响结果

5.5　本章总结

尽管人力资本与社会资本已被认为是个人、组织或行业的一种重要资源，并被认为是支持组织学习和创造、促使创新和提升创新能力的重要资源(Zarutskie，2010；Hitt et al.，2001；Chen et al.，2008；Oh et al.，2006；Levin & Cross，2004)，但从团队层面研究人力资本与社会资本及其交互对创新或创新绩效影响机理的文献却很少。本书围绕团队人力资本、社会资本及其交互对团队创新绩效的作用机理，及团队错误中学习的中介效应进行研究，得出研究结论如下：

(1)改编并验证了团队社会资本由结构资本、认知资本和关系资本三维度构成。其中，结构资本鼓励建立交流网络，强调互动、合作及学习；认知资本强调成员共享愿景和目标，对研发工作所涉及的专业知识、术语、工具及方法的理解；关系资本强调相互信任、支持与配合、敢于尝试的团队氛围；数据分析表明量表有良好的效度和信度。本研究的结论也验证了 Nahapiet 和 Ghoshal (1998)、Tsai 和 Ghoshal(1998)提出的社会资本维度理论。

(2)团队人力资本、社会资本对团队创新绩效均产生积极的显著影响。研究发现：①团队通用人力资本、专门人力资本对团队创新及计划符合度均有显著正向影响，其中，相较于团队通用人力资本，团队专门人力资本对团队创新及计划符合度的影响略大，表明，具有丰富专业领域工作经验对团队创新绩效具有更大的影响，与 Zarutskie(2010)的研究结果一致。②团队结构资本、认知资本与关系资本对团队创新及计划符合度均有显著正向影响。其中，相较于认知资本与关系资本，强调互动的结构资本对团队创新的影响略大，这在一定程度上表明：研发团队成员之间互动性强，能获得更多交流信息和知识的机会，有利于开阔视野和增长知识，进而促进创新；同时，团队成员的互动也更易于获得隐性知识，相对于显性知识的隐性知识更有助于新的想法或观念的产生。此外，团队社会资本三维度中，强调共享愿景与目标的认知资本对计划符

合度的影响略大,表明:对团队愿景与目标看法的一致,对完成工作所需的共有编码、共有语言和共有方法的熟知,对重要决策均能达成共识,促使更容易有效地完成团队任务。

(3)团队错误中学习对团队创新绩效具有积极的显著影响。研究发现:团队错误中学习对团队创新的影响略大于计划符合度,但在同一显著性水平上。表明:如果成员感知团队注重从错误中学习,成员能从错误中获得重要信息、搜索新信息、反思工作进程、减少并改正大多数错误、防止错误重现,那么,成员就会在错误中学习过程不断获得新的知识和经验,从而不断产生新的想法和思路,促进团队创新绩效。本书研究证实,团队错误中学习作为一种特定形式的经验性学习,对团队保持创造力和不断提高产品和服务是尤其重要的。

(4)团队错误中学习在团队人力资本、社会资本与团队创新绩效之间具有中介作用。研究发现:①团队错误中学习部分中介团队通用人力资本、专门人力资本与团队创新及计划符合度之间的关系;由于人力资本是学习的基础,人力资本越高,发现错误并从中学习的能力越强,越容易从错误中获得现有或新的与工作相关的知识,对改掉错误所需的新知识的探索与对现有知识更深入的挖掘越有效,促进新想法或方法的产生,继而提高创新绩效。②团队错误中学习部分中介团队结构资本、认知资本与团队创新及计划符合度之间的关系,对关系资本与团队创新及计划符合度之间的关系起完全中介作用。表明:在研发工作中,随时可能会遇到新问题,如果团队成员明确团队目标,成员经常交流和讨论问题,并相互信任和支持,则会从错误中学习获取更多信息,提高团队成员的改进工作能力和解决问题能力,进而提高研发团队的创新能力与绩效。

(5)团队人力资本与社会资本的交互对团队创新绩效具有积极的显著影响。研究发现:团队人力资本与社会资本的交互对团队创新、计划符合度具有不同程度的影响,从显著性水平来看,对团队创新的影响较大。表明:团队社会资本与成员人力资本互动,可使员工知识、技能及经验的作用充分发挥,社会互动及信任促进知识等资源的交换与合并,有益于创造性思维和方法的产

生,继而提升团队创新绩效。

综合所述,本章研究中的假设检验结果大部分得到了较好的支持,具体检验结果如表 5—9 所示。

表 5—9 第 5 章假设检验结果总结

研究假设	检验结果
假设 1:团队人力资本对团队创新绩效具有显著正向影响,即:	支持
假设 1a:团队通用人力资本对团队创新具有显著正向影响;	支持
假设 1b:团队专门人力资本对团队创新具有显著正向影响;	支持
假设 1c:团队通用人力资本对计划符合度具有显著正向影响;	支持
假设 1d:团队专门人力资本对计划符合度具有显著正向影响。	支持
假设 2:团队社会资本对团队创新绩效具有显著正向影响,即:	支持
假设 2a:团队结构资本对团队创新具有显著正向影响;	支持
假设 2b:团队认知资本对团队创新具有显著正向影响;	支持
假设 2c:团队关系资本对团队创新具有显著正向影响;	支持
假设 2d:团队结构资本对计划符合度具有显著正向影响;	支持
假设 2e:团队认知资本对计划符合度具有显著正向影响;	支持
假设 2f:团队关系资本对计划符合度具有显著正向影响。	支持
假设 3:团队错误中学习对团队创新绩效具有显著正向影响,即:	支持
假设 3a:团队错误中学习对团队创新具有显著正向影响;	支持
假设 3b:团队错误中学习对计划符合度具有显著正向影响。	支持
假设 4 错误中学习对团队人力资本与创新绩效之间关系起中介作用,即:	部分支持
假设 4a:错误中学习对团队通用人力资本与团队创新之间关系起中介作用;	部分支持
假设 4b:错误中学习对团队专门人力资本与团队创新之间关系起中介作用;	部分支持
假设 4c:错误中学习对团队通用人力资本与计划符合度之间关系起中介作用;	部分支持
假设 4d:错误中学习对团队专门人力资本与计划符合度之间关系起中介作用。	部分支持
假设 5:错误中学习对团队社会资本与创新绩效之间关系起中介作用,即:	部分支持
假设 5a:错误中学习对团队结构资本与团队创新之间关系起中介作用;	部分支持

研究假设	检验结果
假设 5b:错误中学习对团队关系资本与团队创新之间关系起中介作用;	部分支持
假设 5c:错误中学习对团队认知资本与团队创新之间关系起中介作用;	支持
假设 5d:错误中学习对团队结构资本与计划符合度之间关系起中介作用;	部分支持
假设 5e:错误中学习对团队关系资本与计划符合度之间关系起中介作用;	部分支持
假设 5f:错误中学习对团队认知资本与计划符合度之间关系起中介作用。	支持
假设 6:团队人力资本与社会资本的交互对团队创新绩效具有显著正向影响,即:	支持
假设 6a:团队人力资本与社会资本对团队创新具有显著正向的交互作用。	支持
假设 6b:团队人力资本与社会资本对计划符合度具有显著正向的交互作用。	支持

第6章 团队认同与个体差异的调节效应

6.1 研究目的与初步模型

团队认同与个体差异有不同的认同过程(Janssen & Huang,2008)。个体层次的认知回答了"我是谁?"的问题。而团队层次的认同回答了"作为一个整体,我们是谁呢?"的问题(Pratt,1998)。团队认同是基于组织认同概念,是社会认同理论在团队情境下的应用(Ashforth & Male,1989)。基于自我归类理论(Turner et al.,1987),社会认同方法最初假定社会和个人认同以一种对抗性的方式彼此相关,因此,团队认同和个体差异总是互相排斥的,意味着强大的团队认同削弱了个体差异,成员个体认为他们自己与其他团队的成员有非常大的不同(Hornsey & Jetten,2004)。

然而,最近研究社会认同理论的学者提出,在不需要进行群体间比较时,个性的表达和社会认同的形成在互动的群体中是不矛盾的(如 Rink & Ellemers,2007),研究结果表明,当群体成员制定了规范:欣赏个性化和多样化的价值,个体差异的表达可能会加强,而不是与集体认同冲突,不妨碍群体依附(Jetten et al.,2002;Swann et al.,2003)。对个性欣赏的群体规范往往会出现,尤其是当群体的成功是依赖于个体成员独特的专业知识、技能和能力

(Postmes et al.,2005)。由于这种情况反映了组织中团队的使用(Van der Vegt & Bunderson,2005)这个基本前提,期望团队成员有一个共同认同,在一定程度上赞赏他们的个体差异。因此,他们在本质上并不是对立的,团队认同和个体差异很可能是相互独立的认知过程。理论和研究也进一步表明,团队认同和个体差异与团队成员的不同工作行为和成果是相关联的 (Janssen & Huang,2008)。这项工作表明,研究者需要将团队认同和个体差异同时考虑以了解不同的认同如何影响行为和成果,(如 Janssen & Huang,2008;Rink & Ellemers,2007),然而,研究者很少考虑团队认同与个体差异的相互影响。

前一章的研究中,本书已经分析了团队人力资本与社会资本对团队创新绩效的作用机制,人力资本与社会资本的各维度对团队创新绩效均具有正向的显著的影响,假设检验得到支持。基于前一章的研究结论,本章将进一步探讨团队认同与个体差异这两个情境变量在团队创新绩效形成过程中的作用机制。本章采用社会和个体认同方法探讨,通过同时考虑团队认同和个体差异的交互效应将提高认同的作用,并在团队情境下,考虑团队人力资本与社会资本作为团队创新绩效的两个重要的条件,检验团队认同和个体差异的调节作用。本章组织如下:首先,本章研究涉及两个不同的认同,提出团队认同与个体差异的重要作用,将分别探讨团队认同、个体差异对团队创新绩效的影响作用。其次,进一步考虑团队认同与个体差异两者的共同作用,探讨团队认同与个体差异这两种认同以重要的不同的方式对团队创新绩效具有潜在的贡献。

本章研究构建团队人力资本、社会资本与团队创新绩效之间关系的调节效应模型,如图 6-1 所示。本章是团队层次上的研究,选取通用人力资本、专门人力资本、结构资本、认知资本与关系资本五个变量作为前因变量,选取团队创新、计划符合度这两个变量组成的团队创新绩效作为结果变量,并选取团队认同与个体差异作为调节变量。在前一章的研究基础上,本章重点探讨分析并验证团队认同对团队人力资本、社会资本与团队创新绩效之间的关系是否具有调节效应? 个体差异对团队人力资本、社会资本与团队创新绩效之间的关系是否具有调节效应? 团队认同与个体差异这两个变量以互补方式能否

作为团队人力资本、社会资本与团队创新绩效之间的关系的缓冲变量？这是本章需要解决的问题。

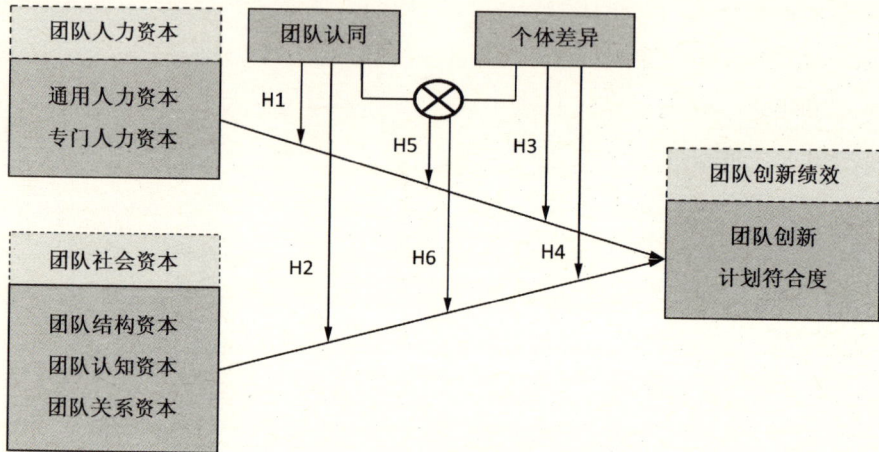

图6—1 团队层次的调节效应模型

6.2 理论与研究假设

6.2.1 团队认同调节效应

本节主要研究团队认同对人力资本、社会资本与团队创新绩效之间关系的调节作用。团队认同是指团队成员如何感觉到一个认知的连接（Dutton et al.,1994），或感知到"合一或归属到"团队（Mael & Ashforth,1992）。正如Mael和Ashforth(1992)的解释："认同引导个人从事与身份（群体的）相一致的活动，并从中获得满足感"。因此，当团队成员认同自己的团队，他们更可能付出努力（Han & Harms,2010）。

前一章研究中，已经证实团队人力资本对团队创新绩效有显著的正向影响。已有研究显示团队认同与团队绩效（Van der Vegt & Bunderson,2005）

与团队学习行为(Van der Vegt & Bunderson,2005)具有正相关。如：Van Der Vegt 和 Bunderson(2005)以石油天然气行业的多学科团队为对象,研究在集体团队认同的不同水平下,专业多样性与团队学习及团队绩效之间的关系。研究提出,在集体团队认同水平低时,专业多样性与团队学习及团队绩效是负相关的,当集体团队认同水平高时,专业多样性与团队学习及团队绩效的关系是正向的。Bezrukova 等(2009)提出并验证包含群体断层(Faultlines)、团队认同与群体绩效成果的一个调节模型。其中,团队认同作为一个调节变量增强基于信息的断层与群体绩效的关系。当团队成员在他们的思想、感情与行动上彼此一致时,能够更好地组织与协调行为,团队绩效可能会提高(Dick & Haslam,2001)。同时,建立团队密切连带的认同,将有助于个人的自我意识,团队认同促使个体团队成员按照这个社会自我概念去行事。

团队由一群具备不同的专业、能力、知识及经验的人组成。本书认为,当个体成员强烈认同他们的工作团队时,个体具有自我激励的动机,高教育水平的成员会更加充分利用自己的专业知识,积极的工作投入并深入地挖掘自身潜能,提出创造性的解决方案,提高创新绩效;成员具备丰富的工作经验,意味着拥有更多领域相关的专门知识,具有更高的胜任能力,对团队的强烈认同,促使成员积极发挥自身专业优势的同时,更可能与其他成员分享自己的多源的专业经验,激发创造性思想的产生,进一步提升团队创新绩效。由此,笔者提出如下假设:

假设1:团队认同正向调节团队人力资本与团队创新绩效之间的关系,即:团队认同越高,人力资本对团队创新绩效的正向影响越强。

假设1a:团队认同正向调节团队通用人力资本与团队创新之间的关系。

假设1b:团队认同正向调节团队专门人力资本与团队创新之间的关系。

假设1c:团队认同正向调节团队通用人力资本与计划符合度之间的关系。

假设1d:团队认同正向调节团队专门人力资本与计划符合度之间的关系。

结构资本的概念定义中社会交互与合作是结构维度的重要方面（Chen et al.，2008；Tsai & Ghoshal，1998）。密切的社会交互使团队中人们相互了解，分享重要的信息，对任务、目标有共同的理解，并获取其他的资源。团队成员之间相互合作，共同诊断出现的问题并提出解决方案，提高团队绩效，如：Somech 等（2009）以高科技公司的 77 个完整的工作团队为研究样本，探讨了团队认同、任务结构（任务依赖）、强调合作或竞争的冲突管理与团队绩效之间的关系，其中，团队认同作为调节变量。结果揭示了团队认同正向调节任务依赖与强调合作的冲突管理之间的关系，团队认同对任务依赖与强调竞争的冲突管理之间的关系的调节作用没有得到支持。结果也证实了团队认同对任务依赖与团队绩效之间的关系的正向调节作用。因此本书认为，当个体成员强烈认同他们的工作团队时，社会互动推动团队成员交换与团队目标和任务相关的意见和思想，使成员之间相互学习，并获得更多的信息和资源，改善团队工作，进而提高团队效能。

认知资本是指共有愿景和目标、共有编码、共有语言和共有叙述，在知识创造和交流中发挥重要作用（Nahapiet & Ghoshal，1998）。Tsai 和 Ghoshal（1998）也提出共有目标作为粘接机制帮助组织不同的合作伙伴整合或合并资源，反过来有利于产品的创新。共同愿景是凝聚员工向心力、激发员工忠诚的重要因素，可以带来更多的合作行为，并因之创造资源（Senge，1990）。当团队认同高时，共有目标和代码将形成一股无形的自律、强制力量（Adler & Kwon，2002），使团队成员愿意彼此交互与相互合作，并避免交流与合作过程中可能产生的误解，降低知识交换与沟通时所产生的冲突、协调等摩擦成本（Dyer & Nobeoka，2000），并有更多的机会交流自己的想法，并交换与整合他们具有潜在价值的想法，反过来又促进新想法的产生和实施。

关系资本是指通过社会互动而形成的关系类型，如信任、规范、义务、期望等（Nahapiet & Ghoshal，1998），关系维度的社会资本通过关系性嵌入的特征影响着团队的绩效。关系资本是指植根于信任和守信等关系中的资产（Tsai & Ghoshal，1998）。在项目团队中，信任起到一个关键的作用，相互信任提高

团队成员共享知识的意愿,进而促进创新(Dakhli & De Clercq,2004)。当成员对团队的认同程度高时,信任与支持的气氛激励他们更多的互动与合作,提出新的或改进的工作方法,减少监测所消耗的时间和金钱,因此,让团队成员投入更多的时间和精力实现团队的绩效目标。由此,笔者提出如下假设:

假设2:团队认同正向调节团队社会资本与团队创新绩效之间的关系,即:团队认同越高,社会资本对团队创新绩效的正向影响越强。

假设2a:团队认同正向调节团队结构资本与团队创新之间的关系。

假设2b:团队认同正向调节团队认知资本与团队创新之间的关系。

假设2c:团队认同正向调节团队关系资本与团队创新之间的关系。

假设2d:团队认同正向调节团队结构资本与计划符合度之间的关系。

假设2e:团队认同正向调节团队认知资本与计划符合度之间的关系。

假设2f:团队认同正向调节团队关系资本与计划符合度之间的关系。

6.2.2　个体差异调节效应

1. 个体差异

个体差异是指团队成员看他们自己与其他团队成员在思想、感觉和行为上有多大程度的差异(Turner et al.,1987;Janssen & Huang,2008)。以往的研究表明,当个体偏离既定范式与问题出现时持不同的视角,创造性思维更容易产生(Amabile,1996;Goncalo & Staw,2006)。因此,个体差异可能会是团队成员产生新思想的关键驱动力,而成员产生的新思想是团队创新的重要输入。

个体差异测量参考Janssen和Huang(2008)的量表,共有7个项目,其中3项测量的是个人认同(Ellemers et al.,1999)。个体差异的量表主要衡量团队成员与团队其他成员在知识、技能、能力、角色、思想、感知与行为方面有多大程度的差异(Janssen & Huang,2008)。

2. 个体差异的调节效应:团队人力资本、社会资本与团队创新绩效

团队中个体突出自己的个性很容易感觉他与其他团队成员在思想、感情

与行为方面是独特的和不同的（Dutton et al.，1994；Haslam et al.，2000；VanKnippenberg，2000）。通过他们具有分歧的和独特的视角，这些人很可能对团队中的思想和日常工作的既定框架的有效性提出质疑，并可能会觉得好奇，为什么这些是理所当然的。这种分歧和具有挑战性的态度培育了寻求、构建与定义问题的能力，产生和整合新思路产生解决方案，并向团队提出创造性的建议。如此的问题—搜寻、问题—解决活动在研究文献中是创造性活动的基本元素（Amabile，1996；Shalleyet al.，2004；Vincent et al.，2002）。鉴于创造性思想更有可能产生于个人偏离既定范式，对新出现的问题采取不同的角度（Amabile，1996；Goncalo & Staw，2006），个体差异可能是团队成员产生创新变革的一个关键驱动因素和新思路。

　　人是创造力与创新产生的一项重要资源（Shalley & Gilson，2004），领导者应鼓励员工攻读更高层次的学位或者寻求工作外部的培训，他们期望员工能够从增加的知识积累中获益（Shalley & Gilson，2004）。通用人力资本高，意味着团队人员的教育程度平均水平高，成员掌握各种思想及知识基础。当团队的个体差异大时，表明团队成员在知识、技能、能力、角色、思想、感知与行为等方面具有多样性，团队多样性会导致不同观点的产生，能够拓展团队内部有效的知识、技能和观点的范围（McLeod & Lobel，1992；Pelled et al.，1999），而在高团队通用人力资本的条件下，大的个体差异进一步激发成员产生更高质量的观点，能够使成员考虑不明显的备选方案，产生更多的备选方案。其次，团队有高的个体差异，团队会面临更多的冲突（Hoffman，1959；Hoffman et al.，1962），从而激励成员寻找不同的答案和替代方案，在高团队专门人力资本的条件下，成员普遍具备丰富的专业领域工作经验，能够更好地处理和利用个体差异所带来的人际冲突或任务冲突，冲突激发团队内部头脑风暴，鼓励成员之间思想、知识、情感与行为的碰撞，增进团队内部知识有效的更深层次的交流和整合，特别是成员隐性知识的交换，有助于产生新的思想和方法，从而激励成员寻找新的解决方案，提高团队的创新绩效。由此，笔者提出如下假设：

假设 3：个体差异正向调节团队人力资本与团队创新绩效之间的关系，即：团队个体差异越大，人力资本对团队创新的正向影响越强。

假设 3a：个体差异正向调节团队通用人力资本与团队创新之间的关系。

假设 3b：个体差异正向调节团队专门人力资本与团队创新之间的关系。

假设 3c：个体差异正向调节团队通用人力资本与计划符合度之间的关系。

假设 3d：个体差异正向调节团队专门人力资本与计划符合度之间的关系。

团队结构资本强调成员间的社会互动，鼓励交流、学习和合作行为。当个体成员所具有的独特的专业的知识、技能和能力，致使群体的成功时，成员更可能领会个体差异所带来的个性的价值。不同个体之间的互动是产生创造性绩效的一个必要的先决条件（Amabile，1988；Kanter，1988；Woodman et al.，1993）。当团队的个体差异大时，团队中成员强烈认同自身的思想、情感与行为，在高团队结构资本的条件下，团队鼓励个体更自发地交流，成员的社会互动鼓励沟通与合作行为，从而有利于新产品的开发（Putnam，1993；Chen et al.，2008）。

在 R&D 团队中共享价值观、共有的集体目标，共有代码被视为团队活动中使用的专业方法、术语和概念。虽然团队中的个体差异可能会带来潜在利益，但是领导者需要意识到，他们需要与多样性团队一起积极地工作，从而开发一种团队观。更进一步地说，具有共享的心智模式在创造性过程的不同阶段可能都非常重要（例如观点产生和观点评估）。由于员工一般选择与他们相似的个体一起工作，领导者希望建立多样性工作团队或鼓励不同的个体提供观点和投入等人力资源实践，以此鼓励员工与不同的个体一起工作（Shalley& Gilson，2004）。同样，共同认知文献也提到整合个体异质知识的团队过程是由团队成员共同的心智模式决定的（如，Mohammed & Dumville，2001；Cannon—Bowers & Salas，2001）。由此可知，在个体差异大的团队工作过程中，团队认知资本的重要作用。本书认为，当团队有大的个体差异时，

共有目标帮助团队成员更了解他们所努力实现的目标;共有代码使团队成员更加有效地整合和利用成员多样性的知识,加强成员付出不同努力所得的成果;共享的价值观体系将增进理解不同成员个体的行为方式,影响人们的洞察力,降低知识的因果模糊性,促进成员间异质性知识获取和共享,推动知识积累和创造(Nahapiet & Ghoshal,1998)。

关系资本中信任是核心的要素,信任是一种心理状态,其包含对他人正面意图或行为的理性期待而产生的情感与接受易受伤害的意愿。信任有助于成员形成共同目标和增强凝聚力(Bradch & Eccles,1989);在成员相互信任的团队中,大家更愿意相互接触、更有兴趣了解对方的知识(柯江林等,2007)。本研究认为,当团队有大的个体差异时,成员有强烈的个人认同,在高关系资本的条件下,高度的信任可以减少对于监测和控制系统的需要,促使差异性知识的拥有者愿意承担风险进行知识的分享,增进团队成员或团队间的合作(Rousseau,et al.,1998)。差异性个体之间的相互支持,鼓励改变和尝试新的工作方法,为团队成员提供更大的自由度来展现他们自己独一的和特殊的个性或想法,进而促进创造性行为和成果的产生。由此,笔者提出如下假设:

假设4:个体差异正向调节团队社会资本与团队创新绩效之间的关系,即:团队个体差异越大,社会资本对团队创新的正向影响越强。

假设4a:个体差异正向调节团队结构资本与团队创新之间的关系。

假设4b:个体差异正向调节团队认知资本与团队创新之间的关系。

假设4c:个体差异正向调节团队关系资本与团队创新之间的关系。

假设4d:个体差异正向调节团队结构资本与计划符合度之间的关系。

假设4e:个体差异正向调节团队认知资本与计划符合度之间的关系。

假设4f:个体差异正向调节团队关系资本与计划符合度之间的关系。

6.2.3　团队认同与个体差异组合效应

团队中,期望个体成员充分发挥个性化和多样化的价值,通过共享信息和互相帮助进行建设性的合作,同时,鼓励成员在工作中采取创造性的方法,帮

助自己的团队满足创新的需求（West et al.，2003）。全面理解成员不同的工作行为背后的动机过程已变得越来越重要。到现在为止，研究很少关注探索其情境因素和过程，解释为什么、如何以及在何种程度上影响团队创新绩效。本研究目的在于通过调查个体和团队不同的认同过程是如何与团队创新绩效联系起来。

团队中的每个成员个体必须平衡两个基本的人类动机：认同团队的需求、通过强调个性感觉自己是差异性个体的需求（Hornsey & Jetten，2004）。对组织行为使用社会认同方法，Janssen 和 Huang（2008）提出团队认同激发成员个体通过互相帮助与合作行为，进而提高创新行为。此外，个体差异是团队成员产生新思想的关键驱动力，在强烈的团队认同条件下，欣赏个性的价值和创造力，进一步激活成员多样性的知识，所产生的新思想和方法是团队创新的重要输入。因此，笔者认为，团队认同和个体差异对于团队创新绩效而言，既是相互独立的而且是互补的驱动因素。

第 6.1 节研究目的讨论中，笔者已经提到，群体间不需进行比较时，个体差异与团队认同是不矛盾的，在成员个体对团队认同的同时，他们的个体差异也需得到欣赏。所以，考虑团队认同与个体差异是互相独立的认知过程，两者可能对团队创新绩效有交互作用，即：当团队认同欣赏个性的价值和创造力，团队认同与个体差异以互补方式影响团队创新绩效。根据"创造力规范"假设声明创新的强集体主义价值与强规范共同作用以培养创造力，因为集体主义实体中的成员可能对规范有更多的响应，因此感觉到更大的压力去从事创新活动（如 Flynn & Chatman，2001；O'Reilly & Chatman，1996）。

因此，设想强烈的团队认同可能是新奇的和开创性思想产生的重要来源。相比之下，团队中个体成员突出自己的个性，易于感觉在思想、感情和行为上与其他成员不同（Dutton et al.，1994；Van Knippenberg，2000）。这种发散性和挑战性的态度有助于培育搜索、构建与定义问题的才能，进而产生解决方案的新思路，促进团队中创造性过程。按照这种推理，结合 6.2.1 和 6.2.2 节的讨论，笔者认为，在促进创新的工作条件中，团队认同和个体差异的互动及通

过两者的不同认知过程有助于提高团队人力资本、社会资本对团队创新绩效的影响作用。由此,笔者提出如下假设:

假设 5:团队认同、个体差异与团队人力资本的三重交互(Three-way interaction)对团队创新绩效具有显著影响。即:团队认同越高并且个体差异越大,人力资本对团队创新绩效的正向影响越强。

假设 5a:团队认同、个体差异与通用人力资本的三重交互对团队创新具有显著影响。

假设 5b:团队认同、个体差异与专门人力资本的三重交互对团队创新具有显著影响。

假设 5c:团队认同、个体差异与通用人力资本的三重交互对计划符合度具有显著影响。

假设 5d:团队认同、个体差异与专门人力资本的三重交互对计划符合度具有显著影响。

假设 6:团队认同、个体差异与团队社会资本的三重交互(Three-way interaction)对团队创新绩效具有显著影响。即:团队认同越高并且个体差异越大,社会资本对团队创新绩效的正向影响越强。

假设 6a:团队认同、个体差异与结构资本的三重交互对团队创新具有显著影响。

假设 6b:团队认同、个体差异与认知资本的三重交互对团队创新具有显著影响。

假设 6c:团队认同、个体差异与关系资本的三重交互对团队创新具有显著影响。

假设 6d:团队认同、个体差异与结构资本的三重交互对计划符合度具有显著影响。

假设 6e:团队认同、个体差异与认知资本的三重交互对计划符合度具有显著影响。

假设 6f:团队认同、个体差异与关系资本的三重交互对计划符合度具有

显著影响。

6.3　研究方法

6.3.1　研究工具

本章研究模型涉及变量分别是:团队人力资本(团队通用人力资本与团队专门人力资本)、团队社会资本(结构资本、认知资本与关系资本)、团队认同、个体差异与团队创新绩效(团队创新与计划符合度)。其中,团队人力资本由团队成员人力资本客观测量数据加总平均得到,团队社会资本、团队创新绩效都采用本书第 5 章中所采用的量表,团队认同与个体差异变量所采用的测量量表如下:

团队认同参照 Ellemers 等(1999)量表,共 10 个条目,分别测量自我分类、团队自尊、团队承诺,每个条目采用 1～5 的等级分值,1——非常不同意,2——不同意,3——不确定,4——同意,5——非常同意。代表性条目分别有:"我认同团队其他成员","我喜欢成为该团队的一员"。

个体差异参考 Janssen 和 Huang(2008)量表,共有 7 个条目。采用 1～5 的等级分值,1——非常不同意,2——不同意,3——不确定,4——同意,5——非常同意。个体差异的代表性条目有:"由于您对问题独特的看法","由于您出色的技术和能力"。

控制变量。控制变量仍是选择了两个变量:团队规模和团队成立时间,选择原因及测量方法同第 5 章所述。

与前两章相同,为了同源误差问题,本研究采用套问卷的形式。其中,团队人力资本由个体人力资本的客观数据直接加总平均,团队社会资本、团队认同、个体差异、团队错误中学习由团队成员评分后聚合到团队层次,而团队创新与控制变量(团队规模、团队成立时间)则由团队主管评分。本章研究中各测量量表的特征汇总如表 6—1 所示。

表 6—1　　　　　　　　　　**本章研究中变量测量特征汇总**

变量	维度	条目数	变量层次	评分人	数据处理方式
团队 人力资本	通用人力资本	客观数据	团队	团队成员	团队聚合
	专门人力资本	客观数据	团队	团队成员	团队聚合
团队 社会资本	结构资本	4	团队	团队成员	团队聚合
	认知资本	4	团队	团队成员	团队聚合
	关系资本	3	团队	团队成员	团队聚合
团队认同		10	团队	团队成员	团队聚合
团队个体差异		7	团队	团队成员	团队聚合
团队创新	团队创新绩效	4	团队	团队主管	直接测量
	计划符合度	3	团队	团队主管	直接测量
控制变量	团队规模	1	团队	团队主管	直接测量
	团队成立时间	1	团队	团队主管	直接测量

6.3.2　研究样本

本章研究样本和前两章所用样本相同。研究来自多家高新技术企业或研究院的 151 个研发团队,配对数据有 151 个有效团队资料,共包括 585 个成员问卷,团队规模为 2～7 人。样本的详细统计信息可见第 3 章 3.4.3 节。

6.3.3　统计分析

本章为基于问卷调查的实证分析。与第 5 章相同,研究假设聚焦于团队层次,探讨团队认同与个体差异对团队人力资本、社会资本与团队创新绩效之间关系的单独调节效应及共同效应。关于团队人力资本、团队社会资本、团队认同、个体差异、团队创新绩效的操作性定义、信度分析、效度分析均在第 3 章相关部分。本章将主要采用 spss11.0 进行统计描述分析和多层次回归分析,并验证本章所提出的团队层次各变量之间关系的研究假设。

6.4 结果分析

6.4.1 测量问卷的信度与效度检验

信度与效度分析。结果如第 3 章表 3—9 与表 3—10 所示,并在第 5 章 5.4.1 节中已验证了团队社会资本(结构资本、认知资本与关系资本)、团队创新绩效(团队创新、计划符合度)均有理想的信度与效度,因此本章不再重复检验。这里主要检验团队认同与个体差异的信度和效度。首先,团队认同与个体差异的 α 系数分别为 0.951 与 0.949,均大于 0.7,说明量表具有良好的信度。团队认同与个体差异的组合信度分别是 0.965 与 0.947,表明具有较高的内部一致性,团队认同及个体差异测量模型的内在质量理想。其次,进行效度分析。团队认同与个体差异的 AVE 分别为 0.732 与 0.719,均大于 0.5,表示量表具有较好的收敛效度。从表 6—2 可看出本章中所有七个潜变量之间的相关系数小于对角线上 AVE 的平方根,表明本章中七个潜变量之间具有良好的区分效度。

表 6—2　　　　　　团队层次研究变量的均值、标准差、相关系数

变量	均值	标准差	1	2	3	4	5	6	7	8	9	10
1 团队成立时间	32.642	42.604										
2 团队规模	3.874	.968	−.053									
3 通用人力资本	2.706	.303	.057	−.205*								
4 专门人力资本	6.255	3.269	.345**	.119	−.140							
5 团队结构资本	3.915	.495	−.002	−.052	−.017	−.086	(.873)					
6 团队认知资本	3.817	.484	.035	.148	.004	.106	.505**	(.916)				
7 团队关系资本	3.675	.525	−.011	.148	.033	−.021	.555**	.411**	(.849)			
8 团队认同	3.839	.522	.087	−.059	.045	−.021	.063	.030	.022	(.797)		
9 团队个体差异	3.235	.646	.069	−.197*	.148	−.032	.098	.011	.157	.049	(.828)	
10 团队创新	3.925	.686	.048	.091	.111	.154	.655**	.633**	.596**	−.011	.025	(.801)
11 计划符合度	3.917	.682	.027	.133	.078	.144	.570**	.567**	.427**	−.020	.088	.664** (.741)

注: ** 小于 0.01 显著性水平,* 小于 0.05 显著性水平(双尾);对角线括号内为各变量 AVE 的平方根。

验证性因子分析显示,团队认同测量模型拟合指数($\chi^2 = 52.272$,df$=31$,

$\chi^2/df=1.686$, RMSEA$=.068$, CFI$=.984$, TLI$=.976$）、个体差异测量模型拟合指数（$\chi^2=19.313$, df$=12$, $\chi^2/df=1.609$, RMSEA$=.064$, CFI$=.992$, TLI$=.986$）均较好。

团队层次变量的聚合。团队社会资本（结构资本、认知资本、关系资本）量表的团队聚合在第5章中已通过检验，本章不再重复检验。而团队创新绩效为团队主管直接评分，不需要进行团队聚合。所以这里主要关注团队认同与个体差异的团队聚合的检验，通过对全部样本的计算，团队认同与个体差异的Rwg值分别为0.951与0.936，均大于0.7（James et al.，1984），表明具有足够的一致性；团队认同与个体差异的ICC（1）分别为0.338与0.469，处于James（1882）研究结果的范围内，表明团队间有显著的组间差异；团队认同与个体差异的ICC（2）分别为0.665与0.774，均大于0.6的标准（Glick，1985）。所以，本章研究中所涉及的团队变量的聚合效果良好，详细信息请参见第3章中表3－7所示。

6.4.2 描述性统计分析

本章研究变量的均值、标准差和相关系数如表6－2所示。团队层次上人力资本、社会资本及团队创新绩效之间的相关关系在第5章中已有说明，这里主要说明调节变量团队认同与个体差异与其他研究变量之间的关系，由相关矩阵可知，团队认同与人力资本、社会资本及创新绩效均不存在显著相关，同样，个体差异与团队人力资本、社会资本及创新绩效的关系均不显著。

6.4.3 假设检验结果

从表6－3中，可以观察到团队人力资本、团队社会资本与团队创新绩效之间的关系，团队通用人力资本、专门人力资本、结构资本、认知资本、关系资本（$\beta=0.142$, $p<0.01$; $\beta=0.184$, $p<0.01$; $\beta=0.376$, $p<0.01$; $\beta=0.316$, $p<0.01$; $\beta=0.252$, $p<0.01$）与团队创新均显著正相关，团队通用人力资本、专门人力资本、结构资本、认知资本（$\beta=0.129$, $p<0.01$; $\beta=0.167$, $p<0.01$; $\beta=0.403$, $p<0.01$; $\beta=0.307$, $p<0.01$）与计划符合度均显著正相关，但是，关系资

本与计划符合度不相关。

　　本章中关于团队人力资本、团队社会资本与团队创新绩效之间的关系,以最小二乘法回归分析进一步验证了第 5 章中结构方程模型得到的结论,其中,绝大部分结论一致,而关系资本与计划符合度不相关,可能的原因是由于结构方程模型采用的是极大似然估计方法,在计算关系资本与计划符合度的同时,也考虑了其他变量(社会资本三维度相互之间关系,人力资本二维度、社会资本三维度与团队创新绩效两维度之间的关系)的影响。

　　(1)团队认同的调节作用检验

　　为了检验假设 1 和 2,首先,把团队认同这个调节变量引入回归模型,验证对团队人力资本、社会资本与团队创新及计划符合度之间关系的调节作用,回归分析结果如表 6-3 中模型 1、2 所示。层次回归分析分四步使各类变量分别进入回归方程:第一步将团队背景变量作为控制变量(团队成立时间、团队规模),进入方程;第二步采用逐步进入法使自变量(团队通用人力资本、专门人力资本、结构资本、认知资本、关系资本)进入方程;第三步采用逐步进入法使调节变量(团队认同)进入方程;第四步进入的是自变量和调节变量的交互效应项,以考察其调节效应。为了避免可能存在的共线性问题,本书对相关变量进行了中心化后再形成交互项。

　　表 6-3 中模型 1 是对团队创新的回归分析。在控制变量后,通用人力资本、专门人力资本、结构资本、认知资本与关系资本变量进入回归方程,显著地增加了对团队创新回归方程的模型解释率 R^2 达到 64.2%,并且所有自变量对团队创新具有显著的正向影响。当调节变量团队认同进入方程时,团队认同对团队创新没有显著影响,$\triangle R^2$ 也不显著。第四步通用人力资本、专门人力资本、结构资本、认知资本与关系资本分别与团队认同的交互作用项进入回归方程后,结果显示,模型解释率 R^2 达到 67.3%,ΔR^2 为 0.029,在 0.05 水平上统计显著,专门人力资本、结构资本与团队认同的交互作用($\beta=0.173$,$p<0.01$;$\beta=0.175$,$p<0.05$)显著影响团队创新,而其他 3 个交互项对团队创新没有显著影响。

表 6-3　　　　　　　　　团队认同调节效应的多层次回归分析结果

变　量	团队创新（模型 1）				计划符合度（模型 2）			
	Step1	Step 2	Step 3	Step 4	Step1	Step2	Step3	Step 4
Team Tenure	.053	−.030	−.025	−.023	.034	−.042	−.037	−.053
Team Size	.094	.033	.031	.010	.135	.104	.102	.090
TGHC		.142**	.143**	.126*		.129*	.130*	.082
TSHC		.184**	.182**	.180**		.167*	.165*	.133*
TSC		.376**	.379**	.350**		.403**	.406**	.394**
TCC		.316**	.316**	.311**		.307**	.307**	.276**
TRC		.252**	.251**	.216**		.061	.060	.020
TI			−.049	−.077			−.050	−.084
TGHC X TI				.019				.134*
TSHC X TI				.173**				.209**
TSC X TI				.175*				.038
TCC X TI				−.119				.046
TRC X TI				.062				.127
R^2	.011	.642	.644	.673	.019	.477	.479	.529
ΔR^2	.011	.631**	.002	.029*	.019	.458**	.002	.050*
F	.828	36.623**	32.152**	21.712**	1.420	18.598**	16.319**	11.830**

注：Team Size：团队规模；Team Tenure：团队成立时间；TGHC：团队通用人力资本；TSHC：团队专门人力资本；TSC：团队结构资本；TCC：团队认知资本；TRC：团队关系资本；TI：团队认同；TID：团队个体差异；* $p < 0.05$，** $p < 0.01$。

表 6-3 中模型 2 是对计划符合度的回归分析。在控制变量后，通用人力资本、专门人力资本、结构资本、认知资本与关系资本变量进入回归方程，显著地增加了对计划符合度回归方程的模型解释率 R^2 达到 47.7%，通用人力资本、专门人力资本、结构资本、认知资本对团队具有显著的正向影响。当调节变量团队认同进入方程时，团队认同对计划符合度没有显著影响，ΔR^2 也不显

著。第四步通用人力资本、专门人力资本、结构资本、认知资本与关系资本分别与团队认同的交互作用项进入回归方程后，结果显示，模型解释率 R^2 达到 52.9%，ΔR^2 为 0.050，在 0.05 水平上统计显著，通用人力资本、专门人力资本与团队认同的交互作用（$\beta=0.134$，$p<0.05$；$\beta=0.209$，$p<0.01$）显著影响计划符合度，而其他 3 个交互项对计划符合度没有显著影响。

上述结果分析可知，团队认同显著正向调节专门人力资本、结构资本与团队创新之间的关系，而团队认同对通用人力资本、认知资本、关系资本与团队创新之间关系的调节作用不显著，调节作用如图 6－2、图 6－3 所示，团队认同越高，专门人力资本、结构资本对团队创新的正向影响越大；团队认同显著正向调节通用人力资本、专门人力资本与计划符合度之间的关系，而团队认同对结构资本、认知资本、关系资本与计划符合度之间关系的调节作用不显著，调节作用如图 6－4、图 6－5 所示，团队认同越高，通用人力资本、专门人力资本对计划符合度的正向影响越大；故假设 1 和 2 中，1b、1c、1d、2a 得到支持，其他假设均未被支持。

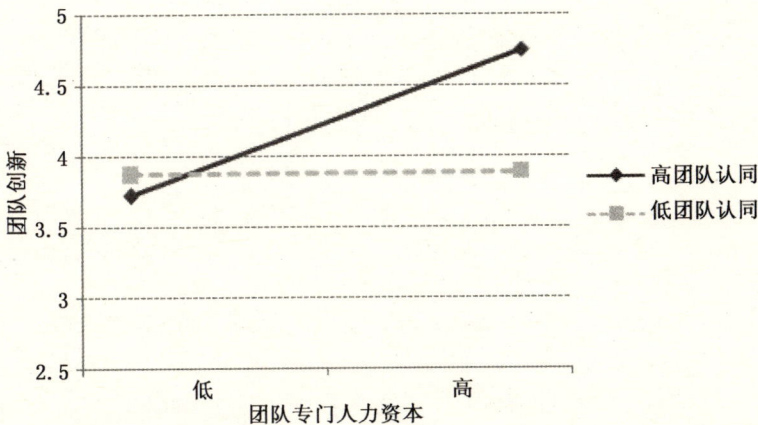

图 6－2　团队认同对团队专门人力资本与团队创新之间关系的调节效应

（2）个体差异的调节作用检验

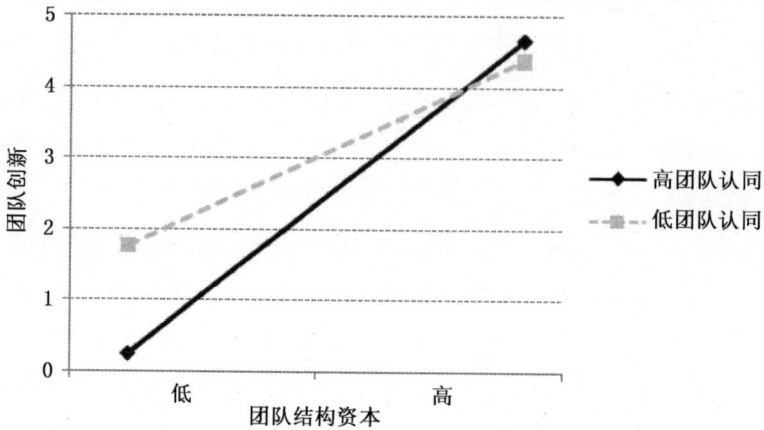

图6-3　团队认同对团队结构资本与团队创新之间关系的调节效应

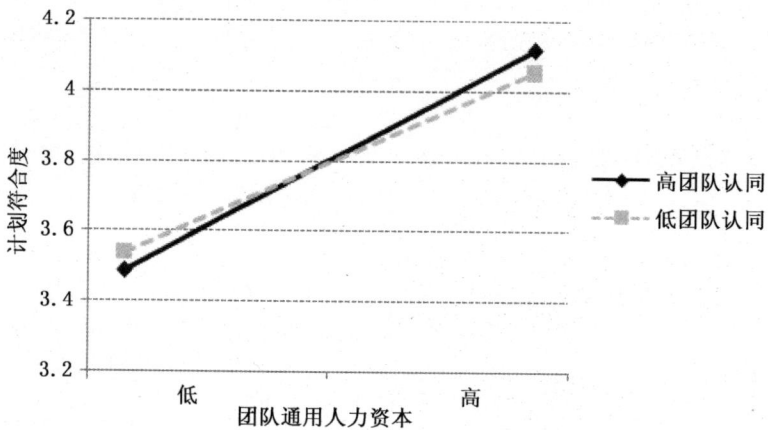

图6-4　团队认同对团队通用人力资本计划符合度之间关系的调节效应

　　为了检验假设3和4,同样,把个体差异这个调节变量引入回归模型,验证对团队人力资本、社会资本与团队创新及计划符合度之间关系的调节作用,回归分析结果如表6-4中模型3、4所示。

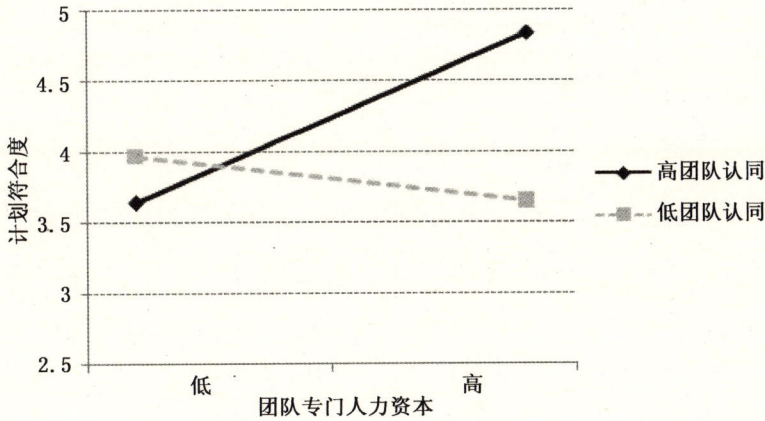

图 6—5 团队认同对团队专门人力资本与计划符合度之间关系的调节效应

表 6—4   个体差异调节效应的多层次回归分析结果

变 量	团队创新（模型 3）				计划符合度（模型 4）			
	Step1	Step 2	Step 3	Step 4	Step1	Step2	Step3	Step 4
Team Tenure	.053.	−.030	−.026.	−.053	.034	−.042	−.045	−.057
Team Size	094	.033	019	.022	.135	.104	.114	.131
TGHC		.142**	.148**	.083		.129*	.124	.077
TSHC		.184**	.183**	.210**		.167*	.168*	.174*
TSC		.376**	.376**	.366**		.403**	.403**	.413**
TCC		.316**	.313**	.286**		.307**	.309**	.298**
TRC		.252**	.265**	.325**		.061	.051	.043
TID			−.067	−.061			.050	.048
TGHC X TID				.166**				.147*
TSHC X TID				.120*				.057
TSC X TID				.160*				.123
TCC X TID				−.045				−.079

变　量	团队创新（模型3）				计划符合度（模型4）			
	Step1	Step 2	Step 3	Step 4	Step1	Step2	Step3	Step 4
TRC X TID				.080				−.022
R^2	.011	.642	.646	.688	.019	.477	.479	.450
ΔR^2	.011	.631**	.004	.042**	.019	.458**	.002	.019
F	.828	36.623**	32.398**	23.222**	1.420	18.598**	16.310**	10.450**

注：Team Size：团队规模；Team Tenure：团队成立时间；TGHC：团队通用人力资本；TSHC：团队专门人力资本；TSC：团队结构资本；TCC：团队认知资本；TRC：团队关系资本；TI：团队认同；TID：团队个体差异；* $p < 0.05$，** $p < 0.01$。

表6－4中模型3是对团队创新的回归分析。在控制变量后，通用人力资本、专门人力资本、结构资本、认知资本与关系资本变量进入回归方程，显著地增加了对团队创新回归方程的模型解释率 R^2 达到64.2%，并且所有自变量对团队创新具有显著的正向影响。当调节变量个体差异进入方程时，个体差异对团队创新没有显著影响，ΔR^2 也不显著。第四步通用人力资本、专门人力资本、结构资本、认知资本与关系资本分别与个体差异的交互作用项进入回归方程后，结果显示，模型解释率 R^2 达到68.8%，ΔR^2 为0.042，在0.05水平上统计显著，通用人力资本、专门人力资本、结构资本与个体差异的交互作用（$\beta = 0.166$，$p < 0.01$；$\beta = 0.120$，$p < 0.05$；$\beta = 0.160$，$p < 0.05$）显著影响团队创新，而其他2个交互项对团队创新没有显著影响。

表6－4中模型4是对计划符合度的回归分析。在控制变量后，通用人力资本、专门人力资本、结构资本、认知资本与关系资本变量进入回归方程，显著地增加了对计划符合度回归方程的模型解释率 R^2 达到47.7%，通用人力资本、专门人力资本、结构资本、认知资本对团队具有显著的正向影响。当调节变量个体差异进入方程时，个体差异对计划符合度没有显著影响，ΔR^2 也不显著。第四步通用人力资本、专门人力资本、结构资本、认知资本与关系资本分别与个体差异的交互作用项进入回归方程后，结果显示，模型解释率 R^2 达到

68.8％，ΔR^2 为 0.019，统计意义上未达到显著，所有交互项对计划符合度均没有显著影响。

　　上述结果分析可知，个体差异显著正向调节通用人力资本、专门人力资本、结构资本与团队创新之间的关系，而个体差异对认知资本、关系资本与团队创新之间关系的调节作用不显著，调节作用如图 6－6、图 6－7、图 6－8 所示，个体差异越高，通用人力资本、专门人力资本、结构资本对团队创新的正向影响越大；个体差异对团队人力资本、社会资本的调节均未得到验证；故假设 3 和 4 中，3a、3b、4a 得到支持，其他假设均未被支持。

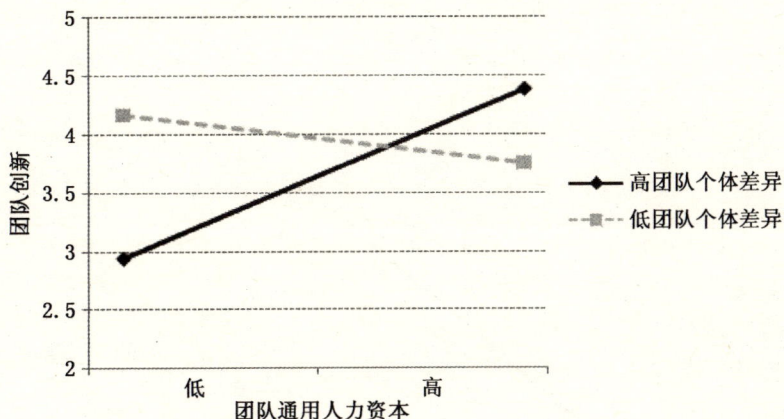

图 6－6　团队个体差异对团队通用人力资本与团队创新之间关系的调节效应

　　(3)团队认同与个体差异的共同作用检验

　　为了检验假设 5 和 6，把团队认同与个体差异这两个调节变量同时引入回归模型，验证对团队人力资本、社会资本与团队创新及计划符合度之间关系的共同作用，回归分析结果如表 6－5 中模型 5、6 所示。层次回归分析分五步使各类变量分别进入回归方程：第一步将团队背景变量作为控制变量(团队成立时间、团队规模)，进入方程；第二步采用逐步进入法使自变量(团队通用人力资本、专门人力资本、结构资本、认知资本、关系资本)进入方程；第三步采用

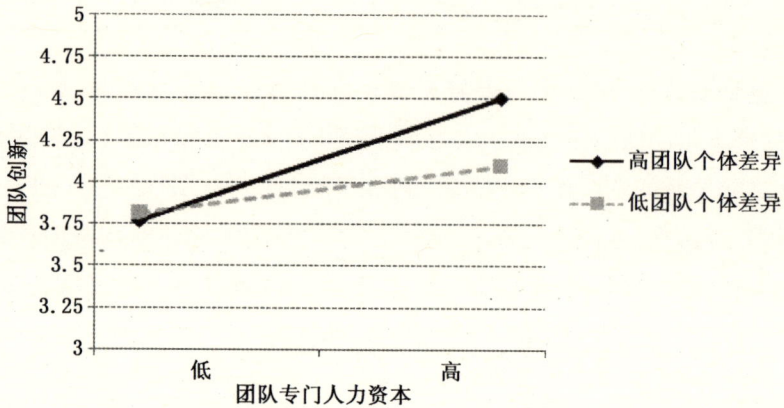

图 6－7　团队个体差异对团队专门人力资本与团队创新之间关系的调节效应

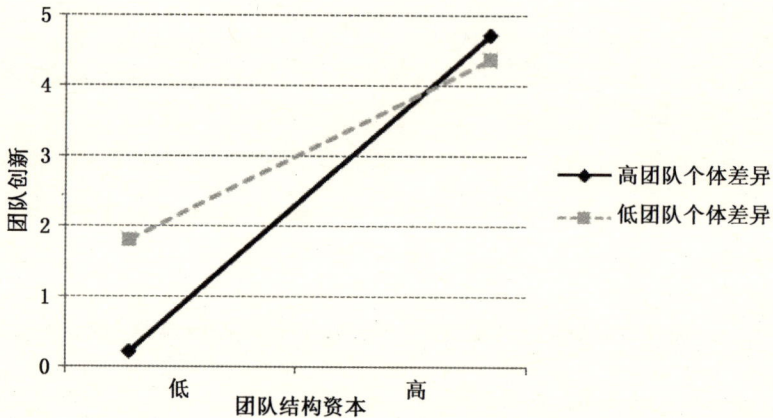

图 6－8　团队个体差异对团队结构资本与团队创新之间关系的调节效应

逐步进入法使调节变量(团队认同、个体差异)进入方程;第四步进入的是调节变量团队认同、个体差异单独与自变量的二阶交互效应项;第五步进入的是调节变量团队认同与个体差异共同与自变量的三阶交互效应项,以考察团队认同、个体差异与人力资本或社会资本的三重交互效应。为了避免可能存在的共线性问题,对相关变量进行了中心化后再形成交互项。

表 6—5　　　　　　　　　　预测团队创新绩效的三重交互效应分析结果

变　量	团队创新（模型5）					计划符合度（模型6）				
	Step1	Step 2	Step 3	Step 4	Step 5	Step1	Step2	Step3	Step 4	Step 5
Team Tenure	.053	−.030	−.021	−.036	−.035	.034	−.042	−.040	−.054	−.058
Team Size	094	.033	.018	.010	.021	.135	.104	.112	.117	.145*
TGHC		.142**	.149**	.085	.075		.129*	.125	.044	.059
TSHC		.184**	.181**	.197**	.167**		.167*	.166*	.125	.107
TSC		.376**	.379**	.358**	.342**		.403**	.406**	.409**	.366**
TCC		.316**	.313**	.288**	.297**		.307**	.309**	.279**	.293**
TRC		.252**	.265**	.290**	.276**		.061	.050	−.003	−.002
TI			−.048	−.061	−.048			−.051	−.063	−.065
TID			−.066	−.062	−.089			.052	.040	.004
TGHC X TI				−.007	.007				.149	.082
TSHC X TI				.145*	.194**				.207**	.203*
TSC X TI				.113	.117				.029	.022
TCC X TI				−.087	−.126				.053	.017
TRC X TI				.064	.097				.118	.130
TGHC X TID				.131*	.141*				.097	.074
TSHC X TID				.086	.123*				−.024	.024
TSC X TID				.107	.057				.068	−.015
TCC X TID				−.041	−.041				−.082	−.092
TRC X TID				.104	.081				.010	−.062
TI X TID				.025	.097				.004	.040
TGHC X TI X TID					−.106					.070
TSHC X TI X TID					.177*					.214*
TSC X TI X TID					.215**					.317**
TCC X TI X TID					−.178					−.187
TRC X TI X TID					.060					.228*
R^2	.011	.642	.648	.705	.734	.019	.477	.481	.543	.604
ΔR^2	.011	.631**	.006	.057*	.029*	.019	458**	.005	.061	.061**
F	.828	36.623**	28.875**	15.549**	13.790**	1.420	18.598**	14.546**	7.715**	7.631**

注：Team Size：团队规模；Team Tenure：团队成立时间；TGHC：团队通用人力资本；TSHC：团队专门人力资本；TSC：团队结构资本；TCC：团队认知资本；TRC：团队关系资本；TI：团队认同；TID：团队个体差异；* p＜0.05，** p＜0.01。

　　表 6—5 中模型 5 是对团队创新的回归分析。在控制变量后，自变量通用人力资本、专门人力资本、结构资本、认知资本与关系资本变量进入回归方程，显著地增加了对团队创新回归方程的解释率，并且所有自变量对团队创新具有显著的正向影响。当调节变量团队认同、个体差异同时进入回归方程，团队

认同、个体差异对团队创新没有显著影响。在所有主效应进入回归方程后，进入二阶交互项，最后第五步使团队认同、个体差异与通用人力资本、专门人力资本、结构资本、认知资本与关系资本的三阶交互项进入回归方程，结果显示，模型解释率 R^2 达到73.4%，ΔR^2 为0.029，在0.05水平上统计显著，团队认同、个体差异共同与专门人力资本、结构资本的三阶交互效应项（$\beta=0.177$，$p<0.05$；$\beta=0.215$，$p<0.01$）显著影响团队创新，而其他3个交互项对团队创新没有显著影响。

表6—5中模型6是对计划符合度的回归分析。同样，控制变量、自变量进入回归方程后，显著地增加了对计划符合度回归方程的解释率。当调节变量团队认同、个体差异同时进入方程时，团队认同、个体差异对计划符合度也没有显著影响。在所有主效应进入回归方程后，进入二阶交互项，最后第五步使团队认同、个体差异共同与通用人力资本、专门人力资本、结构资本、认知资本与关系资本的三阶交互项进入回归方程，结果显示，模型解释率 R^2 达到60.4%，ΔR^2 为0.061，在0.01水平上统计显著，团队认同、个体差异共同与专门人力资本、结构资本、关系资本的三阶交互效应项（$\beta=0.214$，$p<0.05$；$\beta=0.317$，$p<0.01$；$\beta=0.228$，$p<0.05$）显著影响计划符合度，而其他2个交互项对计划符合度没有显著影响。

上述结果分析可知，团队认同、个体差异与专门人力资本对团队创新具有三重交互效应，团队认同、个体差异与结构资本对团队创新也具有三重交互效应，然而，团队认同、个体差异分别与通用人力资本、认知资本、关系资本的三重交互对团队创新没有显著影响。三重交互效应如图6—9、图6—10所示，说明团队认同与个体差异越高，专门人力资本、结构资本对团队创新的正向影响越大。

团队认同、个体差异分别与专门人力资本、结构资本、关系资本的三重交互对计划符合度具有显著影响，然而，团队认同、个体差异分别与通用人力资本、认知资本对计划符合度没有显著影响。三重交互效应如图6—11、图6—12、图6—13所示，说明团队认同与个体差异越高，专门人力资本、结构资本、关系资本对计划符合度的正向影响越大。故假设 5 和 6 中,5b、5d、6a、6d、6f 得到验证,其他假设均未被支持。

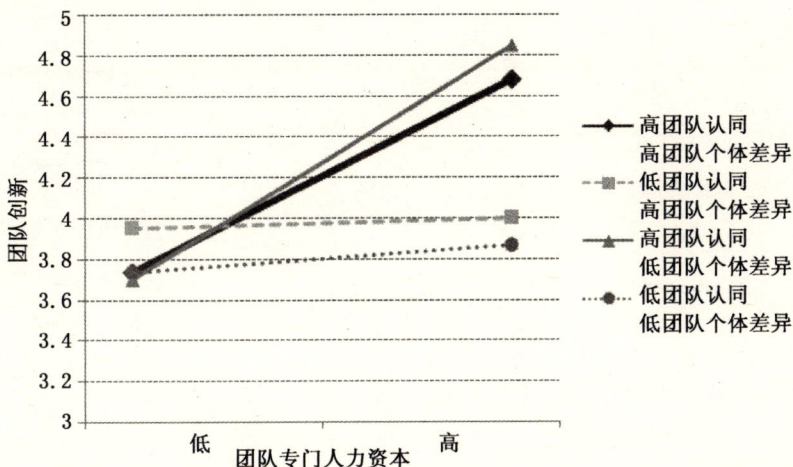

图 6—9 团队认同、个体差异与团队专门人力资本的三重交互对团队创新的影响

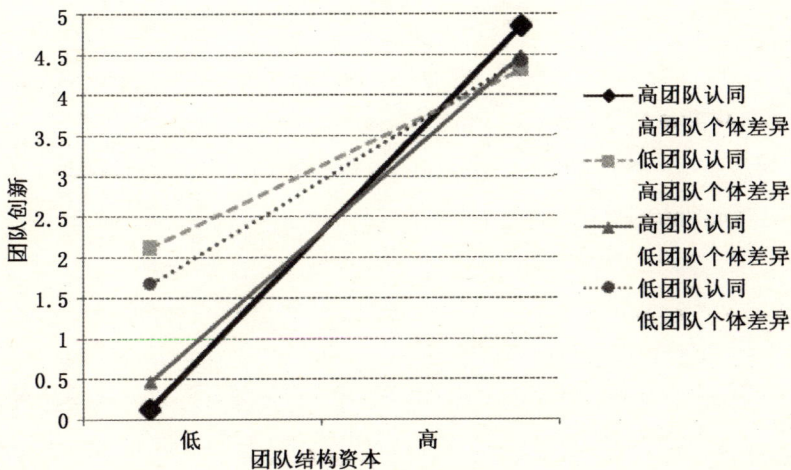

图 6—10 团队认同、个体差异与团队结构资本的三重交互对团队创新的影响

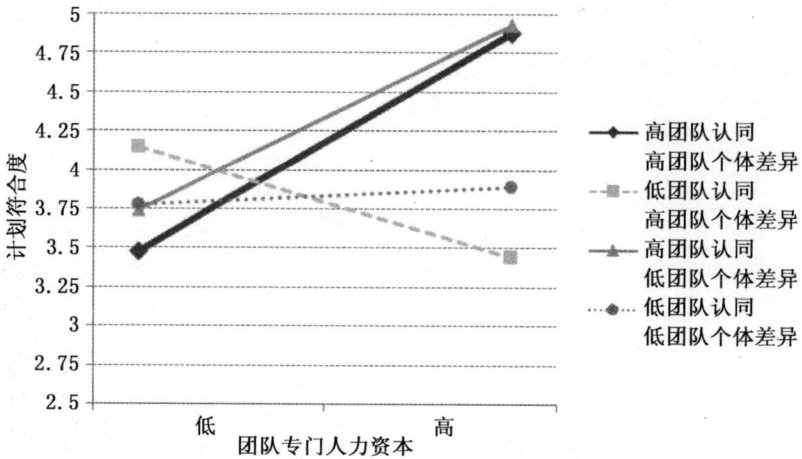

图 6－11　团队认同、个体差异与团队专门人力资本的三重交互对计划符合度的影响

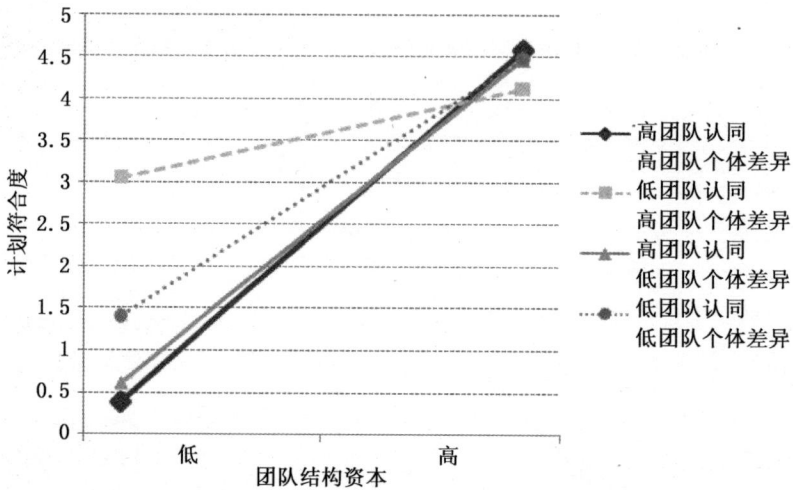

图 6－12　团队认同、个体差异与团队结构资本的三重交互对计划符合度的影响

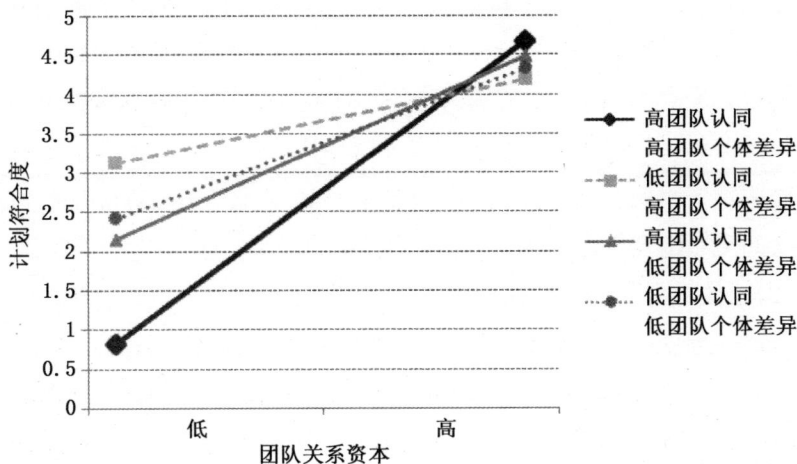

图6—13　团队认同、个体差异与团队关系资本的三重交互对计划符合度的影响

6.5　本章总结

团队认同与个体差异在团队中发挥重要的作用,迄今为止,较多的研究集中团队认同或个体差异单方面的影响(如 Han & Harms,2010;Van der Vegt & Bunderson,2005),很少文献注意团队认同与个体差异的共同效应,团队认同与个体差异表现了不同的认知过程,两者都可能影响团队创新绩效。

在本章中,以团队为研究对象,探讨了团队认同与个体差异这两个情境变量,对团队人力资本、社会资本与团队创新绩效之间关系的调节作用。主要研究结论如下:

(1)团队认同的调节作用

研究结果显示,团队认同对团队人力资本、社会资本与团队创新及计划符合度之间的关系具有不同程度的调节效应。①团队认同可以正向调节团队专门人力资本与团队创新之间的关系,而团队认同对团队通用人力资本与团队

创新之间关系的调节作用未得到证实。团队认同可以正向调节团队通用人力资本与计划符合度之间的关系，团队认同也可以正向调节团队专门人力资本与计划符合度之间的关系。②团队认同可以正向调节团队结构资本与团队创新之间的关系，但是，团队认同对认知资本、关系资本与团队创新之间关系的调节作用均未得到支持，团队认同对结构资本、认知资本、关系资本与计划符合度之间关系的调节作用也均未得到支持。

（2）个体差异的调节作用

对团队创新而言，个体差异在不同程度上可以正向调节人力资本、社会资本与团队创新之间的关系，而对计划符合度却没有显著影响。①个体差异可以正向调节团队通用人力资本与团队创新之间的关系，也可以正向调节团队专门人力资本与团队创新之间的关系，表明：当团队有大的个体差异时，高教育水平或具有较多工作经验的员工所具备的知识对于成员彼此之间是异质性或隐性的，通过知识交换与共享，有利于新观点新方法的产生，继而提升团队创新。但是，个体差异对团队通用人力资本、专门人力资本与计划符合度之间的关系未得到实证结果的支持。②个体差异可以正向调节团队结构资本与团队创新之间的关系，表明：当团队有大的个体差异，成员喜欢突出个性并具有独特视角，成员之间互动增多，越容易产生思想的碰撞，向团队提出创造性的建议和解决方案，有利于团队创新。但是，个体差异对认知资本、关系资本与团队创新之间关系的调节作用未得到支持，个体差异对结构资本、认知资本、关系资本与计划符合度之间关系的调节作用也未得到支持。

（3）团队认同与个体差异的共同作用

研究显示团队认同与个体差异对人力资本、社会资本与团队创新绩效之间关系具有不同程度的影响，如图6—14所示。

①团队认同、个体差异与团队人力资本的三重交互对团队创新、计划符合度的影响。研究发现：团队认同、个体差异与团队专门人力资本的三重交互对团队创新、计划符合度均具有显著影响。即：在团队成员对工作团队与员工自身均具有强烈认同的情境下，当团队成员专业领域工作经验越丰富，团队创新

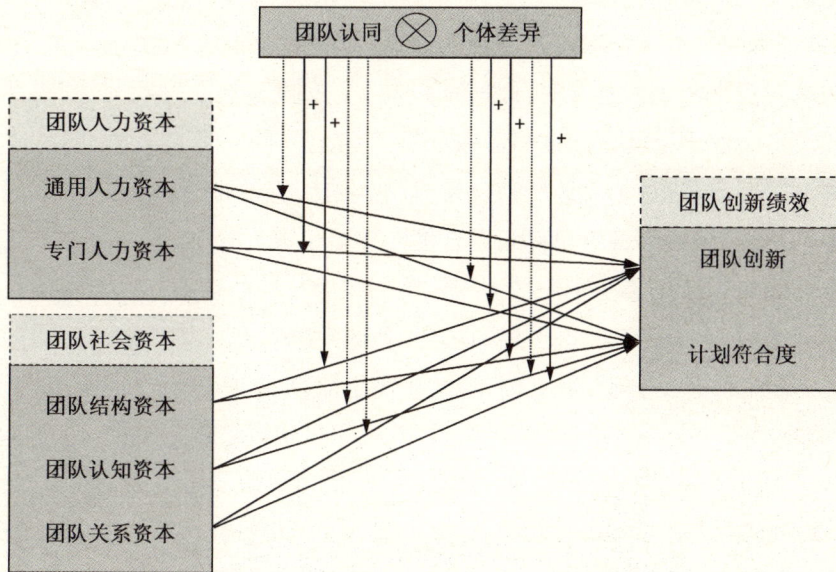

图 6—14 团队层次调节效应分析结果

与计划符合度越高。这也说明,团队成员对工作团队的认同度高并且团队个体之间的差异性大时,团队成员的专业经验对团队创新、计划符合度的影响越强。但是,团队认同与个体差异对团队通用人力资本与团队创新、计划符合度之间关系的共同调节作用均未得到实证支持。即:当团队成员对工作团队及员工自身具有强烈的认同感时,团队成员的平均教育程度对团队创新、计划符合度的直接影响并没有加强。

　　②团队认同、个体差异与团队社会资本的三重交互对团队创新、计划符合度的影响。研究发现:团队认同、个体差异、结构资本的三重交互对团队创新具有显著影响,表明:团队成员对工作团队的认同度高并且团队个体之间的差异性大时,团队成员之间的互动对团队创新影响越强。团队认同、个体差异分别与结构资本、关系资本的三重交互对计划符合度具有显著影响。当团队成员对工作团队及自身有强烈的认同感时,团队成员之间的互动、相互信任与支

持对团队计划符合度的影响越高。但是,团队认同、个体差异分别与认知资本、关系资本的三重交互对团队创新的显著影响未得到支持,团队认同、个体差异与认知资本的三重交互对计划符合度的显著影响也未得到支持。表明:团队成员对工作团队的认同度高并且团队个体之间的差异性大时,团队成员之间共享目标与规范、相互信任与支持对团队创新的影响并未加强,团队成员之间共享目标、规范与编码对计划符合度的影响也没有加强。

本章的研究结果强调了两种不同认同的组合效应的重要性。这种模式的结果不同于原有的功能对立的社会认同原则,其中规定,强大的团队认同削弱了个体差异,成员个体认为他们自己与其他团队的成员有非常大的不同(Haslam et al.,2000)。本研究结果支持并进一步扩展了最近的研究:在互动的群体中个性的表达和社会认同的形成是可调和的(reconcilable)(Hornsey & Jetten,2004;Jetten et al.,2002)。具体来说,在具有高水平人力资本与社会资本的团队中,团队认同与个体差异这两者以互补的方式有助于团队创新绩效。此外,在人力资本、社会资本不同的维度,团队认同和个体差异以互补的方式对团队绩效的不同维度有不同程度的缓冲作用。

综合所述,本章研究中的假设检验结果一部分得到了较好的支持,具体检验结果如表6-6所示。

表6-6　　　　　　　　　第6章假设检验结果总结

研究假设	检验结果
假设1:团队认同正向调节团队人力资本与团队创新绩效之间的关系,即:团队认同越高,人力资本对团队创新绩效的正向影响越强。	部分支持
假设1a:团队认同正向调节团队通用人力资本与团队创新之间的关系。	不支持
假设1b:团队认同正向调节团队专门人力资本与团队创新之间的关系。	支持
假设1c:团队认同正向调节团队通用人力资本与计划符合度之间的关系。	支持
假设1d:团队认同正向调节团队专门人力资本与计划符合度之间的关系。	支持
假设2:团队认同正向调节团队社会资本与团队创新绩效之间的关系,即:团队认同越高,社会资本对团队创新绩效的正向影响越强。	部分支持

续表

研究假设	检验结果
假设 2a：团队认同正向调节团队结构资本与团队创新之间的关系。	支持
假设 2b：团队认同正向调节团队认知资本与团队创新之间的关系。	不支持
假设 2c：团队认同正向调节团队关系资本与团队创新之间的关系。	不支持
假设 2d：团队认同正向调节团队结构资本与计划符合度之间的关系。	不支持
假设 2e：团队认同正向调节团队认知资本与计划符合度之间的关系。	不支持
假设 2f：团队认同正向调节团队关系资本与计划符合度之间的关系。	不支持
假设 3：个体差异正向调节团队人力资本与团队创新绩效之间的关系，即：团队个体差异越大，人力资本对团队创新的正向影响越强。	部分支持
假设 3a：个体差异正向调节团队通用人力资本与团队创新之间的关系。	支持
假设 3b：个体差异正向调节团队专门人力资本与团队创新之间的关系。	支持
假设 3c：个体差异正向调节团队通用人力资本与计划符合度之间的关系。	不支持
假设 3d：个体差异正向调节团队专门人力资本与计划符合度之间的关系。	不支持
假设 4：个体差异正向调节团队社会资本与团队创新绩效之间的关系，即：团队个体差异越大，社会资本对团队创新的正向影响越强。	部分支持
假设 4a：个体差异正向调节团队结构资本与团队创新之间的关系。	支持
假设 4b：个体差异正向调节团队认知资本与团队创新之间的关系。	不支持
假设 4c：个体差异正向调节团队关系资本与团队创新之间的关系。	不支持
假设 4d：个体差异正向调节团队结构资本与计划符合度之间的关系。	不支持
假设 4e：个体差异正向调节团队认知资本与计划符合度之间的关系。	不支持
假设 4f：个体差异正向调节团队关系资本与计划符合度之间的关系。	不支持
假设 5：团队认同、个体差异与团队人力资本的三重交互（Three-way interaction）对团队创新绩效具有显著影响。即：团队认同越高并且个体差异越大，人力资本对团队创新绩效的正向影响越强。	部分支持
假设 5a：团队认同、个体差异与通用人力资本的三重交互对团队创新具有显著影响。	不支持
假设 5b：团队认同、个体差异与专门人力资本的三重交互对团队创新具有显著影响。	支持
假设 5c：团队认同、个体差异与通用人力资本的三重交互对计划符合度具有显著影响。	不支持

研究假设	检验结果
假设 5d：团队认同、个体差异与专门人力资本的三重交互对计划符合度具有显著影响。	支持
假设 6：团队认同、个体差异与团队社会资本的三重交互（Three-way interaction）对团队创新绩效具有显著影响。即：团队认同越高并且个体差异越大，社会资本对团队创新绩效的正向影响越强。	部分支持
假设 6a：团队认同、个体差异与结构资本的三重交互对团队创新具有显著影响。	支持
假设 6b：团队认同、个体差异与认知资本的三重交互对团队创新具有显著影响。	不支持
假设 6c：团队认同、个体差异与关系资本的三重交互对团队创新具有显著影响。	不支持
假设 6d：团队认同、个体差异与结构资本的三重交互对计划符合度具有显著影响。	支持
假设 6e：团队认同、个体差异与认知资本的三重交互对计划符合度具有显著影响。	不支持
假设 6f：团队认同、个体差异与关系资本的三重交互对计划符合度具有显著影响。	支持

第 7 章　研究结论和研究展望

7.1　主要研究结论

以人力资本与社会资本为视角,研究如何提升团队创新绩效和员工创造力,这也是理论和实践十分关注的重要问题。本研究基于经验学习与社会认同理论,提出三个关键主题,包括:个体人力资本与社会连带对创造力影响;跨层次研究、团队人力资本与社会资本对创新绩效影响;互动及中介机理研究、团队认同与个体差异的调节效应研究。这些主题得到了逐一探讨和验证。本章将对全书的研究工作做一个全面的总结,其中第一节概括主要研究结论,第二节提炼主要创新点,第三节提出管理启示,第四节总结研究局限性与未来研究方向。

7.1.1　个体人力资本与社会连带对创造力影响:跨层次研究

本研究构建了个体与团队多层次研究模型,检验人力资本、社会连带对知识共享及创造力的影响,知识共享的中介效应,以及团队错误中学习作为一种经验学习,对人力资本、社会连带与知识共享及创造力之间关系的跨层次影响。

　　本研究发现,通用人力资本、专门人力资本对知识共享及创造力均有显著的正向影响。通用人力资本、专门人力资本对知识共享的影响显著性几乎没有差别,即:教育程度、工作经验对知识共享的影响作用相当。通用人力资本、专门人力资本对创造力的影响显著性也几乎没有差别,即:教育程度、工作经验对创造力均具有重要作用。工具连带、情感连带对知识共享及创造力均有显著的正向影响,但影响程度略有不同,以完成工作为目的的工具连带对知识共享及创造力的影响均略大于情感连带。这里值得指出的是,成员通用人力资本、专门人力资本、工具连带、情感连带对知识共享的解释力是38.6%,同样四个变量对成员创造力的解释力则达到了42.8%,表明成员人力资本、社会连带对成员创造力的影响作用略大于知识共享。

　　知识共享中介效应的检验发现:知识共享部分中介成员通用人力资本、专门人力资本、工具连带、情感连带与成员创造力之间的关系。当知识共享加入多层次模型个体层次方程时,成员通用人力资本、专门人力资本、工具连带、情感连带与知识共享对成员创造力的解释力达到了63.8%,对创造力的解释力增加21%,表明知识共享在成员人力资本、社会连带与创造力之间起到关键的桥梁作用。

　　团队错误中学习跨层次作用的检验结果发现:团队错误中学习对成员知识共享及创造力具有跨层次直接影响。团队错误中学习可强化个体人力资本、社会连带与创造力之间的正相关关系;团队错误中学习可强化专门人力资本、工具连带与知识共享之间的正相关关系。但是,团队错误中学习对通用人力资本、情感连带与知识共享之间关系的跨层次调节作用未得到实证结果的支持。不支持的原因可能如下:一方面,高错误中学习意味着团队氛围鼓励成员从错误中学习:获取重要信息、吸取教训、纠正错误、改进工作与避免错误重现,但是,高通用人力资本不意味着个体具有丰富的本专业领域工作经验,未必对错误中学习的重要性有认知,然而,反思和开放性学习会促进知识共享(Arygris & Schon,1996),所以,在高团队错误中学习氛围下,通用人力资本对知识共享的正向影响不一定会加强。另一方面,高情感连带反映的是友谊

及感情的深入,还包括团队成员之间非常投缘,有相似的兴趣和爱好,但是,如果不是以工作为目标的交互,高团队错误中学习未必能够强化成员进行有利于工作任务的知识共享。

当个体层次变量(人力资本、社会连带)与团队层次变量(团队错误中学习)都进入跨层次模型后,完整模型对知识共享的解释率是 39.7%,对创造力的解释率是 33.8%。本研究分析发现:多层次模型未加入团队错误中学习之前,成员人力资本、社会连带对创造力的解释力大于知识共享,但是,加入团队错误中学习之后,完整模型对知识共享的解释力反而大于创造力。对于这个现象,笔者认为可能有以下原因:一方面,人力资本与社会连带是产生创造力或创新的关键因素(Marvel & Lumpkin,2007;Pirola—Merlo&Mann,2004),本书研究对象又是 R&D 团队,研发的目的是创新,其团队中人力资源的配置和社会连带的营造更可能会有利于员工创造力的发挥。另一方面,团队变量进入构成完整模型后,在高团队错误中学习气氛中,成员被鼓励主动从错误中学习、获取信息、纠正错误、改进工作与避免错误重现,在整个互动过程中,知识共享或交换是成员间最直接行为也是必要途径。然而,在此过程中,获取的知识与经验可能仅是有限的部分有助于提升成员创造力。

7.1.2 团队人力资本与社会资本对创新绩效影响:互动及中介机理研究

本研究团队社会资本量表的编制,是通过访谈企业 R&D 团队管理者及成员,在 Tsai 和 Ghoshal(1998)与 Chen 等(2008)已有量表研究基础上,考虑中国背景,进行适当改编而形成。通过预测试进行修正后,正式问卷的探索性因素分析表明,团队社会资本由结构资本、认知资本与关系资本三维度构成。通过对正式团队样本数据的验证性因素分析,以及效度和信度分析,均表明本研究编制的团队社会资本量表是合理有效的。本研究结论也验证了 Nahapiet 和 Ghoshal(1998)、Tsai 和 Ghoshal(1998)提出的社会资本三维度理论。

通过对团队人力资本、社会资本对团队创新绩效的影响作用验证,结果发现:团队通用人力资本、专门人力资本对团队创新及计划符合度均有显著正向

影响,团队专门人力资本对团队创新及计划符合度的影响略大;团队结构资本、认知资本与关系资本对团队创新及计划符合度均有显著正向影响,强调互动的结构资本对团队创新的影响略大,强调共享愿景与目标的认知资本对计划符合度的影响略大。值得指出的是,团队通用人力资本、专门人力资本、结构资本、认知资本与关系资本对团队创新的解释力为71.2%,同样五个变量对计划符合度的解释力为58%。研究也发现,团队错误中学习对团队创新绩效具有积极的显著影响,团队错误中学习对团队创新的影响略大于计划符合度,但在同一显著性水平上。团队错误中学习对团队创新的解释力为70.4%,对计划符合度的解释力为52.5%。

本研究进行多个备选模型的比较后发现,修正的部分中介模型为最优模型,结果表明:团队错误中学习部分中介团队通用人力资本、专门人力资本与团队创新及计划符合度之间的关系、部分中介团队结构资本、认知资本与团队创新及计划符合度之间的关系,但是,团队错误中学习对关系资本与团队创新及计划符合度之间的关系起完全中介作用,表明关系资本完全通过团队错误中学习这个桥梁的作用,进而影响团队创新及计划符合度。最优模型中,团队通用人力资本、专门人力资本、结构资本、认知资本与关系资本对团队错误中学习的解释力为53%,团队通用人力资本、专门人力资本、结构资本、认知资本、关系资本与团队错误中学习对团队创新的解释力为75.2%,同样六个变量对计划符合度的解释力为59%,可见,在模型中加入团队错误中学习后,对团队创新与计划符合度的解释力均有增大。

此外,团队人力资本与社会资本的交互对团队创新绩效影响的研究结果发现,团队人力资本与社会资本的交互对团队创新、计划符合度均有不同程度的显著正向影响,从显著性水平来看,团队人力资本与社会资本的交互对团队创新的影响较大。

7.1.3 团队认同与个体差异对团队创新绩效的调节效应研究

本研究不仅验证团队认同与个体差异这两个情境变量,对团队人力资本、

社会资本与团队创新绩效之间关系的单独调节作用,而且探讨团队认同与个体差异以互补的方式产生的共同效应。

团队认同的调节作用研究发现,团队认同正向调节团队专门人力资本与团队创新之间的关系,而对团队通用人力资本与团队创新之间关系的调节作用未得到支持。团队认同正向调节团队通用人力资本、专门人力资本与计划符合度之间的关系;团队认同可以正向调节团队结构资本与团队创新之间的关系,而对认知资本、关系资本与团队创新之间关系的调节作用均未得到支持,团队认同对结构资本、认知资本、关系资本与计划符合度之间关系的调节作用也均未得到支持。

个体差异的调节作用研究发现,个体差异可以正向调节团队通用人力资本及专门人力资本与团队创新之间的关系,但是,对团队通用人力资本、专门人力资本与计划符合度之间的关系的调节作用未得到支持;个体差异可以正向调节团队结构资本与团队创新之间的关系,而对认知资本、关系资本与团队创新之间关系的调节作用未得到支持,个体差异对结构资本、认知资本、关系资本与计划符合度之间关系的调节作用也均未得到支持。值得指出的是,个体差异对人力资本、社会资本与计划符合度之间的关系的调节作用均不成立,表明:当团队有大的个体差异时,成员喜欢突出个性,对问题具有独特的理解,这时,团队任务执行过程或者执行方向可能会受到挑战,需要重新审视,团队计划也可能需要修正,所以,团队的个体差异较大,对团队任务的按计划完成,未必是有利的因素。

团队认同与个体差异的共同效应研究发现,团队认同、个体差异与专门人力资本的三重交互对团队创新及计划符合度均有正向显著影响。但是,与通用人力资本的三重交互对团队创新、计划符合度的正向显著影响均未得到实证支持;团队认同、个体差异与结构资本的三重交互对团队创新具有正向显著影响,还分别与团队结构资本、关系资本的三重交互对计划符合度具有正向显著影响。但是,团队认同、个体差异分别与认知资本、关系资本的三重交互对团队创新的正向显著影响均未得到支持,团队认同、个体差异与认知资本的三

重交互对计划符合度的正向显著影响也未得到支持。即：团队成员对工作团队的认同度高并且团队个体之间的差异性大时，团队成员之间共享目标与规范、相互信任与支持对团队创新的影响并未加强，团队成员之间共享目标、规范与编码对计划符合度的影响也没有加强。

7.2 关键创新点与研究贡献

7.2.1 从跨层次分析视角探索了团队错误中学习对成员创造力的作用机制

如今组织竞争优势很大程度上依靠个体创造力。个体创造力往往是在团队情境下产生的，个体创造力不仅受个体因素影响，而且还受团队情境因素影响，以跨层次视角观测个体和团队的动态互动对知识共享及创造力的影响是管理和实践的一个挑战。此外，团队创新环境中始终存在不确定性与模糊性，创新过程中，错误甚至失败都是不可避免的，错误中学习有助于团队快速准确地响应环境的快速变化。此外，错误中学习对个体创造力有益。所以，本研究选择团队错误中学习作为促进知识共享与成员创造力的团队情境因素。目前，以跨层次视角探讨个体与团队的互动对知识共享与创造力影响作用的相关研究极少，而团队错误中学习如何跨层次影响个体人力资本与社会资本与知识共享、创造力之间关系的研究几乎空白。

本研究将传统的单一层次分析研究扩展到个体与团队两个层次，基于经验学习理论，以跨层次方式探索性地研究了个体人力资本、社会连带对知识共享及创造力的影响，以及团队错误中学习对知识共享及创造力的作用机制，包括对成员知识共享及创造力的直接效应，以及团队错误中学习对人力资本、社会连带与知识共享及创造力之间关系的跨层次调节效应。

这一结果是有价值的。(1)研究结果扩展了社会网络相关研究，凸显了工具连带与情感连带对知识共享和创造力的作用，并增加了进一步的证据：职场

友谊可以促进知识的交流和创造力（Fliaster & Schloderer, 2010），说明职场友谊可以包括基于认知的工具性关系和基于感情的情感性关系。（2）本研究的理论贡献还在于：团队错误中学习与成员人力资本、社会连带的跨层次交互对成员知识共享与创造力的影响，即通过个人——团队情境之间交互的研究，本文扩展并加深了对人力资本、社会连带与团队情境交互作用的认识和理解。总之，本研究有助于从跨层次视角理解成员创造力的形成机制，从理论和方法上，为有效管理团队创新促进成员创造力提供新的视角和有益的探索。

7.2.2　从人力资本与社会资本视角拓展了影响团队创新绩效的互动及中介机制

人力资本与社会资本无疑是创新的关键因素（如 Simonton, 1999；Pirola-Merlo & Mann, 2004；Chen et al., 2008），虽然有些文献研究人力资本、社会资本与创造力及产品创新的关系（如 Chen et al., 2008；Landry, et al., 2002；王莉红等, 2009, 2011；顾琴轩等, 2009），但两者之间的中介机制仍没有文献进行深入研究。团队往往面临快速变化的内外环境，不确定性与模糊性始终伴随，要提升团队创新绩效，就要不断审视环境的变化做出快速响应，并及时调整创新计划和解决方案，其中，团队错误中学习是团队能够审视环境并根据环境变化做出反应的关键行为。

本研究探索性分析并构建了团队错误中学习对人力资本、社会资本与团队创新绩效之间关系的中介模型。研究结果发现：团队错误中学习是人力资本、社会资本与创新绩效之间关系的一个重要的中介变量。根据 IPO 模型，团队错误中学习是一种团队过程，团队人力资本与社会资本作为输入因素，会通过错误中学习这一团队过程，影响团队创新绩效这个输出因素。需要指出，团队关系资本对团队创新、计划符合度的影响是完全通过团队错误中学习的中介作用来传递的。本研究贡献在于：（1）证实错误中学习作为学习的一种特殊形式，对于团队保持创新与不断改进产品和服务是至关重要的。（2）聚焦于团队层次，以人力资本与社会资本视角，探索了团队错误中学习对人力资本、

社会资本与团队创新绩效之间关系的中介机理。

人力资本与社会资本在提升过程中不断融合与升华。国内外少数学者研究人力资本与社会资本的互动或协同作用,但将团队人力资本和社会资本相结合,实证研究两者互动融合对创新绩效的影响几乎空白。本研究探索性地构建了人力资本和社会资本对团队创新绩效影响的交互模型,扩展研究了团队人力资本与社会资本的交互对团队创新绩效的影响机理及影响效果。本研究结果有助于理解人力资本与社会资本的交互作用机制,并提供了实证支持。也有助于推进团队或员工的研究从人力资本或社会资本单一视角向融合视角转变,为知识员工的持续成长或改善团队创新绩效提供新的思路。

7.2.3 检验和拓展了团队认同与个体差异对团队创新绩效的共同作用机制

团队认同与个体差异在团队中发挥重要的作用。迄今为止,大量的研究聚焦于团队认同或个体差异单方面的影响(如 Han & Harms,2010;Van der Vegt & Bunderson,2005),很少文献注意团队认同与个体差异的共同效应,团队认同与个体差异表现了不同的认知过程,两者都可能影响团队创新绩效。

基于社会认同理论,本研究探索了团队认同与个体差异对团队人力资本、社会资本与团队创新绩效之间关系的共同作用机理。研究表明:团队认同与个体差异分别与团队人力资本、社会资本的三重交互对团队创新及计划符合度均具有不同程度的正向显著影响。即:团队认同与个体差异越高,团队专门人力资本对团队创新、计划符合度的正向影响越强,团队结构资本对团队创新的正向影响越强,团队结构资本、关系资本对计划符合度的正向影响亦越强。

本书与之前的研究有很大的不同,研究作了进一步扩展:(1)本书讨论团队人力资本与社会资本能为团队创新绩效提供支持的条件,虽然人力资本与社会资本有广泛的研究主题,但在团队认同与个体差异共存的情境下作为团队创新绩效的关键因素,之前还未被研究过。(2)以团队认同与个体差异之间关系冲突的视角,通过探索团队认同与个体差异这两种不同的认知过程,两者

是否可调和,及两者的共同作用机制。研究结果支持并扩展了最近的研究:在互动的群体中,存在"多样性的价值"的现象,个性的表达和社会认同的形成是可调和的(Jetten et al.,2002),个体差异和团队认同发挥互补作用。至此,基于社会认同理论,本研究强调了两种不同认同的组合效应的重要性,并提供了理论及实证上的一致。

7.3　管理启示

在我国大力倡导自主创新能力建设的当今,团队作为企业创新活动的基本单位,对提升企业创新能力和竞争优势起着关键作用。因此,如何有效管理团队促进团队创新是组织和管理者面临的重要而又具有挑战性的问题。本书研究结论具有以下几方面管理启示。

1. 重视人力资本与社会资本的开发与培育

首先,企业管理者应重视与加强人力资本的开发和利用,结合员工职业定位和职业发展,通过导师制、在职培训、脱产学习等方式提升人力资本,同时根据组织需求,通过人员甄选积极引进优秀人才,以确保组织拥有高存量的人力资本。

其次,应重视培育社会资本并充分发挥其积极作用。①个体层次上,管理者应鼓励团队成员多交流、互动与合作,既要形成一种以完成工作任务和目标为核心的和谐工作关系,同时也鼓励成员加深工作关系的情感成分,在工作中增进理解,相互信任和体谅,达成心灵的默契,进而促使员工坦诚地共享知识和相互学习,不断提高员工创造力。此外,企业应充分发挥知识共享的作用,重视网络连带的知识传导作用,并建议企业开发与使用知识库系统或内部公共交流平台,建立管理机制使知识能够安全地获取与共享,提升个体创造力。②团队层次上,团队创新是一种合作性的努力。应积极创造条件和平台鼓励和强化成员互动交流和讨论,会促使团队内部知识的传播和共享,提高知识的溢出效应;加强研发团队工作的目标管理,确保团队成员认同团队使命和目

标,并针对研发工作的复杂性和专业性,提高团队成员的专业技能和素质,充分理解和掌握研发任务中所涉及的专业知识和理论、工具和方法等;鼓励团队成员在面对变革或采用新的工作方法中相互信任,相互支持和合作。

2. 主动拓展人力资本与社会资本协同的人力资源开发

人力资本与社会资本在提升过程中将彼此融合,并发挥协同与相互增强的效应,人力资本与社会资本的开发无法分开。对团队而言,为了有效投资人力资本,不仅对团队成员知识和技能的学习和改进进行投资,而且需要对团队社会资本进行投资,为团队成员提供必要的社会联系和平台,促使团队成员合作、共享信息和知识,明确共同的任务或目标。此外,组织中人力资本与社会资本的存在与转化或传递均具有极大的隐蔽性,其创造、传递和积累也极为复杂与缓慢,而这一过程需要依赖于人力资源开发(陈建安等,2011),组织应努力在团队成员的招聘选拔、培训、工作设计、任务分配及其他人力资源管理活动中,不仅强调开发团队成员的工作知识、技能及专长,而且应重视开发团队成员之间的网络连接,开发他们的合作和沟通能力、知识和信息共享能力等。同时,在开发团队社会资本的同时,也会促使团队人力资本的开发,发挥人力资本与社会资本的协同作用促进团队创新,提升团队绩效及组织竞争优势。

3. 营造团队错误中学习气氛、合理引导从错误中学习

应重视从错误中学习这一经验学习途径。在可预测的日常运营环境中,有些错误是可预防的,但在复杂或探索性工作环境中,错误与失败的出现是不可避免的(Edmondson,2011)。在这样的工作情境下,鼓励员工发现错误并善于从错误中学习,则十分重要。因此,组织应重视营造团队错误中学习氛围,强调错误对于团队工作改进及获取重要信息的作用,培育一个心理安全环境,包容错误和失败,鼓励成员勇于找出错误,反思错误,分析错误的原因,不断纠正错误,进而确保避免同类错误的发生。团队错误中学习的强化同样应借助团队人力资本与社会资本的力量,特别是通过强化团队成员对团队目标的共享、对研发任务的专业知识和技能的掌握及成员的相互支持和信任来激发团队学习行为,进而不断提高团队创新绩效。

组织为了有效地促使员工知识共享和提升员工创造力,应重视将社会学习和经验学习相整合,在强调个体人力资本、社会连带对知识共享和创造力影响的同时,强调团队错误中学习的跨层次调节作用。在团队重视错误中学习的氛围中,不断提高的人力资本和积极的社会连带将更有利于员工知识共享和相互学习,并更有力地提升员工创造力。

4. 注重营造团队认同与个体差异共存的环境

由于团队人力资本与社会资本对团队创新和计划符合度有直接的影响效应,管理者寻求促进团队绩效需要设计和营造一种具有较高的互动、共享的目标和代码与相互信任的工作环境。此外,在团队情境下,创新成功一定程度上依赖于个体成员独特的专业的知识、技能和能力而带来,团队认同与个体差异是不矛盾的,管理者期望团队成员有一个共同认同,在一定程度上赞赏他们的个体差异。本研究也表明,这两种类型的认同对人力资本和社会资本与团队创新绩效的关系具有组合效应。管理者应该考虑将加强团队认同和凝聚力与鼓励个性这两种方法结合起来。为了符合团队创新和计划符合度两方面的要求,团队的建设应重点鼓励团队成员发展和表达自己的独特个性,同时,通过鼓励成员更多的互动并营造团队创新气氛,聚焦于建立团队认同和增加群体的凝聚力,加强团队成员之间合作。这样团队能够更有效地坚持创新和完成计划。

7.4　研究局限与展望

本书基于经验学习与社会认同理论,以团队为对象,构建了人力资本与社会资本对团队及个体创新影响的多层次模型,探讨验证了错误中学习跨层次及中介作用机理、人力资本与社会资本的交互效应、团队认同与个体差异的共同作用,具有一定的创新性,并获得一些有意义的结论。但是,本研究仍存在一些局限性,有待未来研究中进一步改进。

第一,本研究虽然采用套问卷调查方式,能在一定程度上减少同源方法偏

差,但是,由于以团队为对象的研究获取调查样本较困难,本研究共收集了151个团队数据,其中,每个团队调查的成员数量较少仅有 2～7 个成员,这在一定程度上存在调查对象的认知偏差,并妨碍了多层次分析方法的有效验证,未来研究将在增加调查团队数量的同时提高每个团队中被试成员的比重。

第二,本研究对象主要来自上海、北京、深圳与杭州等地区,主要是通信、IT 等行业的高新技术企业中的团队,这在一定程度上影响本研究的生态效度,以后的研究应进一步增强样本的代表性。

第三,本研究是采用横截面数据进行的实证研究。横向研究描述的变量间关系并不能完全代表因果关系,横向研究也很难回答这样的问题:对团队认同、个体差异、团队错误中学习的感知是否会随着时间的推移而发生变化。因此,未来研究有必要采用纵向研究设计以加深对因果关系的认识。

第四,本书在个体层次研究人力资本、社会连带对知识共享及创造力的影响,未对个体人力资本与社会连带的交互作用进行研究,在之后的研究中,应考虑人力资本与社会连带的交互机制。此外,团队认同、团队社会资本这两个团队情境变量,对成员创造力也可能存在跨层次的调节作用,未来研究可进一步探索。

第五,本书聚焦于研究个体与团队层次的创新,组织创新实质上是一种动态而复杂的多层次现象,包括个体、团队、组织三个层面,未来的研究可进一步扩展到组织层次,以人力资本与社会资本为视角,探索当今组织中的两大资本及其对多层次组织创新的影响。

参考文献

1. Adler, P.S., Kwon, S. Social capital: prospects for a new concept. Academy of Management Review, 2002, 27(1): 17—40.

2. Albert, S., Whetten, D. Organizational identity. Research in organizational behavior, 1985, 7: 263—295.

3. Alchian, A. A., Demsetz, H. Production, information costs and economic organization. American Economic Review, 1972, 62(5): 777—795.

4. Alegre, J., Lapiedra R, Chiva R. A measurement scale for product innovation performance. European Journal of Innovation Management, 2006, 9(4): 333—346.

5. Alexopoulos, A., K. Monks. A social capital perspective on the role of human resources practices in intra-organisational knowledge sharing. 5th Intl Conference on HRD Research, 2004.

6. Amabile, T.M. A model of creativity and innovation in organizations. Research in Organizational Behavior, 1988, 10: 123—167.

7. Amabile, T. M. Creativity in context. Boulder, CO: Westview Press, 1996.

8. Amabile, T. M. The social psychology of creativity. New York: Springer-Verlag. 1983.

9. Amabile, T.M., Conti, R., Coon, H., Lazenby, J., Herron, M. Assessing the work environment for creativity. The Academy of Management Journal,

1996,39(5):1154—1184.

10. Amabile, T. M., Gryskiewicz, N. D. The creative environment scales: Work environment inventory. Creativity Research Journal, 1989, 2(4): 231—253.

11. Amabile, T. M., Gryskiewicz, S. Creativity in the R&D laboratory. Technical Report 30. Greensboro, NC: Center for Creative Leadership, 1987.

12. Ancona, D. G., Caldwell, F. Bridging the boundry: extemal activity and performance in organizational teams. Administrative Seience Quarterly, 1992, 37(4): 634—665.

13. Anderson, N., Hardy, G., West, M. Management team innovation. Management Decision, 1992, 30(2): 17—21.

14. Anderson, N., King, N. Innovation in organizations. 1993.

15. Andrews, J., Smith, D.C. In Search of the marketing imagination: factors affecting the creativity of marketing programs for the mature products. Journal of Marketing Research, 1996, 33(2): 174—187.

16. Aquino, K, Serva, M. Using a dual role assignment to improve group dynamics and performance: the effects of facilitating social capital in teams. Journal of Management Education, 2005, 29(1): 17—38.

17. Arygris, C., Schon, D. A. Organizational learning ii: theory, method, and practice. Reading, MA: Addison-Wesley, 1996.

18. Ashforth, B. E., Mael, F. Social identity theory and the organization. Academy of management review, 1989: 20—39.

19. Babbie, E. The basics of social research. Belmont, CA Wadsworth. 1999.

20. Bagozzi, R. T., Yi, Y. On the evaluation of structural equation models. Academic of Marketing Science, 1988, 16(1): 76—94.

21. Bailyn L. Freeing work from the constraints of location and time.

New Technology,Work and Employment,1988,3(2):143—152.

22.Baker,W. Market networks and corporate behavior. American Journal of Sociology,1990,96:589—625.

23.Balkundi,P.,Harrison,D.A. Ties,leaders,and time in teams:strong inference about network structure's effects on team viability and performance. Academy of Management Journal,2006,49(1):49—68.

24.Bandura,A. Social foundations of thought and action:A social cognitive theory:Prentice-Hall,Inc.1986.

25.Barling,J.,C. Loughlin,and E.K. Kelloway,Development and test of a model linking safety-specific transformational leadership and occupational safety. Journal of Applied Psychology,2002. 87(3):p. 488.

26.Baron,R.M.,Kenny,D.A. The moderator-mediator variable distinction in social psychological research:conceptual,strategic,and statistical considerations. Journal of Personality and Social Psychology,1986,51(6):173—1182.

27.Barron,F.,Harrington,D. M. Creativity,intelligence,and personality. Annual review of psychology,1981,32(1):439—476.

28.Bartol,K.M.,Srivastava,A.Encouraging knowledge sharing:The role of organizational rewards systems. Journal of Leadership and Organization Studies,2002,9(1):64—76.

29. Basadur,M.,Wakabayashi,M.,Graen,G.B. Individual problem-solving styles and attitudes toward divergent thinking before and after training. Creativity Research Journal,1990,3:22—32.

30.Batjargal,B. Socialcapital and entrepreneurial performance in russia:a longitudinal study. Organization Studies,2003,24 (4):535—556.

31. Baum,J.A.C.,Dahlin,K.B. Aspiration performance and railroads' patterns of learning from train wrecks and crashes. Organization Science,

2007,18(3):368—385.

32. Bazerman, M. (1997). Judgmentin managerial decision making, 4th edition. New York: John Wiley.

33. Becker, G.S. Human Capital. New York: Columbia University Press, 1964.

34. Belliveau, M.A., O'Reilly, C.A. III, Wade, J.B. Social capital at the top: Effects of social similarity and status on CEO compensation. Academy of Management Journal, 1996, 39: 1568—1593.

35. Bezrukova, K., Jehn, K.A., Zanutto, E.L., Thatcher, S.M.B. Do workgroup faultlines help or hurt? A moderated model of faultlines, team identification, and group performance. Organization Science, 2009, 20(1): 35—50.

36. Bidault, F., Castello, A. Trustand creativity: understanding the role of trust in creativity oriented joint developments francis. R&D Management, 2009, 39(3): 259—270.

37. Blake, R. R., Mouton, J. S. Don't let the norms stifle creativity. Personnel, 1985, 62, 28—33.

38. Bock, G.W., Zmud, R.W., Kim, Y.G., Lee, J.N. Behavioral intention formation in knowledge sharing: Examining the roles of extrinsic motivators, social-psychological forces, and organizational climate. Mis Quarterly, 2005, 29(1): 87—111.

39. Bock, G.W., Kim, Y.G. Breaking the myths of rewards: An exploratory study of attitudes about knowledge sharing. Information Resources Management Journal, 2002, 15(2): 14—21.

40. Borgatti, S. P., Foster, P. Thenetwork paradigm in organizational research: a review and typology. Journal of Management, 2003, 29(6): 991—1013.

41. Botkin, J. Corporateknowledge: the emergence of knowledge commu-

nities in business. in:science technology,and innovation policy:opportunities and challenges for the economy. NY:Greenwood Press,2000.

42.Bourdieu P. The forms of capital. In J. G. Richardson (Eds.) Handbook of theory and research for the sociology of education. New York: Greenwald Press,1986:241—258.

43.Bourdieu,P. Le capital social. Notes provisoires. Actes de la Recherche en Sciences Socials,1980,31:2—3.

44.Bourdieu. Cultural Reproduction and Social Reproduction.In Knowledge,Education,and Cultural Change,edited by Richard Brown. London:Tavistock. Reprinted in Power and Ideology in Education,edited by Jerome Karabel and AH Halsey. New York:Oxford University Press,1977.

45.Brand,A. Knowledge management and innovation at 3M. Journal of Knowledge Management,1998,2(1):17—22.

46.Brewer,M. B.When contact is not enough:Social identity and intergroup cooperation. International Journal of Intercultural Relations, 1996, 20(3—4):291—303.

47.Brown,J.S.,Duguid,P.Organizational learning and communities-of-practice:toward a unified view of working,learning,and innovation. Organization Science,1991,2(1):40—57.

48.Brown,S. Excess mortality of schizophrenia. British Journal of Psychiatry,1997,171:502 —508.

49.Bunderson,J.S.,Sutcliffe,K. M. Comparing alternative conceptualizations of functional diversity in management teams:Process and performance effects. Academy of Management Journal,2002,45:875—893.

50.Burningham,C.,West,M. A. Individual,climate,and group interaction processes as predictors of work team innovation. Small group research, 1995,26(1):106—117.

51.Burt,R.S. Autonomy in a Social Topology. American Jouranl of Sociology,1992,85:892—925.

52.Cabrera,E.F.,Cabrera,A. Fostering knowledge sharing through people management practices. International Journal of Human Resource Management,2005,16:720—735.

53. Cannon, M. D., Edmondson, A. C. Confronting failure: Antecedents and consequences of shared beliefs about failure in organizational work groups.Journal of Organizational Behavior,2001,22(2):161—177.

54.Cannon,M.D.,Edmondson,A.C. Failing to learn and learning to fail (intelligently):How great organizations put failure to work to innovate and improve.Long Range Planning,2005,38(3):299—319.

55.Carmeli A,Gittell J.H. High-quality relationship,psychological safety,and learning from failure in work organizations. Journal of Organizational Behavior,2009,30(6):709—729.

56.Carmeli A. Social capital,psychological safety and learning behaviors from failure in organizations.Long Range Planning,2007,40(1):30—44.

57.Carmeli,A.,Tishler,A.,Edmondson,A.C. CEO relational leadership and strategic decision quality in top management teams:The role of team trust and learning from failure.Strategic Organization,2012,19(1):31—54.

58. Carmeli, A., Gelbard, R., Goldriech, R. Linking perceived external prestige and collective identification to collaborative behaviors in R&D teams.Expert Systems with Applications,2011,38(7):8199—8207.

59.Carnevale,P.J.,Probst,T.M. Socialvalues and social conflict in creative problem solving and categorization. Journal of Personality and Social Psychology,1998,74(5):1300—1309.

60.Carson,P.P.,Carson,K.D. Managing creativity enhancement through goal setting and feedback. Journal of Creative Behavior,1993,27(1):36—45.

61. Carter, S. M., West, M. A. Reflexivity, Effectiveness, and Mental Health in BBC-TV Production Teams. Small Group Research, 1998, 29(5): 583—601.

62. Chen C.J., Huang J.W. Strategic human resource practices and innovation performance—the mediating role of knowledge management capacity. Journal of Business Research, 2009, 62(1): 104—114.

63. Chen, M., Chang, Y., Hung, S. Social capital and creativity in R&D project teams. R&D Management, 2008, 38: 21—34.

64. Chen, X.P., Peng, S.Q. Guanxi Dynamics—Shifts in the Closeness of Ties Between Chinese Coworkers. Management and Organization Review, 2008, 4(1): 63—80.

65. Cheney, G. The rhetoric of identification and the study of organizational communication. Quarterly Journal of Speech, 1983, 69(2): 143—158.

66. Chiu, C.M., Hsu, M. H., Wang, E. T. G. Understanding knowledge sharing in virtual communities: An integration of social capital and social cognitive theories. Decision Support Systems, 2006, 42(3): 1872—1888.

67. Chiva, R., Alegre, J. Investment in design and firm performance: the mediating role of design management. Journal of Product Innovation Management, 2009, 26(4): 424—440.

68. Cho, K.R., LEE, J. Firm characteristics and MNC's intra-network knowledge sharing. Management International Review, 2004, 44(4): 435—455.

69. Chow, W.S., Chan, L.S. Social network, social trust and shared goals in organizational knowledge sharing. Information & Management, 2008, 45(7): 458—465.

70. Chowdhury S. The role of affect-and cognition-based trust in complex knowledge sharing. Journal of Managerial Issues, 2005, XVII(3): 310—

326.

71.Coase,R.H. The nature of the firm,Economica,1937,9:386—405.

72.Cohen,S.G.,Bailey,D. E. What makes teams work:Group effective-ness research from the shop floor to the executive suite. Journal of manage-ment,1997,23(3):239—290.

73.Cohen,S.G.,Ledford Jr,G. E.,Spreitzer,G. M. A predictive model of self-managing work team effectiveness. Human relations,1996,49(5):643—676.

74.Cohen,W.M.,Levinthal,D.A. Absorptive capacity:a new perspective on learning and innovation. Administrative Science Quarterly,1990,35(1):128—152.

75.Coleman,J.S. Foundations of Social Theory. Cambridge,MA:Har-vard University Press,1990.

76.Coleman,J. Social capital in the creation of human capital. American Journal of Sociology, 1988,94:95—120.

77.Collins,C. J.,Clark,K.D. Strategic human resource practices,top management team social networks,and firm performance:The role of human resource practices in creating organizational competitive advantage.Academy of Management Journal,2003,46:740—751.

78.Connelly,C.E.,Kelloway,E.K. Predictors of employees' perceptions of knowledge sharing cultures. Leadership & Organization Development Journal,2003,24(5):294—301.

79.Cook,P. The creativity advantage:is your organisation the leader of the pack? Industrial and Commercial Training,1998,30(5):179—184.

80.Cross,R.,Cummings,J.N. Tie and network correlates of individual performance in knowledge-intensive work. Academy of Management Jour-nal,2004,47(6):928—937.

81. Csikszentmihalyi, M. Finding flow: the psychology of engagement with everyday life, Basic Books, 1997.

82. Curral, L. A., Forrester, R. H., Dawson, J. F., West, M. A. It's what you do and the way that you do it: Team task, team size, and innovation-related group processes. European Journal of Work and Organizational Psychology, 2001, 10(2): 187—204.

83. Dakhli, M., De Clercq, D. Human capital, social capital, and innovation: a multi-country study. Entrepreneurship and Regional Development, 2004, 16(2): 107—128.

84. Damanpour, F. Organizational innovation: a meta-analysis of effects of determinants and moderators. The Academy of Management Journal. 1991, 34: 555—590.

85. Damodaran, L., Olphert, W. Barriers and facilitators to the use of knowledge management systems. Behaviour & Information Technology, 2000, 19(6): 405—413.

86. Davenport, T., Prusak, L. Working knowledge: how organizations manager what they know. Harvard Business School Press: Boston, 1998.

87. David, W., Long, D. W., Fahey, L. Diagnosing cultural barriers to knowledge management. Academy of Management Executive, 2000, 14(4): 113—127.

88. De Dreu, C. K. W., West, M. A. Minority dissent and team innovation: The importance of participation in decision making. Journal of Applied Psychology, 2001, 86: 1191—1201.

89. Dick, R. V., Haslam, S. A. Psychology in organizations: the social identity approach, London: Sage, 2001.

90. Dixon, N. M. Common knowledge: How companies thrive by sharing what they know. Boston, MA: Harvard Business School Press, 2000.

91. Doosje, B., Ellemers, N., Spears, R. Perceived intragroup variability as a function of group status and identification. Journal of Experimental Social Psychology, 1995, 31(5):410—436.

92. Dougherty, D., Hardy, B. F. Sustained innovation production in large mature organizations: Overcoming organization problems. Academy of Management Journal, 1996, 39, 826—851.

93. Drach-Zahavy, A., Somech, A. . Team heterogeneity and its relationship with team support and team effectiveness. Journal of Educational Administration, 2002, 40(1):44—66.

94. Drazin, R., Glynn, M. A. Kazanjian R. K. Multileveltheorizing about creativity in organizations: a sensemaking perspective. The Academy of Management Review, 1999, 24(2):286—307.

95. Dutton, J. E., Dukerich, J. M., Harquail, C. V. Organizational images and member identification. Administrative science quarterly, 1994, 39(2): 239—263.

96. Dyer, J. H., Nobeoka, K. Creating and managing a high-performance knowledge-sharing network: The Toyota case. Strategic Management Journal, 2000, 21(3):345—367.

97. Dzinkowshi, R. The measurement and management of intellectual capital: an introduction. Management Accounting, 2000, 78(2):32—35.

98. Edmondson A C. Psychological safety and learning behavior in work teams. Administrative Science Quarterly, 1999, 44(2):350—383.

99. Edmondson, A. C. Learning from mistakes is easier said than done: group and organizational influences on the detection and correction of human error. Journal of Applied Behavioral Science, 1996, 32(1):5—28.

100. Edmondson, A. C. Psychological safety, trust, and learning in organizations: A group-level lens. In Kramer, R. M. and Cook, K. S. (Eds.), Trust

and distrust in organizations: Dilemmas and approaches, 2004, 239 — 272. NY: Russell Sage Foundation.

101. Edmondson, A. C. Strategies for Learning from Failure. Harvard Business Review, 2011, 89(4): 48—55.

102. Eisenberger, R., Cummings, J., Armeli, S., Lynch, P. Perceived organizational support, discretionary treatment, and job satisfaction. Journal of Applied Psychology, 1997, 82(5): 812.

103. Ellemers, N., Kortekaas, P., Ouwerkerk, J. W. Self-categorisation, commitment to the group and group self - esteem as related but distinct aspects of social identity. European Journal of Social Psychology, 1999, 29(2—3): 371—389.

104. Eriksson, I. V., Dickson, G. W. Knowledge sharing in high technology companies. AMCIS 2000 Proceedings, 2000.

105. Facchin, S., Tschan, F. The reflective group: group reflexivity enhances team performance sometimes. 10th congress of the Swiss Society of Psychology, Zurich. 2007.

106. Fedor, D. B, Ghosh, S., Caldwell, S. D., Maurer, T. J., Singhal, V. R. The Effects of knowledge management on team members' ratings of project success and impact. Decision Sciences, 2003, 34(3): 513—539.

107. Feldhusen J. F. Creativity: A knowledge base, metacognitive skills, and personality factors. The Journal of Creative Behavior, 1995, 29(4): 255—268.

108. Feldhusen, J. F., Goh, B. E. Assessingand accessing creativity: an integrative review of theory, research and development. Creativity Research Journal, 1995, 8, 231—247.

109. Fink, J. S., Trail, G. T., Anderson, D. F. An examination of team identification: which motives are most salient to its existence. International

Sports Journal,2002,6(2):195—207.

110.Fiol,C.M.,O'Connor,E.J. Identification in face-to-face,hybrid,and pure virtual teams: Untangling the contradictions. Organization Science, 2005,16(1):19—32.

111.Fliaster,A.,Schloderer,F. Dyadic ties among employees:Empirical analysis of creative performance and efficiency. Human Relations,2010,63 (10):1513—1540.

112.Flynn,F.J.,Chatman,J.A.,Spataro,S.E. Getting to know you:The influence of personality on impressions and performance of demographically different people in organizations. Administrative science quarterly,2001,46 (3):414—442.

113. Ford,B.,Kleiner,B. Managing engineers effectively. Business, 1987,37(1):49—52.

114.Ford,C.M. A theory of individual creative action in multiple social domains. Academy of Management Review,1996,21:1112—1142.

115. Fornell,C.,Larcker,D. F. Evaluatingstructural equation models with unobservable variables and measurement error. Journal of Marketing Research,1981,18(1):39—50.

116.Foss,N.J. The Emerging Knowledge Governance Approach:Challenges and Characteristics. Organization,2007,14(1):29—52.

117. Frishammar,J.,Åke Hörte,S. Managingexternal information in manufacturing firms:the impact on innovation performance. Journal of Product Innovation Management,2005,22(3):251—266.

118.Fukuyama,F. Trust:The social virtues and the creation of prosperity. New York:Free Press,1995.

119.Galaskiewicz,J.,Wasserman,S. Mimetic processes within an international field:An empirical test. Administrative Science Quarterly,1989,34:

454—479.

120.Gardner,H. Frames of mind,Basic Books,New York. 1993.

121.George,J. M.,Zhou,J. Understanding when bad moods foster creativity and good ones don't:the role of context and clarity of feelings. Journal of Applied Psychology,2002,87(4):687.

122.Gherardi,S.,Nicolini,D.,Odella,F. Toward a social understanding of how people learn in organizations:the notion of situated curriculum. Management Learning,1998,29(3):273—297.

123.Gilson,L.L. Diversity,dissimilarity and creativity:Does group composition or being different enhance or binder creative performance. Washington DC:Academy of Management Meetings. 2001.

124.Gioia. D.A.,Thomas. J.B.,Clark,S.M.,Chittipeddi K. symbolism and strategic change in academia:the dynamics of sense making and influence. Organization Science,1994,5:363—383.

125.Glaeser,E.L.,Laibson,D.,Sacerdote B. Aneconomic approach to social capital. The Economic Journal,2002,112(483):F437—F458.

126.Glick,W.H. Conceptualizing and measuring organizational and psychological climate:Pitfalls in multilevel research. Academy of management review,1985:601—616.

127.Goes,J.,Park,S. H. Interorganizational links and innovation:the case of hospital services. Academy of Management Journal,1997,40(3):673—696.

128.Goncalo,J.A.,Staw,B.M. Individualism-collectivism and group creativity. Organizational Behavior and Human Decision Processes,2006,100(1):96—109.

129.Gong,Y.,Huang,J. C.,Farh,J. L. Employee learning orientation,transformational leadership,and employee creativity:The mediating role of

employee creative self-efficacy. Academy of management journal, 2009, 52 (4):765—778.

130. Gough, H. G. A creative personality scale for the adjective check list. Journal of Personality and Social Psychology, 1979, 37(8):1398—1405.

131. Granovetter, M.S. Problem of explanation in economic sociology. In N. Nohria & R. Eceles(Eds.), Networks and organizations: Structure, form and action. Boston: Harvard Business School Press, 1992:25—56.

132. Gratton, L., Ghoshal, S. Managing personal human capital: New e-thos of the volunteer worker. European Management Journal, 2003, 21: 1—10.

133. Gumusluoglu, L., Ilsev, A. Transformational leadership, creativity, and organizational innovation. Journal of Business Research, 2009, 62(4): 461—473.

134. Gundlach, M., Zivnuska, S., Stoner, J. Understanding the relation-ship between individualism - collectivism and team performance through an integration of social identity theory and the social relations model. Human relations, 2006. 59(12):1603—1632.

135. Gupta, A. K., Tesluk, P. E., Taylor, M. S. Innovation at and across multiple levels of analysis. Organization Science, 2007, 18(6):885—897.

136. Gupta, A.K., Govindarajan, V. Knowledge management's social di-mension: Lessons from Nucor Steel. Sloan Management Review, 2000, 42(1):71—80.

137. Guzzo, R. A., Dickson, M. W. Teams in organizations: Recent re-search on performance and effectiveness. Annual review of psychology, 1996, 47(1):307—338.

138. Hackman, J. R., Oldham, G. R. Development of the job diagnostic survey. Journal of Applied Psychology, 1975, 60(2):159.

139. Han, G. H., Harms, P. D. Team identification, trust and conflict: a mediation model. International Journal of conflict management, 2010, 21(1): 20—43.

140. Hansen, M. T. The search transfer problem: The role of weak ties in sharing knowledge across organization subunits. Administrative Science Quarterly, 1999, 44(1): 82—111.

141. Hansen, M. T., Nohria, N., Tierney, T. What's your strategy for managing knowledge? . Harvard Business Review, 1999, 77(2): 106—116.

142. Harackiewicz, J. M., Elliott, A. J. Achievement goals and intrinsic motivation. Journal of Personality and Social Psychology, 1993, 65: 904—919.

143. Haslam S. A., Powell, C., Turner J. C. Social identity, self-categorization, and work motivation: Rethinking the contribution of the group to positive and sustainable organizational outcomes. Appl. Psychol-Int Rev, 2000, 49(3): 319—339.

144. Haslam, S. A., J. Jetten, Postmes, T., Haslam, C. Social identity, health and well-being: an emerging agenda for applied psychology. Applied Psychology, 2009, 58(1): 1—23.

145. Hatch, N. W., Dyer, J. H. Human capital and learning as a source of sustainable competitive advantage. Strategic management journal, 2004, 25(12): 1155—1178.

146. Hedlund, G. A model of knowledge management and the N-form corporation. Strategic management journal, 2007, 15(S2): 73—90.

147. Hendriks P. Why share knowledge? The influence of ICT on the motivation for knowledge sharing. Knowledge and Process Management, 1999, 6(2): 91—100.

148. Henry, K. B., Arrow, H., Carini, B. A. tripartite model of group identification. Small Group Research, 1999, 30(5): 558—581.

149. Hinkle, S., Taylor, L. A., Fox-Cardamonel, D. L., Crook, K. F. Intragroup identification and intergroup differentiation: A multicomponent approach. British Journal of Social Psychology, 1989, 28(4):305—317.

150. Hirst, G., Knippenberg D. V., Zhou, J. Across-level perspective on employee creativity: goal orientation, team learning behavior, and individual creativity. Academy of Management Journal, 2009, 52(2):280—293.

151. Hitt, M. A., Bierman, L., Shimizu, K., Kochhar, R. Direct and moderating effects of human capital on strategy and performance in professional service firms: a resource-based perspective. Academy of Management Journal, 2001, 44:13—28.

152. Hoegl, M., Gemuenden, H. G. Teamwork quality and the success of innovative projects: A theoretical concept and empirical evidence. Organization science, 2001, 12(4):435—449.

153. Hoegl, M., Parboteeah, K. P. Team reflexivity in innovative projects. R&D Management, 2006, 32(1):132—157.

154. Hoffman, L. Homogeneity and member personality and its effect on group problem solving. Journal of Abnormal Psychology, 1959, 58:206—214.

155. Hoffman, L., Harburg, E., Maier, N. Differences and disagreements as factors in creative group problem solving. Journal of Abnormal and Social Psychology, 1962, 64:206—214.

156. Hofmann, D. A., Gavin, M. B. Centering decisions in hierarchical linear models: Implications for research in organizations. Journal of Management, 1998, 24(5):623—641.

157. Hogg, M., Turner, J. Interpersonal attraction, social identification and psychological group formation. European Journal of Social Psychology, 1985, 15(1):51—66.

158. Holtshouse, D., Borghoff, U. M., Pareschi, R. Information technolo-

gy for knowledge management. 1998:Springer.

159.Hooff,B.V.D.,Ridder J.A.D. Knowledge sharing in context:the influence of organizational commitment,communication climate and CMC use on knowledge sharing. Journal of Knowledge Management,2004. 8(6): 117—130.

160.Hornsey,M.J.,Jetten,J. The individual within the group:Balancing the need to belong with the need to be different. Pers. Soc. Psychol. Rev, 2004,8(3):248—264.

161. Hu, L., Bentler, P. M. Cutoff criteria for fit indexes in covariance structure analysis:Conventional criteria versus new alternatives. Structural Equation Modeling,1999,6(1):1—55.

162.Huselid,M. Theimpact of human resource management practices on turnover, productivity, and corporate financial performance. Academy of Management Journal,1995,38(3):635—672.

163. Hwang, K. Face and favour:the Chinese power game?. American Journal of Sociology,1987,944—974.

164.Ibarra,H. Personal Networks of Women and Minorities in management:A Conceptual Framework. The Academy of Management Review, 1993,18(1):56—87.

165.Ingram,P.,Roberts,P. Friendships among competitors in the Sydney hotel industry.American Journal of Sociology,2000,106:387—423.

166.Inkpen, A.C., Tsang, E.W.K. Social Capital,networks,and knowledge transfer. Academy of Management Review,2005,30(1):146—165.

167. Irmer, B., Bordia, P., Abusah, D.Evaluation apprehension and perceived benefits in interpersonal and database knowledge sharing. Academy of Management Best Paper Proceedings,2002,OCIS,B1—B6.

168.Isen,A.M.,Daubman,K. A.,Nowicki,G.P. Positive affect facilitates

creative problem solving. Journal of Personality and Social Psychology, 1987,52(6):1122—1131.

169. Jackson, S. E. The consequences of diversity in multi-disciplinary work teams. Handbook of Work Psychology, Wiley, Chichester, 1996:53—76.

170. Jacobs, J. The death and life of great American cities. London: Penguin Books, 1965.

171. James, L. R. Aggregation bias in estimates of perceptual agreement. Journal of Applied Psychology, 1982, 67:219—229.

172. James, L. R. , Demaree, R. G. , Wolf, G. s Estimatingwithin-group interrater reliability with and without response bias. Journal of Applied Psychology, 1984, 69(1):85—98.

173. Janssen O, Huang X. Us and Me: Team identification and individual differentiation as complementary drivers of team members' citizenship and creative behaviors. Journal of Management, 2008, 34(1):69—88.

174. Janz, B. D. , Colquitt, J. A. , Noe, R. A. Knowledge worker team effectiveness: The role of autonomy, interdependence, team development, and contextual support variables. Personnel Psychology, 2006, 50(4):877—904.

175. Jensen, M. C. , Meckling, W. H. Theory of the firm: managerial behavior, agency costs and ownership structure. Journal of Financial Economics, 1976, 4(3):305—360.

176. Jetten J, Postmes T, McAuliffe B. We are all individuals: Group norms of individualism and collectivism, levels of identification, and identity threat. Eur. J. Soc. Psychol. 2002, 32(2):189—207.

177. Jiang C. The impact of entrepreneur's social capital on knowledge transfer in Chinese high-tech firms: the mediating effects of absorptive capacity and guanxi development. International Journal of Entrepreneurship & Innovation Management, 2005, 5(3/4):269—279.

178.Jones,M.C. Tacit knowledge sharing during ERP implementation: A multi-site case study. Information Resources Management Journal,2005, 18(2):1—23.

179.Jussim,L.,Soffin,S.,Brown,R.,Ley,J.,Kohlhepp,K. Understanding reactions to feedback by integrating ideas from symbolic interactionism and cognitive evaluation theory. Journal of Personality and Social Psychology,1992,62(3):402—421.

180.Kaiser,H.F. An index of factorial simplicity.Psychometrika,1974, 39(1):31—36.

181.Kanfer,R.,Ackerman,P.L. Motivation and cognitive abilities:An integrative/ aptitude-treatment interaction. Journal of Applied Psychology, 1989,74(4):657—690.

182. Kang,S.C.,Morris,S.S.,Snell,S.A. Extending the Human Resource Architecture:Relational Archetypes and Value Creation. CAHRS' Working Paper Series,2003.

183.Kankanhalli,A.,Tan,B.C.Y.,Wei,K.K. Contributing knowledge to electronic knowledge repositories:An empirical investigation.MIS Quarterly, 2005,29(1):113—143.

184.Kanter,R.M. When a thousand flowers bloom:Structural,collective,and social conditions for innovation in organizations.Research in Organizational Behavior,1988,10:169—211.

185.Katz,R. The effects of group longevity on project communication and performance. Administrative Science Quarterly,1982,27(1),81—104.

186.Kim,S.,Lee,H. The impact of organizational context and information technology on employee knowledge sharing capabilities.Public Administration Review,2006,66(3):370—385.

187.Kim,Y.,Min,B.,Cha. J. The roles of R&D team leaders in Korea:a

contingent approach. R&D Management,1999,29(2):153—166.

188. Kirton, M. J. Personality and individual differences. Elsevier Science,New York. 1996.

189. Knippenberg, D. , Schie, E. Foci and correlates of organizational identification.Journal of Occupational and Organizational Psychology,2000, 73(2):137—147.

190. Knoke, D. Organizational networks and corporate social capital. In R.Th. A.J. Leenders & S.M. Gabbay (Eds.),Corporate social capital and liability.Boston:Kluwer,1999:17—42.

191. Kogut,B. ,Zander,U. Knowledge of the firm,combinative capabilities,and the replication of technology. Organization Science, 1992, 3 (3): 383—497.

192. Krackhardt,D. The strength of strong ties:The importance of philos in organizations. In N. Nohria & R. G. Eccles (Eds.),Networks and organizations.Boston:Harvard Business School Press,1992.

193. Kratzer,J. ,Leenders,R.T.A.J. ,Van Engelen,J.M.L. Informal contacts and performance in innovation teams. International Journal of Manpower,2005,26(6):513—528.

194. Kratzer, J. , Leenders, R. T. A. J. , Van Engelen, J. M. L. Stimulating the potential:creative performance and communication in innovation teams. Creativity and Innovation Management,2004,13(1),63—71.

195. Kubo, I. ,Saka, A. ,Pam, S.L. Behind the scenes of knowledge sharing in a Japanese bank. Human Resource Development International,2001, 4(4):465—485.

196. Kulkarni, U.R. ,Ravindran, S. ,Freeze, R. A knowledge management success model:Theoretical development and empirical validation. Journal of Management Information Systems,2006,23(3):309—347.

197. Labianca, G. Group social capital and group effectiveness: The role of informal socializing ties. Academy of Management Journal, 2004, 47(6): 860—875.

198. Landry, R., Amara, N., Lamari, M. Does social capital determine innovation? Technological Forecasting and Social Change, 2000, 69, 681—701.

199. Leana, R.C., Buren, V.H.J. Organizationalsocial capital and employment practices. Academy of Management Review, 1999, 24(3): 538—555.

200. Lee, C., Chen, W.J. Cross-functionality and charged behavior of the new product development teams in Taiwan's information technology industries. Technovation, 2007, 27(10): 605—615.

201. Lee, J.H., Kim, Y.G., Kim, M.Y. Effects of managerial drivers and climate maturity on knowledge-management performance: Empirical validation. Information Resources Management Journal, 2006, 19(3): 48—60.

202. Lee, S.H., Wong, P.K., Chong, C.L. Human and social capital explanations for R&D outcomes. IEEE transactions on engineering management, 2005, 52: 59—68.

203. Leenders, R.T.A.J. Gabby, S.M. Corporate social capital and liability, London: Kluwer Academic Press, 1999.

204. Leonard, D.A., Swap, W.C. When Sparks Fly: Igniting creativity in groups. boston, Harvard Business School Press, 1999.

205. Levin, D.Z., Cross, R. The strength of weak ties you can trust: The mediating role of trust in effective knowledge transfer. Management Science, 2004, 50(11): 1477—1490.

206. Levitt, B., March, J.G. Organizational learning. Annual review of sociology, 1988: 319—340.

207. Liao, H., Liu, D., Loi, R. Looking at both sides of the social exchange coin: A social cognitive perspective on the joint effects of relationship

quality and differentiation on creativity. Academy of management journal,2010,53(5):1090—1109.

208. Liao,L.F. Impact of manager's social power on R&D employees' knowledge-sharing behaviour. International Journal of Technology Management,2008,41(1/2):169—182.

209. Liebowitz,J.,Megbolugbe,I. A set of frameworks to aid the project manager in conceptualizing and implementing knowledge management in itiatives.International Journal of Project Management,2003,21(3):189—198.

210. Lin,C.P. Gender differs:modelling knowledge sharing from a perspective of social network ties. Asian Journal of Social Psychology,2006,9(3):236—241.

211. Lin,C.P. To share or not to share:modeling tacit knowledge sharing,its mediators and antecedents. Journal of Business Ethics,2007,70(4):411—428.

212. Lin,H.F.,Lee,G.G. Perception of senior managers toward knowledge—sharing behavior. Management Decision,2004,42(1):108—125.

213. Lin,N. Building a network theory of social capital. Connections,1999,22(1):28—51.

214. Lin,N. Social capital:a theory of social structure and action. Cambridge. Cambridge University Press,2001.

215. Lin,N. Social Resources and Social Mobility:A Structural theory of status attainment. in social mobility and social structure. R. L. Breiger (Eds.). NY:Cambridge University Press,1990.

216. Lin,S.C,Huang,Y.M. The role of social capital in the relationship between human capital and career mobility:Moderator or mediator? Journal of Intellectual Capital,2005,6(2):191—205.

217. Lincoln,J.R.,Miller,J. Work and friendship ties in organizations:A

comparative analysis of relation networks. Administrative Science Quarterly, 1979,24(2):181—199.

218. Locke, E. A. , Latham, G. P. Work motivation and satisfaction: Light at the end of the tunnel. Psychological Science,1990,4(1):240—246.

219. Lovelace, K. , Shapiro, D. L. , Weingart, L. R. Maximizing cross-functional, new Product teams, innovativeness and constraint adherence: A conflict communications perspective. Academy ofManagement Journal,2001,44: 779—793.

220. Lovelace, R. F. Stimulating creativity through managerial interventions. R&D Manage,1986,16(2):161—74.

221. Luo, Y. , Peng, M. W. Learning to compete in a transition economy: Experience, environment, and performance. Journal of International Business Studies,1999,30:269—295.

222. Lynn, B. E. Intellectual capital: Unearthing hidden value by managing intellectual assets. Ivey Business Journal,2000,64:48—52.

223. Madsen, P. M. , Desai, V. Failing to learn? The effects of failure and success on organizational learning in the global orbital launch vehicle industry. Academy of Management Journal,2010. 53(3):451—476.

224. Mael, F. , Ashforth, B. E. Alumni and their alma mater: A partial test of the reformulated model of organizational identification. Journal of organizational Behavior,1992,13(2):103—123.

225. Manev, I. M. , Stevenson, W. B. Nationality, Cultural Distance, and Expatriate Status: Effects on the Managerial Network in a Multinational Enterprise. Journal of International Business Studies,2001,32(2):285—302.

226. Manske, M. E. , Davis, G. A. Effects of simple instructional biases upon performance in the unusual uses test. The Journal of general psychology, 1968,79(1):25—33.

227. March, J. G. Exploration and Exploitation in Organizational Learning. Organization Science, 1991, 2(1):71—87.

228. March, J. G., Simon, H. A. Organizations New York. NY: John Wiley. 1958.

229. Marshall, A. Principles of Economics, reprinted 8th ed., London: Macmillan and Co., Limited, 1938.

230. Martin, T. J. Ten commandments for managing creative people. Fortune, 1995, 131:135—136.

231. Martins, E. C., Terblanche F. Building organisational culture that stimulates creativity and innovation. European Journal of Innovation Management, 2003, 6(1):64—74.

232. Marvel, M. R., Lumpkin, G. T. Technology entrepreneurs' human capital and its effects on innovation radicalness. Entrepreneurship Theory and Practice, 2007, 31(6):807—828.

233. McDonald, R. P., Ho, M. H. R. Principles and practice in reporting structural equation analyses. Psychological methods, 2002, 7(1):64—82.

234. McFadyen, M. A., Cannella, A. A., Social capital and knowledge creation: Diminishing returns to the number and strength of exchange relationships. Academy of Management Journal, 2004, 47:735—746.

235. McGrath, J. E. Social Psychology: A Brief Introduction, New York: 1964.

236. McLeod, P. L., Lobel, S. A. The effects of ethnic diversity on idea generation in small groups. Academy of Management Best Paper Proceedings, 1992, 227—231.

237. Meichenbaum, D. Toward a cognitive theory of self-control. Consciousness and self-regulation: Advances in research, 1975, 1:410—421.

238. Mesmer-Magnus, J. R., DeChurch, L. A. Information sharing and

team performance: A meta-analysis. Journal of Applied Psychology, 2009, 94:535—546.

239. Meyer, J. P., Allen, N. J., Smith, C. A. Commitment to organizations and occupations: Extension and test of a three-component conceptualization. Journal of Applied Psychology, 1993, 78(4):538.

240. Millward, L. J., Haslam, S. A., Postmes, T. Putting employees in their place: The impact of hot desking on organizational and team identification. Organization Science, 2007, 18(4):547—559.

241. Mohammed, S., Dumville, B. C. Team mental models in a team knowledge framework: Expanding theory and measurement across disciplinary boundaries. Journal of organizational Behavior, 2001, 22(2):89—106.

242. Moorman, C., Miner, A. S. Organizational Improvisation and Organizational Memory. Academy of Management Review, 1998, 23(4):698—723.

243. Moran, P. Structural vs. relational embeddedness: social capital and managerial performance. Strategic Management Journal, 2005, 26 (12): 1129—1151.

244. Morris, M. W., Moore, P. C. The Lessons We (Don't) Learn: Counterfactual Thinking and Organizational Accountability after a Close Call. Administrative Science Quarterly, 2000, 45(4):737—765.

245. Mowday, R. T., Steers, R. M., Porter, L. M. The measurement of organizational commitment. Journal of Vocational Behavior, 1979, 14:224—247.

246. Mumford, M. D. Managing creative people: Strategies and tactics for innovation. Human Resource Management Review, 2000, 10:1—29.

247. Mumford, M. D., Baughman, W. A., Maher, M. A., Costanza, D. P., Supinski, E. P. Process based measures of creative problem-solving skills: Category combination. Creativity Research Journal, 1997, 10, 59—71.

248. Mumford, M. D. , Gustafson, S. B. Creativity syndrome: Integration, application, and innovation. Psychological bulletin, 1988, 103(1): 27—43.

249. Mumford, M. D. , Scott, G. M. , Gaddis, B. , Strange, J. M. Leading creative people: orchestrating expertise and relationships. The Leadership Quarterly, 2002, 13: 705—750.

250. Nadler, D. A. Managing the team at the top. Strategy and Business, 1996, 2, 42—51.

251. Nahapiet, J. , Ghoshal, S. Social capital, intellectual capital, and the organizational advantage. Academy of management review, 1998, 23（2）: 242—266.

252. Nonaka, I. A dynamic theory of organizational knowledge creation. Organization Science, 1994, 5(1): 14—37.

253. Nonaka, I. , Takeuchi, H. The knowledge creating company: How Japanese companies create the dynamics of innovation. New York: Oxford University Press, 1995.

254. Nystrom, H. Organizational innovation. In West, M. S. , Farr J. L. (Eds.), Innovation and creativity at work: Psychological and organizational strategies. Wiley, Chichester. 1990.

255. OH, H. , Labianca, G. , Chung, M. H. A multilevel model of group social capital. Academy of Management Review, 2006, 31(3): 569—582.

256. Ojha, A. K. Impact of team demography on knowledge sharing in software project teams. South Asian Journal of Management, 2005, 12(3): 67—78.

257. Okimoto, T. G. , Wenzel, M. , Feather, N. T. Beyond retribution: Conceptualizing restorative justice and exploring its determinants. Social Justice Research, 2009, 22(1): 156—180.

258. Oldham, G. R. Stimulating and supporting creativity in organiza-

tions. In Jackson, S. E., Hitt, M. A., DeNisi, A. S. (Eds.), Managing knowledge for sustained competitive advantage. San Francisco: Jossey-Bass, 2003: 243—273.

259. Oldham, G. R., Cummings, A. Employee creativity: personal and contextual factors at work. Academy of Management Journal, 1996, 39(3): 607—634.

260. Olson, E. M., Jr Walker, O. C., Ruekerf, R. W., Bonnerd, J. M. Patterns of cooperation during new product development among marketing, operations and R&D: Implications for project performance. Journal of Product Innovation Management, 2001, 18(4): 258—271.

261. O'Reilly, C. A., Chatman, J. Organizational commitment and psychological attachment: The effects of compliance, identification, and internalization on prosocial behavior. Journal of applied psychology, 1986, 71(3): 492.

262. Özaralli, N. Effects of transformational leadership on empowerment and team effectiveness. Leadership & Organization Development Journal, 2003, 24(6): 335—344.

263. Panteli, N., Sockalingam, S. Trust and conflict within virtual inter-organizational alliances: a framework for facilitating knowledge sharing. Decision Support Systems, 2005, 39(4): 599—617.

264. Pantzalis, C., Park, J. C. Equity market valuation of human capital and stock returns. Journal of Banking & Finance, 2009, 33(9): 1610—1623.

265. Patchen, M. Participation, achievement and involvement on the job. Prentice-Hall Englewood Cliffs, New Jersey, 1970.

266. Patzelt, H. CEO human capital, top management teams, and the acquisition of venture capital in new technology ventures: An empirical analysis. Journal of Engineering and Technology Management, 2010, 27(3—4): 131—147.

267. Paulhus, D. L. Self-deception and impression management in test responses. In Angleitner, A., Wiggins, J. S. (Eds.), Personality assessment via questionnaire. New York: Springer-Verlag. 1986:143—165.

268. Pelled, L. H., Eisenhardt, K. M., Xin, K. R. Exploring the black box: An analysis of work group diversity, conflict, and performance. Administrative Science Quarterly, 1999, 44(1):1—28.

269. Pennings, J. M., Lee, K., Witteloostuijn, A. V. Human capital, social catpital, and firm dissolution. Academy of Management Journal, 1998, 41(4):425—440.

270. Perkins, D. N. Thinking frames. Educational Leadership, 1986, 43: 4—10.

271. Pirola-Merlo, A., Mann, L. The relationship between individual creativity and team creativity: Aggregating across people and time. Journal of Organizational Behavior, 2004, 25(2):235—257.

272. Plsek, P. E. Creativity Innovation, and Quality. Milwaukee: ASQC Quality Press, 1997.

273. Pollard, D. Theexperts opinion: becoming knowledge-powered: planning the transformation. Information Resources Management Journal, 2000, 13(1):54—61.

274. Portes, A. Social capital: Its origins and applications in modern sociology. Annual Review of Sociology, 1998, 24:1—24.

275. Portes, A., Sensenbrenner, J. Embeddednessand immigration: notes on the social determinants of economic action. The American Journal of Sociology, 1993, 98(6):1320—1350.

276. Postmes, T., Haslam, S. A., Swaab, R. Social influence in small groups: An interactive model of social identity formation. European Review of Social Psychology, 2005, 16(1):1—42.

277. Pratt, M. G. To be or not to be: Central questions in organizational identification. Sage Publications, 1998: 171—207.

278. Putnam, R. D. Bowling alone: America's declining social capital. Journal of Democracy, 1995, 6(1): 65—78.

279. Putnam, R. D. The prosperous community: social capital and public life. Amer. Prospect, 1993, 4(13): 3—42.

280. Quinn, J. B., Anderson, P., Finkelstein, S. Managing professional intellect: Making the most of the best. Harvard Business Review, 1996, 74(2): 71—80.

281. Reagans, R., McEvily, B. Network structure and knowledge transfer: the effects of cohesion and range. Administrative Science Quarterly, 2003, 48: 240—267.

282. Reagans, R., Zuckerman, E. Networks, diversity, and productivity: The social capital of corporate R&D teams. Organization Science. Linthicum, 2001, 12(4): 502—517.

283. Redmond, M. R., Mumford, M. D., Teach, R. Putting creativity to work: Effects of leader behavior on subordinate creativity. Organizational Behavior and Human Decision Processes. 1993.

284. Riketta, M., Dick, R. V. Foci of attachment in organizations: A meta-analytic comparison of the strength and correlates of workgroup versus organizational identification and commitment. Journal of Vocational Behavior, 2005, 67(3): 490—510.

285. Ring, P. S., Van de Ven, A. H. Structuring coopertive relationships between organizations. Strategic Management Journal, 1992, 13(7): 483—498.

286. Rink F, Ellemers N. Diversity as a source of common identity: Towards a social identity studying the effects of diversity in organizations. Brit.

J. Manage,2007,18:17—27.

287.Rose,R. Getting things done with social capital:new russia barometer VII. U. of Strathclyde Studies in Public Policy No. 303,Glasgow,1998.

288.Rousseau,D.M,Sitkin,S.B.,Burt,R.S. Not so different after all:A cross-discipline view of trust. Academy of management,1998,23(3):393—404.

289. Sawng, Y. W., Kim, S. H., Han, H. S. R&D group characteristics and knowledge management activities:A comparison between ventures and large firms. International Journal of Technology Management,2006,35(1—4):241—261.

290. Scarbrough, H. Knowledge management,hrm and the innovation process. International Journal of Manpower,2003,24(5):501—516.

291. Schein, E. Organizational Culture and Leadership. San Francisco:Jossey-Bass,1985.

292.Schippers,M.C.,Den Hartog,D.N.,Koopman,P.L.,Wienk,J.A. Diversity and team outcomes:the moderating effects of outcome interdependence and group longevity and the mediating effect of reflexivity.Journal of Organizational Behavior,2003,24(6):779—802.

293.Schultz,Theodore W. Investment in human capital. American Economic Review,1961,51:1—17.

294. Scott,S. G., Bruce,R. A. Determinants of innovative behavior:a path model of individual innovation in the workplace.The Academy of Management Journal,1994,37(3):580—607.

295.Segars,A.,Grover,V. Re-examining perceived ease of use and usefulness:a confirmatory factor analysis. MIS Quarterly,1993,17(4):517—527.

296.Senge,P. Sharing Knowledge Executive Excellence.Grant,1997.

297. Senge, P., The fifth discipline: the art and practice of the learning organization. New York: Doubleday/Currency, 1990.

298. Settoon, R. P., Mossholder, K. W. Relationship quality and relationship context as antecedents of person-and task-focused interpersonal citizenship behavior. Journal of Applied Psychology, 2002, 87: 255—267.

299. Shalley, C. E. Effects of co-action, expected evaluation, and goal setting on creativity and productivity. Academy of Management Journal, 1995, 38: 483—503.

300. Shalley, C. E. Effects of productivity goals, creativity goals, and personal discretion on individual creativity. Journal of Applied Psychology, 1991, 76(2): 179—185.

301. Shalley, C. E., Gilson, L. L., Blum, T. C. Matching creativity requirements and the work environment: Effects on satisfaction and intentions to leave. Academy of management journal, 2000, 43(2): 215—223.

302. Shalley, C. E., Gilson, L. L. What leaders need to know: A review of social and contextual factors that can foster or hinder creativity. The Leadership Quarterly, 2004, 15(1): 33—53.

303. Shalley, C. E., Oldham, G. R. Effects of goal difficulty and expected evalaution on intrinsic motivation: a laboratory study. Academy of management journal, 1985, 28(3): 628—640.

304. Shalley, C. E., Perry-Smith, J. E. Effects of social-psychological factors on creative performance: The role of informational and controlling expected evaluation and modeling experience. Organizational Behavior and Human Decision Processes, 2001, 84: 1—22.

305. Shalley, C. E., Zhou, J., Oldham G. R. The effects of personal and contextual characteristics on creativity: Where should we go from here? . Journal of Management, 2004, 30(6): 933—958.

306. Shane, S. Prior knowledge and the discovery of entrepreneurial opportunities. Organization Science, 2000, 11(4): 448—469.

307. Sicotte, H., Langley, A. Integration mechanisms and R&D project performance. Journal of Engineering and Technology Management, 2000, 17: 1—37.

308. Siemsen, E., Balasubramanian, S., Roth, A. V. Incentives that induce task related effort, helping, and knowledge sharing in workgroups. Management Science, 2007, 53(10): 1533—1550.

309. Simonton, D. K. Origins of Genius. New York: Oxford University Press, 1999.

310. Sinclair, A. L. The effects of justice and cooperation on team effectiveness. Small group research, 2003, 34(1): 74—100.

311. Skaggs, B. C., Youndt, M. A. Strategic positioning, human capital, and performance in service organizations: A customer interaction approach. Strategic Management Journal, 2004, 25: 85—99.

312. Snell, S. A., Dean Jr, J. W. Integrated manufacturing and human resources management: A human capital perspective. Academy of Management Journal, 1992, 35(3): 467—504.

313. Solansky, S. T. Team identification: a determining factor of performance. Journal of Managerial Psychology, 2011, 26(3): 247—258.

314. Somech, A., Desivilya, H. S., Lidogoster, H. Team conflict management and team effectiveness: The effects of task interdependence and team identification. Journal of organizational Behavior, 2009, 30(3): 359—378.

315. Sparrowe, R. T., Liden, R. C., Wayne, S. J., Kraimer, M. L. Social networks and the performance of individuals and groups. Academy of Management Journal, 2001, 44(2): 316—325.

316. Staw, B. M. An evolutionary approach to creativity and innovation.

1990.

317. Sternberg. R.J. The nature of creativity: Contemporary psychological perspectives. New York: Cambridge University Press, 1988: 325—339.

318. Stoel, L. M. C., Sternquist, B. Group identification: the influence of group membership on retail hardware cooperative members' perceptions. Journal of Small Business, 2004, 42(2): 155—173.

319. Subramaniam, M., Youndt, A. M. The Influence of Intellectual Capital on the Types of Innovative Capabilities. Academy of Management Journal, 2005, 48(3): 450—463.

320. Sveiby, K. E., Simons, R. Collaborative climate and effectiveness of knowledge work: an empirical study. Journal of Knowledge Management, 2002, 6(5): 420—433.

321. Swann, W. B., Kwan, V. S. Y. Fostering group identification and creativity in diverse groups: The role of individuation and self-verification. Personality and Social Psychology Bulletin 2003, 29(11): 1396—1406.

322. Tajfel, H. Instrumentality, identity, and social comparisons. Social identity and intergroup relations . Cambridge, UK: Cambridge University Press, 1982: 483—507.

323. Tajfel, H. Social categorization, social identity and social comparison. Social Differentiation between social groups: Studies in the social psychology of intergroup relations, Academic Press, 1978.

324. Tajfel, H. Turner, J.C. The social identity theory of intergroup behavior. Psychology of Intergroup Relations. Nelson - Hall, Chicago. Págs, 1986: 7—24.

325. Tanghe, J., B. Wisse, Van Der Flier H. The role of group member affect in the relationship between trust and cooperation. British Journal of Management, 2010, 21(2): 359—374.

326. Taylor, W. A., Wright, G. H. Organizational readiness for successful knowledge sharing: Challenges for public sector managers. Information Resources Management Journal, 2004, 17(2): 22—37.

327. Teece, D. J. Teece. Managing intellectual capital: organizational, strategic, and policy dimensions. Taylor & Francis. 2000.

328. Tierney, P., Farmer, S. M., Graen, G. B. An examination of leadership and employee creativity: The relevance of traits and relationships. Personnel Psychology, 1999, 52: 591—620.

329. Tjosvold, D., Hui, C., Yu, Z. Conflict management and task reflexivity for team in-role and extra-role performance in China. Journal of Conflict Management, 2003, 14(2): 141—163.

330. Tjosvold, D., Yu, Z. Y., Hui, C. Team learning from mistakes: the contribution of cooperative goals and problem-solving. Journal of Management Studies, 2004, 41(7): 1223—1245.

331. Trice, H. M., Beyer, J. M. Studying organizational cultures through rites and ceremonials, Academy of Management Review, 1984, 9: 653—669.

332. Tsai, W. Knowledge transfer in intraorganizational networks: Effects of network position and absorptive capacity on business unit innovation and performance. Academy of Management Journal, 2001, 44(5): 996—1004.

333. Tsai, W., Ghoshal, S. Social capital and value creation: the role of intrafirm networks. Academy of Management Journal, 1998, 41(4): 464—476.

334. Turner, J. Social comparison and the self-concept: A social cognitive theory of group behavior[A]. Advances in group processes: theory andresearch, 1985, 2: 77—122.

335. Turner, J. C., Hogg, M. A., Oakes, P. J., Reicher, S. D., Wetherell, M. S. Rediscovering the social group: A self—categorization theory. Blackwell,

UK：Oxford，1987.

336. Umphress，E.，Labianca，G.，Brass，D.，Kass，E.，Scholten，L. The role of instrumental and expressive social ties in employees' perceptions of organizational justice. Organization Science，2003，14，738—753.

337. Unsworth，K. Unpacking creativity. Academy of management review：2001，289—297.

338. Uphoff. Understanding social capital：learning from the analysis and experiences of participation. In dasgupta and seregeldin，social capital：a multifaceted perspective，world bank，washington DC，1999.

339. Uzzi，B.，Lancaster，R. The role of relationships in interfirm knowledge transfer and learning：The case of corporate debt markets. Management Science，2003，49：383—399.

340. Valle，S.，Avella，L. Cross-functionality and leadership of the new product development teams. European Journal of Innovation Management，2003，6(1)：32—47.

341. Van der Vegt G.S.，Bunderson J.S. Learning and performance in multidisciplinary teams：The importance of collective team identification. Academy of Management Journal，2005，48(3)：532—547.

342. Van Knippenberg D. Work motivation and performance：A social identity perspective. Applied Psychology，2000，49(3)：357—371.

343. Vandervegt，G.S.，Bunderson，J.S. Learning and performance in multidisciplinary teams：The importance of collective team identification. Academy of Management Journal，2005，48，532—547.

344. Vincent，A.S.，Decker，B.P.，Mumford，M.D. Divergent thinking，intelligence，and expertise：A test of alternative models. Creativity Research Journal，2002，14：163—178.

345. Von Hippel，E. "Sticky information" and the locus of problem solving：

implications for innovation. Management science,1994. 40(4):429—439.

346. Von Krogh,G. Care in knowledge creation. California Management Review,1998,40(3):133—153.

347. Wah, C. Y., Menkhoff, T., Loh, B., Evers, H. Social capital and knowledge sharing in knowledge-based organizations:An empirical study.International Journal of Knowledge Management,2007,3(1):29—49.

348. Wang, S., Noe, R. A. Knowledge sharing:A review and directions for future research. Human Resource Management Review,2010. 20(2):115—131.

349. Weisberg,R.W. Creativity and knowledge:A challenge to theories. In R. J. Sternberg (Eds.), Handbook of creativity . Cambridge, UK:Cambridge University Press,1999.

350. West,M.A. Borrill,C.S.,Dawson,J.F.,Brodbeck,F. leadership clarity and team innovation in health care. The Leadership Quarterly. 2003,14(4—5):393—410.

351. West,M.A. Reflexivity and work group effectiveness:a conceptual integration. In West,M.A. (Eds.), Handbook of Work Group Psychology. Chichester:Wiley,1996:555—579.

352. West,M.A. Reflexivity,revolution and innovation in work teams. In Beyerlein,M.M.,Johnson,D.A.,Beyerlein,S.T.(Eds.),Product development teams. Stamford,CT:JAI Press,2000:1—29.

353. West,M.A. Sparkling fountains or stagnant ponds:An integrative model of creativity and innovation implementation in work groups. Applied Psychology-An International Review,2002,51:355—387.

354. West,M.A.,Anderson,N.R. Innovation in top management groups. Journal of Applied Psychology,1996,81(6):680—693.

355. West,M.A.,Hirst,G,Riehter,A.Twelve steps to heaven:Succesful-

ly managing change through developing innovative teams. European Journal of Work and Organizational Psychology, 2004, 13(2):269—299.

356. Wilkinson, A. J. , Mellahi, K. Organizational failure: Introduction to the special issue. 2005.

357. Willem, A. , Scarbrough, H. Social capital and political bias in knowledge sharing: An exploratory study. Human Relations, 2006, 59(10): 1343—1370.

358. Williamson, O. Markets and hierarchies: analysis and antitrust implications. New York, NY: Free Press, 1975.

359. Wong, S. S. Distaland local group learning: performance trade-offs and tensions. Organization Science, 2004, 15(6):645—656.

360. Woodman, R. W. , Sawyer, J. E. , Griffin, R. W. Toward a theory of organizational creativity. Academy of management review, 1993, 18(2):293—321.

361. Wu, W. , Chang, M. , Chen, C. Promoting innovation through the accumulation of intellectual capital, social capital, and entrepreneurial orientation. R&D Management, 2008, 38, 265—277.

362. Yli-Renko, H. Dependence, social capital, and learning in key customer relationships: Effects on the performance of technology-based new firms. Espoo: Acta Polytechnica Scandinavica, IM 5, 1999.

363. Youndt, M. A. , Snell, S. A. , Dean, J. W. , Jr. , Lepak, D. P. Human resource management, manufacturing strategy, and firm performance. Academy of Management Journal, 1996, 39:836—866.

364. Zaheer, A. , McEvily, B. , Perrone, V. Does trust matter? Exploring the effects of interorganizational and interpersonal trust on performance. Organization Science, 1998:141—159.

365. Zarraga, C. , Bonache, J. Assessing the team environment for knowledge sharing: an empirical analysis. International Journal of Human Resource

Management,2003. 14(7):1227－1245.

366. Zarutskie,R. The Role of Top Management Team Human Capital in Venture Capital Markets：Evidence from First‐Time Funds. Journal of Business Venturing,2010,25:155－172.

367. Zhou,J. Feedback valence, feedback style, task autonomy, and achievement orientation：Interactive effects of creative performance. Journal of Applied Psychology,1998,83:261－276.

368. Zhou,J.,George,J.M. When job dissatisfaction leads to creativity：encouraging the expression of voice. Academy of Management Journal,2001,44(4):682－696.

369. Zhou,J.,Oldham,G.R. Enhancing creative performance：effects of expected developmental assessment strategies and creative personality. Journal of Creative Behavior,2001,35:151－167.

370.宝贡敏,徐碧祥.国外知识共享理论研究述评.重庆大学学报(社会科学版),2007,13(2):43～49.

371.宝贡敏,徐碧祥.组织认同理论研究述评.外国经济与管理,2006,2,8(1):39～45.

372.边燕杰,李煜. 中国城市家庭的社会网络资本. 清华社会学评论,特辑2,2000.

373.边燕杰,丘海雄. 企业的社会资本及其功效. 中国社会科学,2000,2:87～99.

374.陈建安,李燕萍,陶厚永.试论知识员工人力资本与社会资本的协同开发.外国经济与管理,2011,33(4):35～42.

375.陈健民和丘海雄. 社团,社会资本与政经发展.社会学研究,1999,4:64～74.

376.丁岳枫,谢小云,王重鸣.虚拟团队任务特征对团队绩效的影响模式研究.人类功效,2004,10,(4):39～41.

377.顾琴轩,王莉红.人力资本与社会资本对创新行为的影响——基于科研人员个体的实证研究.科学学研究,2009,27(10):1564~1570.

378.韩振华,任剑峰.社会调查研究中的社会称许性偏见效应.华中科技大学学报,2002,3(4):47~50.

379.何芳蓉.新产品开发团队之社会资本、知识分享与绩效的实证研究."国立"高雄第一科技大学硕士论文,2003.

380.胡洪浩,王重鸣.国外失败学习研究现状探析与未来展望.外国经济与管理,2011,11:39~47.

381.柯江林,孙健敏,石金涛,顾琴轩.企业 R&D 团队之社会资本与团队效能关系的实证研究.管理世界,2007,3:89~101.

382.林亿明. 团队导向的人力资源管理实务对团队知识分享与创新之影响——社会资本的中介效果.东吴大学硕士论文.2001.

383.罗家德,赵延东.社会资本层次及其测量方法.社会学:理论与经验,2005.

384.钱源源.员工忠诚,角色外行为与团队创新绩效的作用机理研究. 浙江大学博士论文,2010.

385.汪金城,研发机构知识分享机制之研究——以工研院光电所研发团队为例,台湾国立政治大学公共行政学硕士论文.2000.

386.王莉红,顾琴轩,郝凤霞.团队学习行为、个体社会资本与学习倾向:个体创新行为的多层次模型.研究与发展管理,2011,23(4):11~18.

387.王莉红,顾琴轩.人力资本与社会资本对创新行为的影响:跨层次模型研究.工业工程与管理,2009(5),91~97.

388.魏江.企业核心能力的内涵与本质.管理工程学报,1999,1:53~55.

389.项保华,刘丽珍.社会资本与人力资本的互动机制研究.科学管理研究,2007,3:77~80.

390.朱祖平.刍议知识管理及其框架体系.科研管理,2000,21(1):19~25.